PHILIPS

Zürich

Spaziergänge durch das Zürich der Literaten und Künstler

Erlaufen von Esther Scheidegger für die Arche

Inhalt

Frontispiz:
Auf der ehemaligen Platzpromenade (Platzspitz), um 1890

Umschlag: Max Bartholl, b3K, Hamburg-Frankfurt a. M.
Umschlagfoto: © Zürich-Tourismus
Satz und Lithos: Repro Studio Kroke, Hamburg
Karten: MAIRDUMONT (mit Routen von René Begert)
Druck und Bindung:
Klingenberg Buchkunst, Leipzig
Printed in Germany
ISBN 978-3-7160-3600-6

Zürich von Herzen gern

Seinen Geburtsort sucht man sich nicht aus. Zürich wurde mir geschenkt. Oder, wie es Friedrich Dürrenmatt von seinem Freundfeind Max Frisch gesagt haben soll: Er kann ja nichts dafür, dass er ein Zürcher ist. Robert Walser kann ich nur beipflichten, wenn er behauptete, Zürich sei eine der besten Städte der Welt, egal ob er die Stadt am See oder die Flussstadt meinte. Er proklamierte auch, dass jeder hervorragende Mensch irgendwann einmal nach Zürich komme. Das schmeichelt. Goethe kam immerhin drei Mal. Jetzt wissen Sie bestimmt, was Sie tun sollten – seien Sie willkommen! Auch wenn Sie keine Lust haben, die legendäre Minestra des James Joyce von der Bahnhofstrasse aufzulöffeln. Manchmal haben eben auch Genies eine Schnapsidee. Aber Ingeborg Bachmanns staubgesaugte Wiesen und die polierten Berge gibt es tatsächlich, man sieht sie bei Föhn von der Quaibrücke aus.

Literatur hatte in Zürich schon immer ihren besonderen Stellenwert. Goethe und Joyce waren da, wie gesagt, Gottfried Keller natürlich, der zürcherischste aller Zürcher Schriftsteller, Hugo Ball, Max Frisch, Friedrich Glauser ... In Zürich, mitten in der Altstadt, entstand in einem in den 1950er Jahren abgerissenen mittelalterlichen Wohnturm die Manessische Liederhandschrift, die berühmteste Liedersammlung der Minnesänger. Im 16. und 17. Jahrhundert war es in Zürich dann aus mit lustig, der Reformator Huldrych Zwingli verpasste der Stadt mit strengen »Sittenmandaten« ein puritanisches Korsett, aus dem sie sich erst viel später wieder befreien konnte. Luxus war verpönt, ein anständiger Bürger lebte, um zu arbeiten. Im 18. Jahrhundert florierten die Seidenindustrie und das Verlagswesen, die Stars in Limmat-Athen waren international vernetzte Gelehrte wie Bodmer und Breitinger, der Dichter Salomon Gessner, der predigende Physiognomiker Johann Caspar Lavater. Heute darf in Zürich der Rasen betreten werden, und das Konkubinatsverbot wurde 1972 aufgehoben.

Literatur kann in Zürich vor der Haustür anfangen. Aufgewachsen bin ich am Spyriplatz, benannt nach der weltberühmten *Heidi*-Autorin. Sie erfand die Alpenidylle für Großstadtkinder nochmals neu. Heute genieße ich das Privileg, in der ehemaligen »mehreren Stadt« rechts der Limmat zu leben, nahe der Stelle, wo die Zürcher Stadtheiligen Felix, Regula und Exuperantius einst als christliche Märtyrer ihre Köpfe verloren, wo man früher Gottfried Keller hätte begegnen können und auch anderen, wo Dada erfunden wurde, die russische Revolution vorbereitet, wo Gedichte und Dramen und Schrullen zu Papier gebracht wurden. Gewiss, Zürich ist die prosperierende Stadt der Banken, aber es gibt auch Buchhandlungen und Bars, es gibt sündhaft teure Läden, aber auch den Lesesaal der Museumsgesellschaft und die öffentlichen Parks zum Nulltarif. Zürich zählt weltweit zu den Städten mit der höchsten Lebensqualität.

Allen Pluspunkten zum Trotz war Zürich nicht für alle Besucher Liebe auf den ersten Blick. Max Brod zum Beispiel, der zusammen mit seinem Freund Franz Kafka hier einen Sommertag verbrachte, gefiel außer dem reichhaltigen Frühstück in einem Restaurant eigentlich nichts so richtig. Hatte er einfach Pech oder schlechte Laune? Er hätte sich auf den berühmten Aufklärer Erasmus von Rotterdam berufen können, der sich auch nichts davon versprach, nach Zürich zu ziehen: »Ich danke sehr für Deine und Deiner Stadt liebenswürdige Gesinnung mir gegenüber«, schrieb er dem ihn einladenden Reformator Zwingli – und blieb lieber in Basel. Thomas Mann dagegen gefiel es am Zürichsee, und Elias Canetti im Dolderwald.

Kommen Sie nach Zürich! Wir laden Sie ein, auf unsern acht Spaziergängen den so weit noch sichtbaren historischen Spuren von Literaten und Künstlern zu folgen, kreuz und quer durch die Jahrhunderte. Sie führen vom Zentrum aus in verschiedene Quartiere der Stadt und auch wieder zurück. Sie sollen sich ja auch wieder erholen können, denn die Kultur-Parcours sind mit Adressen und Hinweisen reich befrachtet. Es gibt Straßen in Zürich, an denen praktisch in jedem Haus zu irgendeiner Zeit ein Dichter hauste. Würde man für jede und jeden von ihnen eine Gedenktafel anbringen, befände man sich bald in einem Schilderwald, aus dem man nicht mehr herauskäme. Es lohnt sich jedoch, die bescheidenen Plaketten zu beachten, die seit einigen Jahren die Gesellschaft zu Fraumünster, Frauenzunft genannt, überall dort anbringen möchte, wo es auf herausragende Zürcherinnen hinzuweisen gilt, auf die erste Unternehmerin, Barbara Schaufelberger, die in der Storchengasse Bibeln druckte, auf die erste Zürcher Architektin, Lux Guyer an der Bahnhofstrasse, oder die erste Zürcher Porträtmalerin, Anna Waser, an der Münstergasse. »In Zürich möchte ich wohl leben: das Örtliche hat mir selten anderwärts so wohl gefallen«, notierte der Leipziger Syrakusfahrer Johann Gottfried Seume 1802 auf einem Zwischenhalt. Die für unsere historischen Spaziergänge ausgewählten Texte und Fotografien dokumentieren das Leben zahlreicher Künstler und Literaten in Zürich, die eines gemeinsam haben: Sie sind alle längst tot. Aber nicht vergessen. Vollständigkeit haben wir nicht anstreben können, Sie kämen sonst spazierend gar nicht mehr vom Fleck. Und es soll doch noch Zeit bleiben, diese schöne Fluss- und Seestadt zu genießen – wie es viele der zitierten Dichter auch taten.

Die obere Bahnhofstrasse, um 1885

1. Spaziergang Bahnhofstrasse

Wo am Ende der Straße der Himmel ein Loch hat

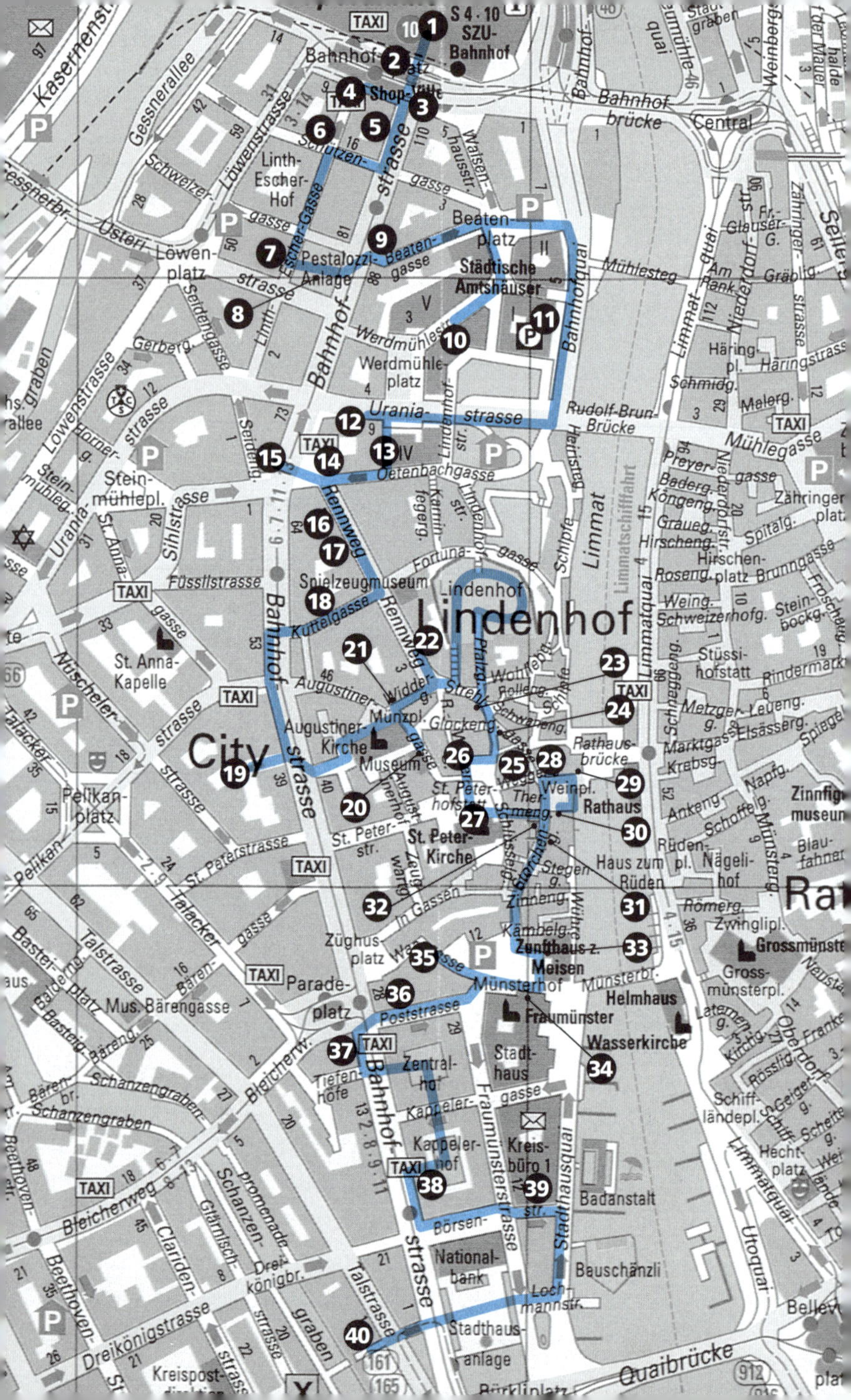

TAXI
S 4 · 10
SZU-Bahnhof
Bahnhofplatz
Shop-Ville
Kasernenstr.
Gessnerallee
Löwenstrasse
Schweizergasse
Linth-Escher-Hof
Schützengasse
Bahnhofstrasse
Walsenhausstr.
Escher-Gasse
Usteri
Löwenplatz
Pestalozzi-Anlage
Beatengasse
Beatenplatz
Städtische Amtshäuser
Bahnhofbrücke
Central
Bahnhofquai
Mühlesteg
Limmatquai
Niederdorfstr.
Seilergraben
Linthstrasse
Seidengasse
Gerbergasse
Werdmühlestr.
Werdmühleplatz
Uraniastrasse
Rudolf-Brun-Brücke
Mühlegasse
Oetenbachgasse
Lindenhofstr.
Steinmühleplatz
Sihlstrasse
Rennweg
Fortunagasse
Schipfe
Limmat
Limmatschifffahrt
Füsslistrasse
Spielzeugmuseum
Kuttelgasse
Lindenhof
St. Anna-Kapelle
Augustinergasse
Widdergasse
Münzplatz
Strehlgasse
Pfalzgasse
Wohllebgasse
Glockengasse
Augustiner Kirche
Museum
City
Rathausbrücke
Weinplatz
Rathaus
Marktgasse
Stüssihofstatt
St. Peterhofstatt
St. Peter-Kirche
St. Peterstrasse
Pelikanplatz
Talacker
Schlüsselgasse
Storchengasse
Haus zum Rüden
Rüdenplatz
Nägelihof
Zinnfigurenmuseum
Zeughausplatz
In Gassen
Kämbelgasse
Zunfthaus z. Meisen
Münsterhof
Münsterbrücke
Helmhaus
Grossmünster
Grossmünsterplatz
Fraumünster
Wasserkirche
Paradeplatz
Poststrasse
Mus. Bärengasse
Bärengasse
Zentralhof
Stadthaus
Tiefenhöfe
Kappelergasse
Kappelerhof
Fraumünsterstrasse
Kreisbüro 1
Stadthausquai
Badanstalt
Schanzengraben
Bleicherweg
Börsenstr.
Nationalbank
Bauschänzli
Talstrasse
Lochmannstr.
Stadthausanlage
Bürkliplatz
Quaibrücke
Utoquai
Bellevue
Dreikönigstrasse
Claridenstr.
Beethovenstr.
Kreispostdirektion

Der erste Spaziergang beginnt dort, wo das Abenteuer Zürich für die meisten überhaupt anfängt: am Hauptbahnhof. Der Spaziergang führt, mit ein paar Abstechern, durch die Bahnhofstrasse hinauf zum See.

1 Hauptbahnhof

Grüezi – willkommen in Zürich! Der Hauptbahnhof ist immer noch ein Sackbahnhof, parterre eine Endstation, wie 1846/47 bei der Eröffnung. Das Shopville, Zürichs unterirdische, weltstädtische Geschäftswelt, wurde 1970 eröffnet.

»Der erste Blick war eine Enttäuschung«, erinnerte sich Franca Magnani (1925–1996), die spätere Italienkorrespondentin für die ARD in Rom, die als italienisches Emigrantenkind nach Zürich kam, in ihrer Autobiographie *Eine italienische Familie*: Kein Lärm, kein Getöse, kein Gedränge. »Die Ordnung war eindrucksvoll, und es war so still, dass ich ein Geräusch hören konnte, das mir nie zuvor aufgefallen war: das Tack-tack-tack der Absätze beim Laufen ... Ich war verblüfft, aber [mein neuer Freund Mario] Casadei lachte nur ... Die Schweiz habe auch ihre guten Seiten, und dann machte er mich darauf aufmerksam, wie alles ordentlich in einer Reihe stand, die Züge, die Gepäckträger und sogar die Wägelchen, weil der Bahnhofsvorsteher – jener Herr mit der Mütze, die adrett auf seinem Kopf saß, und dem schönen roten Umhängetäschchen – sie immer antreten ließe, behauptete er, und wie ein General inspizierte – sogar die Wägelchen. Ich glaubte ihm ...«

Tempi passati, wie das ehemalige Bahnhofbuffet 3. Klasse (heute Brasserie »Féderal«). Ein legendärer Stammgast war der Schriftsteller Arnold Kübler (1890–1983), Chefredaktor der ehemaligen *Zürcher Illustrierten* und später des Kulturmagazins *Du*. Kübler, der stets frühmorgens auftauchte, um an seinem Roman *Öppi von Wasenwachs* zu schreiben, schätzte die Tuchfühlung mit den Eisenbahnern, die Anteil nahmen am Gang und Fortschritt seiner schriftstellerischen Arbeit, »weil ja das Beförderungswesen ihre Sache ist. Wenn ich allzu lange mit dem Schreiben innehielt, ins Nachdenken verfiel, ließen sie's an ermunterndem Zuspruch nicht fehlen. ›Wo chläbets?‹ [Wo hapert's?] sagten sie dann, oder ›Wagelang vor!‹ [Mach weiter!] ... Mit der Zeit konnte ich mir ... den Ruf eines harten Frühaufstehers erwerben, und das Frühaufstehen erfreut im Schweizerland sich bekanntlich eines weit größeren Ansehens als das Schreiben, sogar eines größeren als das Gut-Schreiben, um das ich mich bemühte.« *(Babette, herzlichen Gruss)*

In spektakuläre Schlagzeilen brachte den Hauptbahnhof übrigens nicht etwa ein Emigrant oder Revolutionsstifter, sondern eine brillante Baslerin, die Juristin und Journalistin Iris von Roten-Meyer (1917–1990). Sie kam Anfang der 1950er Jahre mit dem letzten Zug von Basel in die Weltstadt Zürich, wollte brav bei einer Freundin übernachten – und landete auf dem Polizeiposten. Weil sie einen Pelzmantel trug und sich bei den »Tschuggern«, den Polizisten, nicht ausweisen wollte. 1958 wurde Iris von Roten wieder über Nacht berühmt, mit ihrem Buch *Frauen im Laufgitter*,

Enthüllung des Alfred-Escher-Denkmals vor dem Hauptbahnhof, 22. Juni 1889

Lydia Welti-Escher. Ölgemälde von Karl Stauffer, ca. 1886
Karl Stauffer-Bern, Selbstbildnis

einem frühen, radikalen Emanzipationspamphlet.

Damals gab es noch keine Schutzengelin für die Reisenden. Seit 1997 jedoch schwebt eine üppig graziöse, geflügelte Nana in der – wenn »leer« – grandiosen Bahnhofshalle hoch über den eilenden Leuten: eine Augenweide. Geschaffen hat sie, bunt und kurvig und unverkennbar, die französisch-amerikanische Künstlerin Niki de Saint Phalle (1930–2002).

Durch das monumentale Hauptportal verlassen wir den Bahnhof, wie es Martin Salander tat, der Protagonist des letzten Romans von Gottfried Keller (1819–1890), des wichtigsten Schweizer Schriftstellers des 19. Jahrhunderts. *Martin Salander* ist ein bitteres Buch, eine zornig-resignierte Abrechnung mit der Gefährdung demokratischer Ideale in der Zeit der Gründerjahre. Da kehrt einer nach einem langen Auslandsaufenthalt als gemachter Mann idealistisch zurück. Aber seine Stadt ist nicht mehr, wie er sie sich erhoffte, Politik und Wirtschaft sind verludert. Martin Salander konnte übrigens die monumentale Rückseite des in Bronze gegossenen Denkmals noch nicht bewundern.

2 Das Alfred-Escher-Denkmal

Vom VIP-Denkmalplastiker Richard Kissling (1848–1919) geschaffen, wurde es 1889 aufgestellt. Alfred Escher (1819–1882), der »Eisenbahnkönig« und mächtige Staatsmann, blickt von seiner hohen Warte hinunter auf den Bahnhofplatz, auf dem heute längst keine Schafe mehr weiden. Und auf die

3 Bahnhofstrasse

Einst ein versumpfter »Fröschengraben«, ist sie heute eine mondäne Einkaufsstraße, 1,4 Kilometer lang, und verbindet den Hauptbahnhof mit dem See. Der irische Dichter James Joyce (1882–1941, vgl. S. 93 f.) schwärmte von ihr – oder war es eher Spott? »Zürich ist so sauber, dass man eine auf der Bahnhofstrasse ausgeschüttete Minestra ohne Löffel wieder aufessen könnte.« Der elsässische Schriftsteller René Schickele (1883–1940) hielt dagegen, Zürich sei eine Stadt mit einer sommerlich belaubten Straße, an deren Ende der Himmel ein Loch habe.

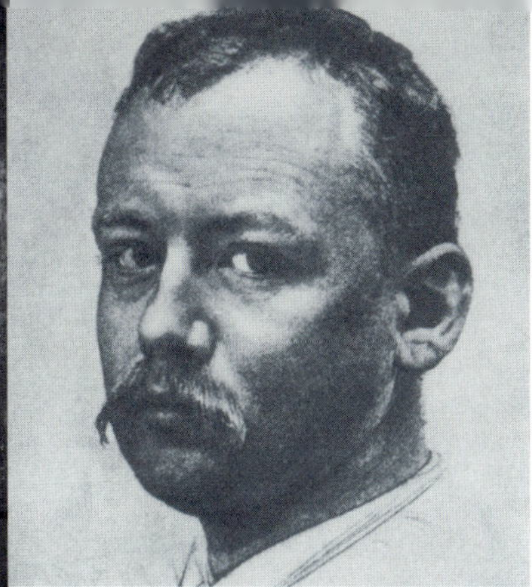

Wir überqueren den Bahnhofplatz und sehen vis-à-vis das

4 Hotel Schweizerhof Bahnhofplatz 7

Im Schweizerhof logierten Ende Oktober 1890 die Escher-Tochter Lydia (1858–1891), eine der reichsten Schweizerinnen im Fin de Siècle, die Gründerin der Gottfried Keller-Stiftung, und ihr Ehemann, der Jurist und Bundesratssohn Friedrich Emil Welti. Sie hatten ihre Zürcher Zelte aus Samt und Seide abgebrochen, das berühmte »Belvoir« in der Enge (vgl. S. 143 ff.) war verkauft. Welti-Eschers siedelten aus gesundheitlichen und steuerlichen Gründen nach Florenz über, wo sie der Maler und Hausfreund Karl Stauffer-Bern (1857–1891) erwartete. Mit dem Künstler, der porträtierte, was Rang und Namen hatte, brannte Lydia durch nach Rom, Stauffer-Bern wurde verhaftet, die Fremdgängerin Lydia wurde »versorgt«. Das Finale war fürchterlich: Stauffer vergiftete sich, Lydia drehte elf Monate später den Gashahn auf. Ein fatales Liebesdrama – Bundesrat Emil Welti, genannt »Bismarck der Schweiz«, war nicht amused!

Das Hotel Schweizerhof wurde Anfang der 1970er Jahre luxussaniert. Das war das Aus für das Blumengeschäft der stadtbekannten Floristin »Fräulein« Maria Binder (geboren 1920). Sie zog an die Oberdorfstrasse um – in die Nachbarschaft der Kronenhalle, deren Blumenschmuck sie übernahm. Zuvor, in den 1950er Jahren, hatte sie regelmäßig bei den Filmpremieren im Rex (vgl. S. 14) für die Blumendekoration gesorgt, und so schön, dass Alfred Hitchcock nach der Premiere von *Anastasia* persönlich im Blumengeschäft erschien, um sich zu bedanken.

Wir biegen in die Bahnhofstrasse ein. Nach wenigen Metern stehen wir vor

Walter Serner, um 1918

Der Comiczeichner Robert Lips mit seinen Globi-Figuren

Johann Heinrich Pestalozzi

Wir biegen rechts in die Schützengasse, gehen bis zur ersten Kreuzung. Rechts im Eckhaus befand sich die

5 Claire's Switzerland Ehemals Corrieri Delikatessen Bahnhofstrasse 91

Heute werden Schmuck und Biokosmetik angeboten. Doch bis Mitte der 1980er Jahre war das Geschäft das Reich des Enrico Corrieri gewesen, der 1895 als 25-Jähriger mit einem bescheidenen Kiosk beim »Gedeckten Brücklein« (leider abgerissen) anfing und es 1915 florierend an die Bahnhofstrasse schaffte.

Der Satiriker und Kinderbuchautor Erich Kästner (1899–1974), der Meister der knappen Verse, flippte aus, als er im Sommer 1947 für den PEN-Kongress nach Zürich kam und sich bei Corrieri von der Auslage überwältigen ließ: »Bananen, Apfelsinen, Ananas, Feigen, Datteln, Pampelmusen, Erdbeeren, Kirschen, Rosinen, Mandeln, Nüsse, Zitronen – ich stand wie angewurzelt, es verschlug mir den Atem.« *(Reise in die Gegenwart)*

6 Wohnung von Walter Serner und »Dada-Zentrale« Heute Restaurant Walliser Kanne Lintheschergasse 21

Der Schriftsteller und Jurist Walter Serner (1889–1942) kam als Pazifist im Februar 1915 nach Zürich. Er wechselte (mindestens) sechzehn Mal die Adresse. Er gab die Zeitschrift *Sirius. Monatsschrift für Literatur und Kunst* heraus, die 1915/16 acht Mal erschien. In seiner Wohnung im ersten Stock war 1919 der Sitz der Administration von »Mouvement Dada«, bis Serner nach Genf zog. Auf der Flucht von Deutschland nach Österreich machte er im März 1933 nochmals kurz Halt in Zürich. 1942 wurde er nach Theresienstadt deportiert, wenig später nach Minsk, wo er ermordet wurde.

Wir biegen nach links in die Lintheschergasse ein und gehen bis zum

7 Globus City Bahnhofstrasse/ Schweizergasse

Das erste Warenhaus in der Schweiz wurde 1907 gegründet. 1932, zum 25-jährigen Jubiläum, »engagierte« die Firma einen neuen Mitarbeiter: den Globi. Erfunden haben den pfiffigen Schweizer Vogel der Werbeleiter Ignatius Karl Schiele (1902–1988) und der Zeichner Robert Lips (1912–1975). Globi plapperte von Geburt an in Versen, nachhaltig gereimt, ohne Anspruch auf einen Literaturpreis. Bis 1944 erschienen in der »Reklameabteilung« des Globus 35 Globi-Bücher. Mittlerweile ist man beim 76. Globi-Klassik-Titel angelangt: *Globi und der Polarforscher* (2008).

Auf der Wiese vor dem Globus-Neubau (1968) steht das

8 Pestalozzi-Denkmal

»Ich bi doch nöd de Peschtalozzi«, sagt der ältere Volksmund noch heute, was besagt, einer wolle sein Geld nicht verpulvern. Dem Zürcher Star-Pädagogen Johann Heinrich Pestalozzi (1746–1827) wurde 1958 auf der teuersten grünen Wiese an der Bahnhofstrasse ein Denkmal gesetzt. Die Pestalozziwiese war bis etwa 1860 eine städtische Hinrichtungsstätte. Anschließend stand hier ein Schulhaus. Die Statue des sich gütig zu einem Kind neigenden Sozialreformers stammt von Hugo Siegwart. Zu Lebzeiten stand Pestalozzi in Zürich nicht auf der Sonnenseite. Er wird als Schöpfer der modernen Volksschule gerühmt, der die ganzheitliche Erziehung von »Kopf, Herz und Hand« postulierte. Mit seiner Ehefrau Anna Schulthess gründete er bei Birr im Nachbarkanton Aargau den »Neuhof«, eine Armenschule und einen landwirtschaftlichen Musterbetrieb (1774–1779), kehrte abgebrannt in seine Heimatstadt Zürich zurück und versuchte sich als Seidenhändler am Zürichberg (vgl. S. 124). 1798 wurde er mit der Betreuung der Kriegswaisen im Kanton Unterwalden betraut, 1804–1825 wirkte er im waadtländischen Yverdon-les-Bains. Nachhaltigen Erfolg hatte er als Schriftsteller. Sein vierteiliger Erziehungsroman *Lienhard und Gertrud* (1781–1787) und *Wie Gertrud ihre Kinder lehrt* (1801) wurden Bestseller.

Wir gehen zurück zur Bahnhofstrasse, überqueren diese, schräg gegenüber stand früher ein Kino, heute ist es ein Kleiderladen:

9 Kino Rex
Heute H&M
Bahnhofstrasse 92

In den 1950er Jahren waren Filmpremieren in Zürich gesellschaftliche Highlights! Für *Anastasia* – Ingrid Bergman bekam als »letzte Zarentochter« einen Oscar – gab sich sogar Altmeister Alfred Hitchcock die Ehre.

Wir biegen von der Bahnhofstrasse in die Beatengasse und beim Beatenplatz nach rechts in die Werdmühlestrasse ein. Auf der linken Straßenseite befindet sich das städtische

10 Fundbüro
Werdmühlestrasse 10

Franca Magnani, damals noch Schiavetti, suchte es mit ihrem Nonno Ercole auf, um ein Paket zu suchen, das die Mama im »Tram« (so heißt in Zürich die Straßenbahn) vergessen hatte. »Bevor wir die Paketabteilung erreichten, kamen wir an Glasschränken mit Hunderten von Uhren, Broschen, Geldbörsen, Brieftaschen, Mänteln, Schirmen und Aktentaschen vorbei. Alles war von Bürgern gefunden und unverzüglich hier abgeliefert und vom zuständigen Beamten sofort mit einem Kärtchen versehen worden, aus dem Ort und Datum der Auffindung ersichtlich waren. Großvater war erschüttert. Mir fiel auf, dass ich mich ihm gegenüber zum ersten Mal benahm wie ein Schweizer, der auf sein Land stolz ist …« *(Eine italienische Familie)*

Wir kehren zurück zum Beatenplatz, vorbei am Restaurant »Movie« mit dem nostalgischen Cinéma-Paradiso-Ambiente, und gehen weiter bis zum Bahnhofquai.

11 Stadtpolizei
Giacometti-Halle
Bahnhofquai 3

»Mis Dach isch de Himmel vo Züri«, sang der stadtbekannte kauzige Bündner »Cornichon«-Kabarettist Zarli Carigiet (1907–1981) in der populären Dialektoper *Eusi chlii Stadt* (vgl. S. 57). Den allerschönsten Züri-Himmel freilich kennen sogar längst nicht einmal alle Zürcherinnen und Zürcher: die Kuppel in der Eingangshalle des Polizeidepartements. Gemalt hat ihn der Bergeller Maler Augusto Giacometti (1877–1947) zwischen 1923 und 1925, als das ehemalige Waisenhaus aus dem 18. Jahrhundert in ein Amtshaus umgebaut wurde. Giacometti gehörte zu den ersten Malern im 20. Jahrhundert, die den Schritt in die Ungegenständlichkeit wagten. Seinen Flirt mit dem Dadaismus genoss er als den »holden Wahnsinn« in einer »nüchternen, trockenen und vernünftigen Welt«.

Wir verlassen das Polizeipräsidium (nicht vergessen, beim Schalter den Personalausweis zurückzufordern!), folgen dem Bahnhofquai bis zur Uraniastrasse und biegen nach rechts ein bis zur

Rudolf von Laban

12 Urania-Sternwarte Brasserie Lipp Uraniastrasse 9

Die Urania-Sternwarte, benannt nach der Muse der Astronomie und der Künste, wurde 1907 eröffnet. Hier war das – längst nicht mehr existierende – erste Zürcher Cabaret, »Zum grauen Esel«, zu Hause. Um 1936 wurde wegen finanzieller Probleme erwogen, den heute denkmalgeschützten Urania-Turm abzubrechen. Ein Besuch der Sternwarte ist auch im 21. Jahrhundert noch ein überwältigendes Erlebnis in einer Stadt, in der man als Spaziergänger auch nachts vor lauter Licht die Sterne kaum mehr erkennen kann.

Eine ultimative kreisrunde Sicht auf Zürich, den See und die Alpen bietet die Panorama-Bar Jules Verne (Lift!) der benachbarten »Brasserie Lipp« (Uraniastrasse 9). Märchenhaft ist der Ausblick, wenn es schneit!

Ein Geheimtipp: Im Hintergrund der Brasserie führt eine dekorativ geflieste interne Treppe hinauf in den Lion Pub an der Oetenbachgasse.

13 Lion Pub Ehemalige Laban-Schule Oetenbachgasse 24

Im ersten Stock eröffnete der ungarische Tänzer und Choreograph Rudolf Laban (1879–1958) im Frühjahr 1916 eine Schule des freien Tanzes mit Abteilungen für Schauspiel, Musik, Bewegungskunst und Film. Befreites Tanzen wurde der letzte Schrei. Die spitzzüngige Schriftstellerin Claire Goll (1890–1977, vgl. S. 96 f.), die im Sommer 1917 – noch als Claire Studer – nach Zürich kam, spöttelt in ihren Erinnerungen *Ich verzeihe keinem*: »Der Musiker Laban hatte nämlich ... einen Tanzkurs eröffnet. Sophie Täuber, Arps Freundin, tanzte dort, und alle Ballerinenliebhaber tanzten hinterher. Für die Mannsbilder war die Jagd auf ein kleines Hinterteil und expressionistische Kurven eine ebenso ernsthafte Beschäftigung wie Malerei oder Schriftstellerei.«

Wir spazieren die Oetenbachgasse abwärts wieder zur Bahnhofstrasse. Im Eckhaus, mit Bank, Tabakladen und English Books, befand sich einst ein glamouröses Kaffeehaus.

fröhlichen »Sprachsalat«-Vers verbrochen haben: »Verzahnt und verheert/ *Sont tous des bouqins.*«

14 Ehemaliges Grand Café des Banques mit Cabaret Bonbonnière Bahnhofstrasse 70/72

Das Café des Banques wurde 1915 eröffnet, es erfreute sich (wie schon das Odeon, vgl. S. 53 ff.) vor allem bei den »Neulingen« der Künstler, Politiker, Maler, Literaten und – offiziell noch gar nicht erfundenen! – Dadaisten großer Beliebtheit. Am 2. Juni schon trat die deutsche Diseuse Emmy Hennings (1885–1948) auf – sie war wenige Tage zuvor mit dem Journalisten Hugo Ball (1886–1927) in Zürich angekommen, und sie brauchten Geld. Ball war angetan: »Das Café des Banques hat eine saftige Kapelle. Die Primgeige stammt aus Moabit, das Cello aus Lyon. Der Flügelmann ist Mexikaner.«

Hier lernte der in Wien aufgewachsene »schwierige« Schweizer Schriftsteller Friedrich Glauser (1896–1938) den Mopp genannten Wiener Maler Max Oppenheimer (1885–1954) kennen, und hier dürfte er den folgenden fröhlichen »Sprachsalat«-Vers verbrochen haben: »Verzahnt und verheert/ *Sont tous des bouqins.*«

Damit frozzelte Glauser die damaligen Zürcher Bestsellerautoren an, die »Auflagenkönige«, den schnauzbärtigen Ernst Zahn (1867–1952, vgl. S. 29) und Jakob Christoph Heer (1859–1925), die ebenfalls hier verkehrten. Heer, der Autor von auch in Deutschland enorm populären Heimat-Bestsellern (*An heiligen Wassern*, *Der König der Bernina*), soll den respektlosen Youngster daraufhin amüsiert zum Froschschenkelessen in die »Öpfelchammer« (vgl. S. 81) eingeladen haben.

Im Café des Banques verkehrten auch die Zürcher Maler Ernst (1895–1958), Eduard (1891–1971) und Max Gubler (1898–1973). Auch der Lyriker Klabund (eigentlich Alfred Henschke, 1890–1928), einer der produktivsten Autoren seiner Zeit, kam gelegentlich vorbei, er hielt sich im Frühjahr 1916 in Zürich auf, bis er wieder nach Davos zur Kur fahren musste.

Die ersten Zürcher Cabarets waren entstanden um die Jahrhundertwende, jetzt hatten sie eine erste Hochkonjunktur. Die Polizei sah sich jedenfalls

Friedrich Glauser, um 1917

Jakob Christoph Heer, 1917

Lux Guyer

zu einer Datenerfassung veranlasst und protokollierte am 2. März 1916: »In den letzten Jahren haben in Zürich auch die sogenannten ›Cabarets‹ oder Kleinbühnen Eingang gefunden. Das Cabaret zum ›grauen Esel‹ in der ›Urania‹ machte den Anfang, es folgten Cabarets von Waldvogel an der Oberdorfstrasse & in der Zentralhalle, welche alle wieder eingegangen sind. Gegenwärtig bestehen die ›Bonbonnière‹, das Cabaret ›Hirschen‹ an der Niederdorfstrasse, Cabaret ›Winzergarten‹ (korrekt: Wintergarten) & Corso ›Palais Mascotte‹.«

Gegenüber dem einstigen Grand Café des Banques (vor dem Warenhaus Jelmoli) steht das

15 Haus zur Trülle Bahnhofstrasse 69

Im 1897 in opulentem Neurenaissancestil erbauten Geschäftspalazzo eröffnete Lux Guyer (1894–1955) als erste Schweizer Architektin ihr eigenes Büro. Sie baute schlicht und sachlich, berühmt wurde 1928 ihr moderat modernes »Saffa«-Holzhaus, das nach der Schweizer Ausstellung für Frauenarbeit bis 2003 in Aarau stand und seit 2006, rekonstruiert, in Stäfa b. Zürich.

Legen Sie den Kopf in den Nacken, damit Sie das Giebelrelief studieren können: ein nackter Junge in einem Drehkäfig, der sogenannten Trülle. Zwei weitere Nackedeis lassen den Pranger rotieren. So wurden im Mittelalter Straftäter zur Schau gestellt.

Doch nun biegen wir in den Rennweg ein. Rechts die

16 Ehemalige Wohnung von Melchior Hirzel Haus zum Feuermörser Rennweg 57

Das alte Haus zum Feuermörser war im 18. Jahrhundert ein »Gelehrtenhospiz«. Einer der Bewohner war Melchior Hirzel (1793–1843), der als Liberaler für bessere Schulen kämpfte. Er forderte beispielsweise, ein Lehrer solle nicht mehr als 120 Kinder unterrichten müssen! Mit Hirzel wohnte Lorenz Oken (1779–1851) zusammen, Naturforscher und Philosoph. Er kam 1832 von München nach Zürich an die junge Universität, deren erster Rek-

Richard Wagner. Nach einem Gemälde von Clementine Stocker-Escher, 1853

Minna Wagner

tor er wurde (1833–1835). Daneben schrieb er seine *Naturgeschichte der Tiere für alle Stände* (13 Bände!). Und ein dritter Gelehrter: Johann Heinrich Füssli (1744–1832). Der Historiker und Verleger gilt als einer der Begründer der Zürcher Geschichtsforschung. Er bearbeitete auch das von seinem Vater Hans Rudolf Füssli angelegte *Allgemeine Künstlerlexikon*.

Heute ist der Feuermörser ein moderner, nüchterner Geschäftskomplex, in dem neuerdings der Privatclub Saint Gérmain für Tingeltangel und Highlife sorgt. Tagsüber befindet sich der Eingang an der Bahnhofstrasse 66, nachts dagegen am Rennweg 57.

17 Erstes Logis von Richard Wagner Haus zum Tannenbaum Rennweg 55

Der Musikdramatiker Richard Wagner (1813–1883) floh 1849 als politischer Asylant aus Dresden über Paris, wo ihn eine Choleraepidemie vertrieb, nach Zürich. Er und seine Frau Minna fanden zunächst Zuflucht im Haus zum Tannenbaum bei einem Landsmann, dem Musiker Alexander Müller (1808–1863), dem Nachfolger des Sängervaters Georg Nägeli, der seit 1834 in Zürich wirkte. Müller unterrichtete auch die Schweizer Sängerin und Pianistin Fanny Hühnerwadel, die mit 27 Jahren in Rom an Typhus starb. 1853–1857 bezogen Wagners eine herrschaftliche Wohnung am Zeltweg 11 (vgl. S. 134 f.).

Wir biegen rechts in die Kuttelgasse ein. Auf der rechten Straßenseite stand das

18 Elternhaus von Conrad Ferdinand Meyer Kuttelgasse 10

Was für eine unstete, unglückliche Biographie! Als Conrad Ferdinand Meyer (1825–1898) ein Jahr alt war, zogen seine Eltern mit ihm von der Stampfenbachstrasse 48 (das Haus wurde 1928 abgerissen) hierher an die Kuttelgasse, in das Haus zum Reuter, das 1882 durch einen Neubau ersetzt wurde. Sie blieben vier Jahre, um 1830 ins Haus zum grünen Seidenhof zu wechseln – dort wurde Ende des 19. Jahrhunderts das Warenhaus Jel-

Conrad Ferdinand Meyer, 1842

Betsy Meyer, um 1840

moli hochgezogen. Den sensiblen, oft kränkelnden Bub begeisterte sein Vater – er war Regierungsrat – für die Welt der Römer und Griechen und für die Berge; er starb viel zu früh, 1840, Conrad war 15, das Schwesterchen Betsy neun Jahre alt. Die puritanische, schwermütige Mutter war von den Kindern und vom Leben überfordert und ertränkte sich 1856.

Das Jurastudium brachte Meyer wenig Glück. In Lausanne, wohin er 1851 übersiedelte, ließ er sich vom Historiker Louis Vulliemin beeinflussen und wandte sich literarischen und historischen Studien zu. Sein Debüt als Schriftsteller waren *Zwanzig Balladen von einem Schweizer*, die 1864 anonym erschienen. Sein erster großer Erfolg war der Bündnerroman *Jürg Jenatsch* (1875). 1872 zog er nach Meilen, zusammen mit seiner getreuen Schwester (vgl. S. 168 f.).

Wir gehen weiter bis zur Bahnhofstrasse, biegen nach links ein und finden auf der rechten Straßenseite den Eingang zum Hotel

19 Carlton Elite Bahnhofstrasse 41

Die exzentrische deutsch-jüdische Lyrikerin Else Lasker-Schüler (1869–1945) kam zwischen 1918 und 1939 immer wieder nach Zürich und konnte sich anfänglich noch das Hotel Elite leisten. Später fand sie anderswo Unterschlupf, wurde auch unterstützt und verkehrte in den einschlägigen Künstlerkreisen. Sie nannte sich »Prinz von Theben«, wurde stadtbekannt und sehr, aber nicht nur geliebt. Als Mensch sei sie »ein kleines Greuel« gewesen, urteilte Rudolf Jakob Humm, aber sie galt als die größte deutsche Dichterin, ein Faszinosum. Dem NZZ-Feuilletonchef Eduard Korrodi schrieb sie: »… Die Möwen vom Zürchersee schreiben mir so sehnsüchtige Briefe und ich sehne mich nach den weißen Vögeln, schreiender Schnee, wilde Bräute der Nordsee, weißgefiederte Abenteuerinnen. ›Wär ich doch eine Möwe! Ich brauchte nicht auf mein Visum zu warten.‹« 1937 erschien in der NZZ erstmals das Gedicht *Mein blaues Klavier* und bei Oprecht als ihr erstes Buch im Exil *Im Hebräerland*.

Vor Lasker-Schüler kamen 1915/ 16

Else Lasker-Schüler, 1919/20

Tristan Tzara, Hans Richter und Hans Arp vor dem Carlton Elite

die Herren Dadaisten, Tristan Tzara, Marcel Janco, Hans Arp u. a., denn BEVOR DADA DA WAR, WAR DADA DA. Korrekt gekleidet, im Anzug, mit Hut und Stöckchen oder auch der Reitgerte, machten sie gern, wie hier 1918, den Bürgerschreck (vgl. S. 72 f.).

Wir überqueren die Bahnhofstrasse und gehen links an der Augustinerkirche vorbei und nach rechts über den Münzplatz zum

20 Museum Strauhof Augustinergasse 9

In den barocken Räumen des ehemaligen Wohnhauses werden pro Jahr vier Wechselausstellungen zu literarischen Themen gezeigt. Der Strauhof will als eine »Schule des Lesens« literarische Themen vermitteln. Inspirierend! 1985 wurde im zweiten Stock die James-Joyce-Stiftung eingerichtet.

Wir gehen zurück, biegen nach rechts in die Widdergasse. Links ist die

21 Widder-Bar Widdergasse 6

Seit Jahrzehnten ist die Widder-Bar ein Begriff für exzellente Jazzmusik. VeteranInnen trauern freilich der früheren plüschigen Herrlichkeit heute noch nach. Die goldene Ära, die der Jazzfanatiker Arnold Burri möglich machte, ging am 30. April 1989 zu Ende. Die letzten Konzerte bestritten u. a. das Harry »Sweets« Edison Quartett, das Johnny Griffin Quartet, das Eddie Harris Trio und das Milt Jackson Quartet. Keep swinging!

Die Bar gehört zum Widder-Hotel, das, aus mehreren Altstadthäusern zusammengefügt, 1995 in neuem Glanz eröffnet wurde.

Wir gehen weiter bis zum Rennweg, schräg gegenüber erinnert eine Gedenktafel an die

22 Wohnungen von Ferdinand Keller Rennweg 8 und 10

Ferdinand Keller (1800–1881), der »tatkräftige Förderer der Altertumskunde«, »erfand« für die Schweiz das

Augustinergasse, um 1895

heute noch grassierende Pfahlbaufieber. Hätte sonst das SJW-Heftchen Nr. 18 so viel Erfolg gehabt? *Die Pfahlbauer am Moossee* von Hans Zulliger haben Generationen von jungen Schweizerinnen und Schweizern begeistert. (Das Schweizerische Jugendschriftenwerk, SJW, wurde 1931 von besorgten Pädagogen gegründet, um der Schundliteratur Qualität entgegenzusetzen!) Nachdem Ferdinand Keller 1832 bei einem Spaziergang auf dem Burghölzlihügel erlebt hatte, wie Bauarbeiter dabei waren, einen keltischen Grabhügel zu zerstören, gründete er mit Freunden die Antiquarische Gesellschaft. Er engagierte sich auch für die Freilegung der mittelalterlichen Fresken im Fraumünster. Ohne den enthusiastischen Privatgelehrten hätte Zürich 1898 nicht den Zuschlag fürs Landesmuseum bekommen! Keller wohnte 1852–1864 in der Nummer 10 und 1864–1879 ein Haus weiter in der Nummer 8.

Auf dem Rennweg zurück und über die Treppe beim Amazonenbrunnen, steigen wir hinauf zum Lindenhof, Zürichs ältester Grünanlage, über die eine gepanzerte weibliche Brunnenfigur wacht.

Sie erinnert an die mutigen Zürcherinnen, die 1292 die Stadt als Soldaten verkleidet gegen die anstürmenden Habsburger verteidigten und diese vertrieben – ihre eigenen Männer waren in einem Kriegszug gegen Winterthur gefallen. Lassen Sie sich Zeit auf dem Hügel, auf dem die Stadt mit einer keltischen Siedlung ihren Anfang nahm. Gehen Sie nach rechts zur Mauerbrüstung: Die Aussicht auf die andere Seite der Limmat, das Panorama mit Kirchen, Universität, ETH und Fernheizturm ist einmalig. Die namengebenden Linden werden übrigens erstmals im 15. Jahrhundert erwähnt, als die Bevölkerung auf dem Hügel Schützenfeste und Prozessionen feierte. Damit war Schluss während der Reformation unter Zwingli, weil »damit großer Hoffahrt von Wib und Mannen erspart werde und viel unnützer Reden«. Heute dürfen hier wieder Feste gefeiert werden.

Wir wandern nun links an der Freimaurerloge vorbei abwärts durch die Pfalzgasse.

Rechts, in die Mauer eingelassen, ist die älteste überlieferte Todesanzeige in Zürich, eine Kopie des Grabsteins für Lucius Aelius Urbicus. Die lateinische Inschrift lautet übersetzt: »Das Bübchen lebte ein Jahr, fünf Monate und fünf Tage, es trauern um ihn sein Vater Unio, römischer Vorsteher des turicensischen Postens des gallischen Zolls, und seine Mutter Aelia Secundina.« Die allerältesten, namentlich bekannten Zürcher waren Ausländer.

Unten am Ende der Pfalzgasse, vis-à-vis des historischen Restaurants Kindli, wo laut Hausinschrift schon im 15. Jahrhundert die Bürgermeister tafelten, befindet sich die

23 Wohnung von Theodor Mommsen Strehlgasse 29

Mitten im »altrömischen Quartier« Zürichs arbeitete zwischen 1852 und 1854 der deutsche Professor Theodor Mommsen (1817–1903) an seiner *Römischen Geschichte*. Die zwei ersten Bände immerhin schrieb er in Zürich, sie erschienen 1854 und 1855. 1902 bekam er für sein monumentales Werk den Literaturnobelpreis, im Jahr darauf starb er in Berlin.

Von seiner Gaststadt allerdings war er trotz der Universität nie begeistert. Er fand, es gebe hier zwar schöne Berge, klares Wasser, gute Seidenindustrie und auch Engländer zum Auslachen. Aber die Mädel verstehe man nicht mit ihrem Züritüütsch, Inschriften seien rar und gute Freunde noch viel rarer. Der Dauerregen nervte ihn, das Klima sei nur für Fische, Kröten und Schweizer geeignet, und vor allem fühlte er sich als Wissenschaftler verkannt: »Der Gelehrte wird hier gering geschätzt und der Deutsche verachtet«; das Höchste, wohin er es bringen könne und »wofür ich redlich gestrebt habe, ist, dass sie ihn hassen, statt ihn zu despicieren«.

Wir flanieren nun die Strehlgasse hinunter, biegen aber rechts ab zum

24 Geburtshaus von Gottlieb Duttweiler Haus zur zahmen Taube Strehlgasse 13

Manchmal beliebt die Biographie zu scherzen. Gottlieb Duttweiler (1888–1962), der im Haus zur zahmen Taube geboren wurde, war alles andere als zahm. Nach einem turbulenten Einstieg ins Geschäftsleben wanderte er mit seiner Frau Adele nach Brasilien aus, wo er so viel verdiente, dass er nach seiner Rückkehr nach Zürich seine – verjährten! – Schulden bezahlte. Nach seinem Neustart propagierte der »Sozialkapitalist« das Schlagwort vom sozialen Kapital und philosophierte hinreißend über die »Seelentopographie der Schweizer Hausfrauen«. Er war ein Falke oder ein Adler, aber bestimmt kein Täuberich.

Der wortgewaltige Unternehmer gründete 1925 die »Migros«, zuerst mit Verkaufswagen und später mit Läden. Sein Erfolgsgeheimnis lag darin, dass er Lebensmittel durch Ausschaltung des Zwischenhandels direkt zu den Verbrauchern brachte. Da viele Produzenten das Unternehmen boykottierten, ließ er einen Teil der Waren selbst produzieren. 1941 vermachte er zusammen mit seiner Frau Adele die Migros ihren Kunden, indem er sein Unternehmen in eine Genossenschaft umwandelte. Er gründete auch eine eigene Partei, den »Landesring der Unabhängigen«, für den er ab 1935 bis zu seinem Tod der Schweizerischen Bundesversammlung angehörte (Nationalrat, Ständerat), und eine eigene Zeitung, *Die Tat*. Mit dem »Kulturprozent« verfügte er, dass das Unternehmen in kulturelle, sportliche und Freizeitaktivitäten investieren muss, und schließlich stieg er auch noch ins Kinogeschäft ein: Dank Migros-Gutscheinen wurde der Film *Marie-Louise* (Regie: Leopold Lindtberg, 1944) über ein Kriegskinderdrama ein Hit und bekam sogar einen Oscar.

Wir stoßen nun auf einen malerischen, verwunschenen Altstadtplatz, die St. Peterhofstatt. Links befindet sich die

25 Buchhandlung Beer
Haus zum Grünenberg
St. Peterhofstatt 10

Die älteste noch existierende Buchhandlung in Zürich, hervorgegangen aus der 1791 gegründeten Verlagsbuchhandlung Schulthess, eröffnete der passionierte Buchhändler und Verleger Samuel Höhr (1807–1882) 1832 als Teilhaber, zweifellos im Hinblick auf die bevorstehende Eröffnung der Universität im nahen Augustinerhof. Im Lauf der Jahrzehnte wurde die Buchhandlung immer wieder umstrukturiert und modernisiert. 1893 übernahm sie Robert Beer (1864–1939), »nach umfassender und entbehrungsreicher Ausbildungszeit in Deutschland«, und gab ihr 1909 den heutigen Namen.

Das »Jahrhundertgedächtnis«, 1932, wurde gebührend bereimt: »... Dort in dem Grünenberg Gutenbergs Knechte / Türmen in Bergen Bücher zu Hauf, / Durch die Gestelle, finstere Schächte / Steigen sie ab und wieder hinauf. / Hier steht ein Prachtband golden gebunden, / Dort glänzt ein Jahrbuch im weiß blauen Kleid, / Dort ein Romantiker rührsam empfunden, / Dort singt ein Tragiker heiliges Leid. // Bücherwürmer vom ältesten Adel / Gehen hier ein schon hundert Jahr ...«

1973 wurde die Tradition der »Hausabende« begründet.

Schräg vis-à-vis steht das

26 Restaurant
Kaiser's Reblaube & Goethestübli
Früher Pfarrhaus St. Peter
St. Peterhofstatt 5

Zürich war verrückt nach ihm, und jahrzehntelang auch der Rest des Abendlandes: Johann Caspar Lavater (1741–1801), Theologe, Schriftsteller und Begründer der enthusiastisch gefeierten, später eher in Verruf geratenen Physiognomik. Zunächst war Lavaters Elternhaus, das Haus zum Waldries im Niederdorf rechts der Limmat (vgl. S. 74), eine heiße Adresse für europäische Gelehrte. Auch Goethe war unter ihnen, 1775, anlässlich seiner ersten Schweizer Reise. Ein Herz und eine Seele waren sie auch noch beim zweiten Treffen, 1779, als der frisch gekürte Geheime Rat mit seinem Zögling, dem 18-jährigen Herzog Carl August von Sachsen-Weimar, vorbeikam. Lavater war eben Diakon in der Kirche St. Peter geworden und wohnte vorübergehend an der Glockengasse 7; 1784 bezog er die Amtswohnung St. Peterhofstatt 5, 1786, nun Pfarrer, das Pfarrhaus St. Peterhofstatt 6. Als Goethe Zürich zum dritten und letzten Mal die Ehre gab, wurde allerdings nicht

Johann Caspar Lavater

Johann Wolfgang von Goethe. Ölgemälde von J. Schumann, 1778

mehr gemeinsam »gehaust« und »geschmaust«, wegen Lavaters »ausschließlicher Intoleranz«.

Schmausen können heute Normalsterbliche im denkmalgeschützten Ambiente von »Kaiser's Reblaube & Goethestübli«.

27 Sankt Peter

Das touristische Merkmal von Zürichs ältester Pfarrkirche ist die Turmuhr von 1538 mit einem Zifferblattdurchmesser von 8,7 Metern! Die Attraktion im 18. Jahrhundert war dagegen – noch einmal! – Lavater. Seine Predigten waren Massenveranstaltungen, der Zulauf war – heute kaum mehr vorstellbar – so unerhört, dass die Kirchenbehörde reglementierend einschreiten musste. So fromm war Zürich nie mehr und wird es wohl auch nie mehr sein. Lavater predigte auch politisch, wetterte 1799 von der Kanzel gegen die »Demokraten-Tyranney« der napoleonischen Besatzer.

Bei einer Schießerei auf der Peterhofstatt versuchte er zu schlichten und wurde niedergeschossen, dort, wo heute der Brunnen steht. Er starb 1801 an den Folgen der Verletzung. Sein Grabstein steht heute an der Nordseite von St. Peter. Seine hinterlassenen Werke, Briefe, Predigten und Tagebücher belegen in der Zentralbibliothek 25 Regalmeter. Er hinterließ außerdem 80 000 Gulden Schulden.

Neben der Buchhandlung Beer steigen wir durchs Thermengässchen Stufe um Stufe durch Alt-Turicum hinunter zum Weinplatz. An seiner linken Seite steht das

28 Haus zum Gewölb Elternhaus von Ida Bindschedler Weinplatz 7

Die Turnachkinder sind die Zürcher Kinderbuchklassiker schlechthin. Zwei Bände sind es, das Winter- und das Sommerbuch. Das authentische Winterhaus, das Haus zum Gewölb, steht praktisch unverändert am Weinplatz, es war das Elternhaus der Autorin, der Lehrerin Ida Bindschedler (1854–1919), die hier ihre Kindheit verlebte – im Winter. Und noch heute wird einem beim Vorbeigehen zür-

cherisch warm ums Herz. Auch wenn auf der Gemüsebrücke keine Schneehütte mehr gebaut werden kann, die zu brennen anfängt. Die fiktive Schwalbengasse heißt real Storchengasse. Den Sommer über wohnte die Familie in Riesbach am See (vgl. S. 44 f.), der ganze Haushalt wurde jeweils an der Gemüsebrücke eingeschifft:

»Heute war ja außer Weihnacht der allerschönste Tag des Jahres! Heut zog man aufs Land in die liebe Seeweid hinaus! Hans sprang aus dem Bett zum Fenster. ›Hurra, Hurra!‹ schrie er in den Hof hinunter ...

Ade, ade, du altes Haus! / Nun geht es bald zum Tor hinaus. / Wir ziehn heut in die Seeweid ein; / Dort wird's im Sommer herrlich sein. / Wir kommen wieder mit dem Schnee: / Du altes Haus, ade, ade!

... prächtig war's da droben auf der Zinne. Man konnte über den Kornplatz wegsehen und über die ganze Stadt und ihr Lebewohl zurufen. Die Kinder jauchzten und schwenkten ihre grünen Stäbe. Die Frühlingssonne schien über die Dächer: an den hohen grauen Münstertürmen vorbei sah man den hellen See. Und weit, weit draußen, wo die Pappeln standen, war die Seeweid!« *(Die Turnachkinder im Sommer)*

Rechts daneben befand sich das

29 Gasthof zum Schwert Weinplatz 10

Das heutige Geschäftshaus war die erste Herberge Zürichs. Verewigt hat das Schwert schon Maler Hans Leu der Ältere, um 1500, auf seiner Stadtansicht mit den Stadtheiligen Felix und Regula, die im Landesmuseum (vgl. S. 41 f.) bewundert werden kann.

Im Schwert logierte im April 1760 Giacomo Casanova (1725–1798). Eigentlich wollte er als Mönch ins Kloster Einsiedeln. Doch die galante Gesellschaft im Schwert brachte ihn davon ab. Man nahm ihn mit ins Konzert: »Dies war das einzige öffentliche Vergnügen, das man in Zürich fand«, schimpft er in seinen *Memoiren*, »es konnten nur Mitglieder der Gesellschaft und Fremde daran teilnehmen ... Ich langweilte mich, die Herren saßen alle zusammen auf der rechten Seite, die Damen auf der linken. Das ärgerte mich, denn trotz meiner fri-

Ida Bindschedler

Blick aus dem Gasthof zum Schwert

Gasthof zum Schwert (Mitte), um 1830

schen Bekehrung sah ich drei oder vier hübsche Damen, die mir gefielen, und die sich oft nach mir umsahen.« Um einer Auserwählten näherzukommen, verkleidete er sich sogar als Kellner und durfte ihr in ihrem Zimmer die Stiefel ausziehen. Allerdings verrieten ihn seine Manschetten aus prächtiger englischer Spitze.

Hauslehrer von Chäpper (Kaspar) und Susette, den beiden Kindern der kulturbeflissenen Hoteliersfamilie Ott, war 1789/90 der spätere Philosoph Johann Gottlieb Fichte (1762–1814), der die Stelle allerdings wegen pädagogischer Differenzen mit den Eltern wieder aufgab. Dank der Vermittlung des allgegenwärtigen Pfarrers Lavater verliebte er sich in Johanna Rahn, die Tochter des mit dem Hamburger *Messias*-Dichter Friedrich Gottlieb Klopstock verschwägerten Seidenfabrikanten Johann Hartmann Rahn. Der lud »das gebildete Zürich« jeweils donnerstags und samstags in seinen Salon im Haus zur Hohen Farb, Stampfenbachstrasse 32 (1899 abgerissen). Fichte schätzte die Sitten der Schweizer nicht sehr, und auch ihren Dialekt nicht. Die kehligen »ch« und »k« tönten »besonders im Munde eines Frauenzimmers, die es am stärksten sprechen, sehr widerlich«. Aber Johanna schrieb ihm Liebesbriefe, erklärte ihm, dass er auf keinen Fall bei ihr logieren dürfe: »Sonst dürfen wir den aller vertrautesten, herzlichsten Umgang miteinander haben.« Und weiter: »Theuerste Seele! Meine Seele bebt vor Entzücken, wenn es sich diese Freude nur einen Augenblick denkt.« Sie heirateten 1793, wurden und blieben glücklich und zogen nach Jena, wohin Fichte an die Universität berufen wurde, auf Empfehlung Goethes, der auf seinen Schweizer Reisen im Schwert abstieg: »Der Anblick des Zürcher Sees, von dem Tore des Schwertes genossen, ist mir auch noch gegenwärtig; ich sage von dem Tore des Gasthauses, denn ich trat nicht hinein, sondern ich eilte zu Lavater.« *(Dichtung und Wahrheit)*

1802 logierte hier für eine Nacht auch der Offizier und Schriftsteller Johann Gottfried Seume (1763–1810, vgl. S. 41) aus Sachsen auf dem Heimweg von Syrakus. »In Zürich möchte ich wohl leben: das Örtliche hat mir selten anderwärts so wohl gefallen.«

Victor Hugo (1802–1885) dagegen, unterwegs auf einer Bildungsreise,

genoss seinen Kurzaufenthalt im September 1839 in Zürich nicht. Er kam spätabends an, fand die Zimmer zu teuer, das Essen miserabel, den Lärm frühmorgens unzumutbar und die Türme des Grossmünsters »scheußliche Pfefferbüchsen«. Aber: »Zum Glück ist das blaue Wasser des Sees durchsichtig. Ich erblicke in den trüben Tiefen den Widerschein der Gebirgskette, die das Seeufer säumt, und der Wälder auf diesen Bergen. Felsen und Algen erweckten recht genau den Eindruck der Erde, als sie von der Sintflut unter Wasser gesetzt wurde. Wenn ich mich über Bord meines Kahns beugte, fühlte ich mich wie Noah, der aus einer Luke seiner Arche blickte.« *(Le Rhin. Lettres à un ami)*

Stammgast war ab dem Herbst 1917 mit einer längeren Unterbrechung der Wiener Schriftsteller Stefan Zweig (1881–1942). Später logierte er allerdings, um in Ruhe seinen *Dostojewski*-Essay beenden zu können, im »Belvoir« in Rüschlikon (vgl. S. 169 f.): »Ich hatte diese Stadt wegen ihrer schönen Lage am See im Schatten der Berge von je geliebt und nicht minder wegen ihrer vornehmen, ein wenig konservativen Kultur. Aber dank der friedlichen Einbettung inmitten der kämpfenden Staaten war Zürich aus seiner Stille getreten und über Nacht die wichtigste Stadt Europas geworden.« *(Welt von gestern)*

Auf der gegenüberliegenden Seite des Weinplatzes steht das

30 Hotel Storchen
Weinplatz 2

»In der alten Herberge zum Storchen weilete im Herbst 1527 der Arzt, Naturforscher und Philosoph Theophrastus von Hohenheim, genannt Paracelsus.« So steht's eingraviert auf einer Tafel am Hotel Storchen. Allgemeingut geblieben ist die medizinisch-philosophische Diagnose des Paracelsus (1493–1541), dass »All Ding' sind Gift und nichts ohn' Gift; allein die Dosis macht, dass ein Ding kein Gift ist«.

Der fromme Zürcher Antistes Heinrich Bullinger schrieb jedenfalls einem Basler Bekannten: »Hättest Du ihn gesehen, so hättest Du ihn nicht für einen Arzt, sondern für einen Fuhrmann gehalten. Auch fand er an der Gesellschaft von Fuhrleuten abson-

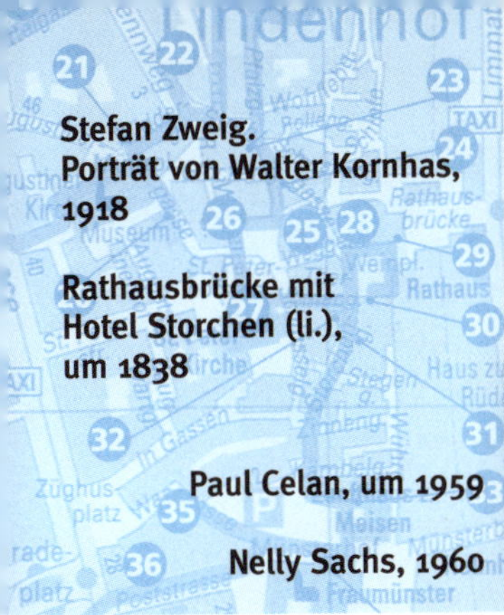

Stefan Zweig. Porträt von Walter Kornhas, 1918

Rathausbrücke mit Hotel Storchen (li.), um 1838

Paul Celan, um 1959

Nelly Sachs, 1960

derliches Vergnügen. Daher passte er, während er hier im Storchen logierte, auf die ankommenden Fuhrleute und mit diesen fraß und soff der schmutzige Mann, dass er manchmal, vom Wein betäubt, sich in den nächsten Nachen legte und seinen garstigen Rausch ausschlief.«

Den damaligen »Tatort« würde Paracelsus nicht mehr erkennen, er nächtigte nicht in einem eleganten Luxushotel mit allem Komfort, der heutige Storchen wurde erst 1938 erbaut. Früher standen dort noch bis Anfang des 20. Jahrhunderts ineinander verschachtelt drei schmalbrüstige Altstadthäuser, Storchen, Licht und Roter Turm. Letzteres kaufte 1863 der aus Bayern eingewanderte Wilhelm Zahn samt dem gut eingeführten Café littéraire, in dem Künstler und Politiker verkehrten. Sein Sohn Ernst Zahn der spätere Heimatdichter, wurde im Roten Turm geboren. 1880 gab Zahn senior das Café littéraire auf und übernahm das wegen der neuen Gotthard-Bahn berühmte Bahnhofbuffet Göschenen. Zu seinem Nachfolger bestimmte er seinen bereits schriftstellernden Sohn. Dieser gehörte zwischen den Weltkriegen zu den meistgelesenen deutschsprachigen Schriftstellern. Nach 1945 geriet sein umfangreiches Werk in Vergessenheit.

Im heutigen Storchen fand am 25. Mai 1960 die Begegnung zweier jüdischer Lyriker und Holocaust-Überlebender statt: Die Literaturnobelpreisträgerin Nelly Sachs (1891–1970) und Paul Celan (1920–1970) trafen sich zu einem freundschaftlichen Gedankenaustausch. Es war das erste Mal, dass sie sich persönlich trafen, sie hatten jedoch Briefe gewechselt. Zwischen Paris und Stockholm laufe »der Meridian des Schmerzes und des Trostes«, sagte Nelly Sachs über diese Fernbeziehung. Und Celan schrieb nach der Begegnung das Gedicht *Zürich, Zum Storchen*: »... Am Tag einer Himmelfahrt, das / Münster stand drüben, es kam / mit einigem Gold übers Wasser ...«

Vom »Storchen« aus verlassen wir den Weinplatz und biegen links in die Storchengasse ein. Beim heutigen Lieferanteneingang des Hotels befand sich früher die

31 Redaktion des *Schweizer Spiegel* Storchengasse 16

»... eine quadratisch um eine dunkle Luftsäule herum angeordnete, auch tagsüber von nackten Glühbirnen spärlich erleuchtete Treppe führte zu den Stockwerken empor, und von jedem Absatz mündeten dunkle Korridore in die verschiedenen Teile des verwinkelten Gebäudes. Die Dielen wankten und knarrten unter den Schritten, die immer wieder mit grauer Farbe überstrichenen Türen saßen nur noch locker in den Angeln, und schlug man sie zu, so bröckelte ein wenig Gips von der Decke ... Mitten im Zimmer stand ein alter Tannentisch, und darauf waren kunterbunt Papiere, Mappen, Bücherstöße, eine kleine tragbare Schreibmaschine, ein selbstverfertigter Umlegekalender, ein Suppenteller, als Aschenbecher dienend, ein Kristallglas voller Blei- und Buntstifte, Walters Selbstbinder, eine Tintenflasche, zwei riesige Scheren ... Die übrige Einrichtung bestand aus einem Bürohocker, einem offenbar für Besucher bestimmten Ohrenstuhl und einigen Regalen hinter grünen Vorhänglein ...«

Aus dieser »Redaktionsstube« kam im Oktober 1925 die erste Nummer des *Schweizer Spiegel*, herausgegeben von Adolf Guggenbühl (1896–1971) und Fortunat Huber (1896–1984). Der Schriftsteller Kurt Guggenheim (1896–1983) hat die beiden im dritten Band von *Alles in allem* als Walter Abt und Reto Arquint verewigt. Sie widmeten ihre Monatszeitschrift dem, was man damals betulich »geistige Landesverteidigung« nannte. Sie förderten aber auch einen so »unschweizerischen« Schweizer Schriftsteller wie Friedrich Glauser, einen »Schwererziehbaren«, Fremdenlegionär und Morphinisten. Und im Schweizer Spiegel Verlag erschien, 1935, der erste authentische KZ-Bericht, *Die Moorsoldaten* von Wolfgang Langhoff, einem Emigranten und Mitglied des Schauspielhaus-Ensembles, dessen *Moorsoldaten*-Lied bald in allen Nazilagern gesungen wurde.

Der *Schweizer Spiegel* erschien bis 1972.

Vis-à-vis der ehemaligen Redaktionsräume liegt das

32 Haus zur kleinen Bibel Ehemalige Druckerei Schaufelberger Heute Tabaklädeli Storchengasse 19

Das Tabaklädeli im Haus zur kleinen Bibel befindet sich in den Räumen der früheren Druckerei der Barbara Schaufelberger (1645–1718). Unternehmerin wurde sie mit 24 Jahren, übernahm den Betrieb ihres Vaters und war die erste Buchdruckerin Zürichs. In ihrer Offizin »Michael Schaufelbergers sel. Hinterlassenen

Erste Nummer des *Schweizer Spiegel*

Winston Churchill auf dem Münsterhof, 19. September 1946

Erbin« druckte sie theologische Traktate, Predigten, Erbauungsliteratur und – eine Innovation – ein Psalmenbuch in großer Schrift für ältere Leute! Sie verlegte 1683 auch die »kleine Oktavbibel«, deren Druck sie sich von der Zürcher Obrigkeit privilegieren ließ, so dass sie keine Konkurrenz zu fürchten brauchte.

Wir gehen weiter durch die Storchengasse, eine kurze, kurzweilige, edel hochpreisige Einkaufsstraße. Sie mündet in den Münsterhof. Links steht das

33 Zunfthaus zur Meisen Münsterhof 20

Das elegante Gesellschaftshaus im Rokokostil, in dem sich – auf Einladung – heute noch »tout Zurich« trifft, wurde 1757 eingeweiht. Der ehemaligen »Winlüten«-Zunft, 1336 gegründet, gehörten Wirte, Maler und Sattler an, umgetauft wurde sie nach ihrer früheren Trinkstube im Haus zur Meisen an der Marktgasse auf der anderen Seite der Limmat.

Am 19. September 1946 hielt Winston Churchill vom Balkon des Zunfthauses aus vor Tausenden von Zuhörern seine legendäre Europarede, in der er zu einem Vereinten Europa aufrief: *»We must build a kind of United States of Europe.«*

Große Verlage wie Diogenes feiern im heutigen Zunfthaus die Jubiläen ihrer Autoren. Das Schweizerische Landesmuseum präsentiert seit 1955 hier eine Keramikausstellung. Ein Highlight ist das Tafelservice der Zürcher Porzellanmanufaktur Kilchberg-Schooren, zu deren Gründern der »Idyllen«-Dichter Salomon Gessner gehörte (vgl. S. 69 f.).

Nicht zu übersehen ist vis-à-vis das

34 Fraumünster

Das Stift für adelige Fräuleins an der Limmat stiftete König Ludwig der Deutsche, ein Enkel Karls des Großen, 853 für seine Töchter Hildegard und Bertha. Die Äbtissinnen waren als Stadtregentinnen mit vielen Privi-

Georg Herwegh. Ölgemälde von Conrad Hitz, 1853

Paradeplatz mit Hotel Baur en Ville, 1895

Miniatur aus dem Codex Manesse

legien ausgestattet. Eine herausragende Persönlichkeit unter den späteren Stiftsdamen war Elisabeth von Wetzikon (um 1235–1298), die Kunst und Kultur nachdrücklich förderte. Die Rolle, die sie bei der Entstehung der Manesse-Liederhandschrift (vgl. S. 71 f.) spielte, hat ihr Gottfried Keller in seiner Novelle *Hadlaub* auf den Leib geschrieben, und ein natürliches Töchterlein, Fides, dazu, dem der junge Minnesänger, plötzlich todesmutig, auf der Münsterbrücke ein Gedicht ans Kleid heftete … Literatur zum Verlieben!

Die letzte Äbtissin, Katharina von Zimmern (1478–1547, vgl. S. 76), übergab 1524 das Fraumünster samt allen Besitztümern dem reformierten Zürich, um »die Stadt vor Unruhe und Ungemach (zu) bewahren und (zu) tun, was Zürich lieb und dienlich ist«.

Heute stehen vom Fraumünster nur noch die Kirche und der von Paul Bodmer (1886–1983) mit dem 1941 eingeweihten Freskenzyklus der Entstehungsgeschichte des Klosters ausgemalte Kreuzgang. Der Chor ist spätromanisch, die Pfeilerbasilika spätgotisch. Die strahlenden Glasfenster in der Nordwand des Querschiffs aus den 1930er Jahren stammen von dem Bündner Maler Augusto Giacometti, jene aus den 1970er Jahren von Marc Chagall (1887–1985).

Wenn wir die Kirche verlassen, erblicken wir gegenüber das 1937 errichtete Denkmal des Zürcher Bürgermeisters Hans Waldmann (1435–1489) hoch zu Ross.

Waldmann, ein kriegserprobter Haudegen und Lebemann, der sich als Bürgermeister um die Stadt durchaus verdient machte, wurde schließlich geköpft, weil er, um die Jagdprivilegien der Stadtherren zu schützen, auf dem Land die großen Bauernhunde töten lassen wollte.

Wir wenden uns zurück, gehen schräg über den Münsterhof in Richtung Waaggasse. Auf der linken Seite, hinter einem hohen schmiedeeisernen Tor, befindet sich das

35 Restaurant Orsini
Ehemaliges Pfarrhaus Fraumünster
Waaggasse 3

Der umtriebige Wahlzürcher Johannes Baur (1795–1865) baute nicht nur zwei der schönsten Zürcher Hotels, 1837 kaufte er auch das alte Pfarrhaus Fraumünster und eröffnete darin eine Bierwirtschaft. Zu den Stammgästen zählte der schwäbische Emigrant und revolutionäre Dichter des Vormärz Georg Herwegh (1817–1875, vgl. S. 122). Als 1858 die Nachricht von der Hinrichtung des glücklosen Attentäters Felice Graf Orsini in Zürich bekannt wurde – er hatte in Paris Napoleon III. umbringen wollen –, stürmte Herwegh ins Lokal und nagelte Orsinis Konterfei an die Wand. Es hängt nicht mehr dort, aber das Restaurant heißt seither Orsini – ein exzellentes Restaurant mit klassischer italienischer Küche. Ein zeitgenössischer Stich, der das Attentat drastisch dokumentiert, hängt beim Eingang.

Zurück über den Münsterhof, biegen wir rechts in die Poststrasse Richtung Paradeplatz ein. Auf der rechten Seite ist der Eingang zum

36 Hotel Savoy
Früher Hotel Baur en Ville
Poststrasse 12

Man kann ihn als den ersten, den revolutionären Zürcher »Touristiker« feiern (das Wort »Tourismus« statt des damals gebräuchlichen Ausdrucks Fremdenverkehrsindustrie soll übrigens von Stendhal stammen): den Österreicher Johannes Baur. Er kam 1820 nach Zürich, ein junger, tüchtiger Bäcker. Bald betrieb er in der Marktgasse auf der anderen Seite der Limmat das Wirtshaus zum Kirschbaum, heiratete das Anneli Knechtli aus Hottingen und wurde zum Hotelpionier: 1838, am neuen Paradeplatz, ließ er ein elegantes Stadthotel, das Baur en Ville, bauen, und schließlich, 1844, das noch prächtigere Baur au Lac (vgl. S. 36 ff.). Er entdeckte – und pflegte – eine neue Kundschaft: nicht länger Pilger, Viehhändler und Krämer, sondern an-

Die 250 Jahre alte Tiefenhoflinde, um 1838

Sprünglihaus, um 1920

Han Corray, um 1928

Emmy Hennings, 1916

spruchsvolle Geschäftsleute und mondäne Reisende. Das Baur en Ville wurde für damalige stolze 70 000 Schweizer Franken versichert.

Die Poststrasse mündet in den Paradeplatz, den Sitz von Schweizer Großbanken, das teuerste Spielfeld bei der Schweizer Ausgabe des Monopoly. Links an der Ecke liegt das

37 Café Sprüngli Ehemalige Dada-Galerie Paradeplatz 1/ Bahnhofstrasse 21

Seit 1859 befindet sich hier die Confiserie Sprüngli, Zürichs süßeste Versuchung, eine Institution. Sie verschuldete allerdings auch den ersten Baumskandal in Zürich: Am 26. März 1857 vermeldete die Zürcher *Freitagszeitung* mit Empörung das Fällen der über 200-jährigen Tiefenhoflinde am Paradeplatz: »Ja, sie fiel endlich, die Königin unter den Bäumen, die wunderschöne Linde im ehemaligen Tiefenhof-Garten. Nicht ein Sturm hat sie geknickt, wohl aber musste sie der materiellen, nur auf Geld und wieder Geld bedachten Richtung der Zeit zum Opfer fallen. Die Niederwerfung dieser schönen Zierde der Stadt vergegenwärtigt so ganz den grellen Gegensatz zwischen der alten Romantik und der gegenwärtigen nüchternen Prosa ... Möchten die noch so kräftigen Wurzeln, die da grausam zerhackt wurden, einst rächende Arme in die darüber gebauten Wohnungen hinaufstrecken!« Ein Fluch, der sich nicht erfüllte, im Gegenteil.

Im Sprüngli-Haus wurde am 3. Dezember 1916 die Galerie Tiefenhöfe des Zürcher Pädagogen und Kunsthändlers Han Corray (1880–1974) eröffnet. Als er wegen seiner »Sturm-Ausstellung« in Basel vorübergehend in finanzielle Schwierigkeiten geriet, überließ er »als Lösung einer zweiseitigen Verlegenheit« die Galerie den Dadaisten, die im Januar 1917 die »1. Dada-Ausstellung« einrichteten, mit revolutionärer, abstrakter Kunst an den Wänden, von Kandinsky, Feininger, Klee. Mit dieser noblen Adresse wurde Dada salonfähig. Emmy Ball-Hennings stiftete Stühle, die sie in allen Ostereierfarben beizte: »... aber dieses löbliche Tun bekam

mir schlecht, weil gleich bei der ersten Soirée die zarten Kleider der Damen sich an ihnen abfärbten. So sahen auch sie ziemlich abstrakt aus: Kompositionen in Blau, Grün, Gelb, Rot. Unfreiwillige Farbensymphonien. O, diese wandelnden Paletten, die gerade ich, die ich mich nach Unauffälligkeit sehnte, verursachen musste!«

Das Vorwort für den Katalog der ersten Dada-Ausstellung verfasste Tzara, Ball übersetzte. Corray, ein früher Sammler afrikanischer Kunst, stellte auch afrikanische Skulpturen und Waffen aus – kein Stilbruch.

Wir überqueren die Bahnhofstrasse, flanieren durch den verwunschenen Zentralhof (Bahnhofstrasse 22) und den anschließenden Kappelerhof mit der Old Fashion, Zürichs ältester Bar (der Haupteingang befindet sich an der Fraumünsterstrasse 15). Wir verlassen den Kappelerhof bei der Passage Bahnhofstrasse 14.

38 Tiffany's
Früher Buchhandlung Waldmann
Bahnhofstrasse 14

Eine Buchhandlung an vornehmster Lage – Carl Moritz Ebell (1844–1930) gründete sie zuerst im Tiefenhof hinter dem Paradeplatz, zog dann an die Poststrasse in den neuen Zentralhof und schließlich, 1898, an die Bahnhofstrasse um. Sie wurde für Jahrzehnte ein literarisches Zentrum. Es herrschte ein reges Kommen und Gehen von Autorinnen und Autoren, Lesern und Leserinnen. Unvergessen, wie dort in den 1950er Jahren Marta Feuchtwanger, eine biblische Marta, vor ihrem Gatten, dem erfolgreichen deutschen Romancier Lion Feuchtwanger (1884–1958), auf der Durchreise niederkniete, um ihn von seinen Regengaloschen zu befreien.

1956 ließ der Schwiegersohn Richard Waldmann das Ladenlokal neu und moderner gestalten, das altmodische Kassenhäuschen verschwand. Die Buchhandlung wurde 1980 geschlossen.

Aus der Bahnhofstrasse biegen wir nach links in die Börsenstrasse ein.

39 Haus Metropole
Börsenstrasse 10

Der neubarocke Geschäftspalast wurde Ende des 19. Jahrhunderts erbaut. Das ehemalige städtische Steueramt nutzt seit 2007 die Privatbank Clariden Leu als repräsentativen Zweitsitz. Öffentlich ist wieder das Café-Bar-Restaurant. Empfehlenswert ist ein Gang zur Toilette im Kellergeschoss. Denn man passiert dabei wiederentdeckte fröhliche »Jugendsünden« des Bündner Malers Alois Carigiet (1902–1985): Er dekorierte 1938 quasi nebenbei das mehr oder weniger klandestine Degustierstübchen hinter dem früheren Weinfasslager, denn er war ohnehin im Haus, probte im »Kuppelsaal« mit dem Cabaret Cornichon (vgl. S. 85 f.). Die bukolischen Fresken scheinen locker hingeworfen. Nur noch fragmentarisch erhalten ist die dennoch unmissverständliche »Gebrauchsanweisung«: »Von Wein Weib u. Gesang / Z'vil vom Andere nöd z lang.«

Wir gehen auf der Börsenstrasse bis zum Stadthausquai und sehen vor uns die 1888 erbaute hölzerne Frauenbadeanstalt mit Kultstatus. Das benachbarte »Bauschänzli« ist Zürichs schönste Schönwetter-Adresse mit toller Aussicht (von Mitte Mai bis September). Wir gelangen nun zur Stadthausanlage, gehen an der Nationalbank vorbei über die Bahnhofstrasse zur Kurt-Guggenheim-Strasse.

Sie ist eine der kürzesten Straßen Zürichs, nur ein paar Meter lang, aber die sind für die literarische Qualität des Namensgebers kein Maßstab. Das Straßenschild gibt Auskunft: »Schriftsteller Kurt Guggenheim (1896–1983). Hauptwerk ›Alles in allem‹. Literaturpreis der Stadt Zürich 1955.«

Die Straße führt direkt zu Zürichs glamourösestem Hotel.

40 Hotel Baur au Lac
Talstrasse 1

Das Nobelhotel! Direkt am See, in einem – bis heute – wunderbaren Garten. Im Eröffnungsjahr, 1844, erschien auch der erste Baedeker über

Hotel Baur au Lac, um 1860

Thomas Mann und Katia Pringsheim zur Zeit ihrer Verlobung, 1904

die Schweiz, in dem es prompt lobend erwähnt wurde. Der erste prominente Gast war der ungarische Komponist Franz Liszt (1811–1886), einer der berühmtesten Pianisten der Romantik. Er reiste im Juli 1845 für ein Klavierkonzert an, und er kam immer wieder, nicht zuletzt um den geächteten und überschuldeten Komponisten Richard Wagner (vgl. S. 135, 145 f.) zu unterstützen. Als Geburtstagsgeschenk für Liszt – er wurde 45 Jahre alt – sang Wagner am 22. Oktober 1856 im heutigen »Petit Palais« zum ersten Mal eine Arie aus der *Walküre*, deren vollständige Fassung erst 1870 in München uraufgeführt wurde. Mit von der Partie war auch Liszts 19-jährige Tochter Cosima (1837–1930), später Wagners zweite Frau; 1857 heiratete sie allerdings erst einmal Hans von Bülow, einen Starschüler ihres Vaters.

Stammgäste waren seit 1851 die Eheleute Mathilde und Otto Wesendonck-Luckemeier (vgl. S. 145 f.), im Hotel wie auch bei den Konzerten. Am 17. Februar 1852, nach der Aufführung der Beethoven'schen *Coriolan*-Ouvertüre und der 5. Sinfonie, lernte man sich persönlich kennen, am 16. März dirigierte Wagner vor der 6. Beethoven-Sinfonie seine *Tannhäuser*-Ouvertüre – die Wesendoncks wurden begeisterte Wagnerianer und seine Mäzene.

Im Baur au Lac wurde aber nicht nur musiziert und getechtelmechtelt, sondern, 1859, auch zehn Wochen lang der »Zürcher Frieden« ausgehandelt. Die sardischen und die piemontesischen Delegierten logierten im Baur en Ville, die französischen und die österreichischen im Baur au Lac. Die *Neue Zürcher Zeitung* gab abschließend bekannt, dass das diplomatische Prozedere dem Hotelier Baur immerhin 100 000 Franken eingebracht habe.

Thomas und Katia Mann verbrachten hier 1905 ihre Flitterwochen, »auf größtem Fuße«. 1910 war der berühmte deutsche Arzt Ferdinand Sauerbruch, neuer Leiter der Abteilung für Chirurgie am Zürcher Kantonsspital, zu Gast. Seinen Einstand gab er mit der Blinddarmoperation der zukünftigen Schwiegertochter der Wirtsleute, Elisabeth Wagner – es war ein Notfall!

Ein verschnupfter Gast war 1919 Rainer Maria Rilke (1875–1926), ein-

geladen vom Literarischen Club des Lesezirkels Hottingen (vgl. S. 132): »Zürich ist novembrig und neblig, kaum zu sagen wie sehr, und der von den frühen Frösten überfallene Herbst gibt sich ohne Widerstand auf ... Zürich ist nicht Bern, es gibt wenig zu lernen, fasst mich auch nie recht eigentlich zusammen, verwirrt, vertrübt, verfasert mich leicht, bringt mir zu viele Menschen.«

Am 26. Januar 1926 fand im Baur au Lac das »1. Internat. Tanzturnier« statt. Ende der 1920er Jahre war monatelang der Schweizer Luftschiffer und Gentleman Eduard Spelterini (1852–1931) zu Gast, der ab 1882 mit Publikumsflügen in seinem Ballon aus sonnengelber Seide Furore machte. Er begeisterte die mondäne Welt, aber auch Wissenschaftler interessierten sich. Auf 570 Fahrten ging Spelterini mit insgesamt 1237 Passagieren in die Luft. Hatte nicht schon Gottfried Keller prophezeit: »Und wenn vielleicht in hundert Jahren / Ein Luftschiff hoch mit Griechenwein / Durchs Morgenrot käm hergefahren –/ Wer möchte da nicht Fährmann sein?«

Wer es sich leisten kann, ist hier herzlich willkommen.

Limmatquai, 1883

2. Spaziergang
Seefeld

Vom ältesten Park
bis zur prominentesten Wiese

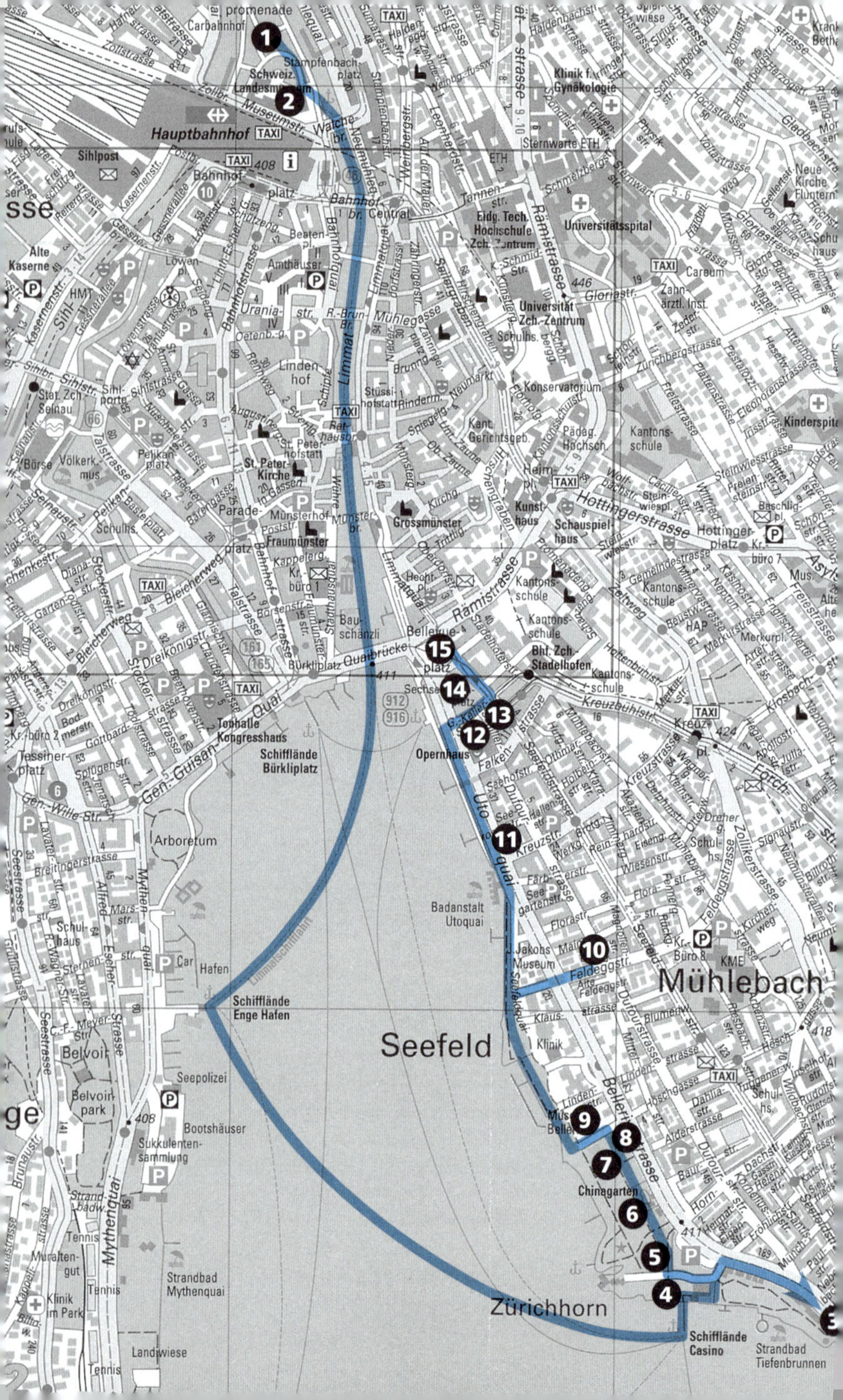

Hauptbahnhof
Schweiz. Landesmuseum
Sihlpost
Bahnhofquai
Limmat
Limmatquai
Eidg. Tech. Hochschule
Universitätsspital
Universität Zch.-Zentrum
Rämistrasse
Lindenhof
St. Peter-Kirche
Fraumünster
Grossmünster
Paradeplatz
Kunsthaus
Schauspielhaus
Hottingerstrasse
Konservatorium
Kantonsschule
Bellevueplatz
Quaibrücke
Bürkliplatz
Bhf. Zch. Stadelhofen
Opernhaus
Sechseläutenplatz
Tonhalle Kongresshaus
Schifflände Bürkliplatz
General-Guisan-Quai
Utoquai
Badanstalt Utoquai
Arboretum
Mythenquai
Schifflände Enge Hafen
Seepolizei
Belvoirpark
Bootshäuser
Sukkulenten-sammlung
Strandbad Mythenquai
Landiwiese
Seefeld
Mühlebach
Feldeggstrasse
Bellerivestrasse
Seefeldquai
Chinagarten
Zürichhorn
Schifflände Casino
Strandbad Tiefenbrunnen
Klinik Hirslanden
Kinderspital
Limmatschifffahrt
1
2
3
4
5
6
7
8
9
10
11
12
13
14
15

James Joyce am Platzspitz in den 1930er Jahren

Dieser Spaziergang beginnt wieder am Hauptbahnhof, aber auf der Seite zum Landesmuseum. Er führt uns zum See und ins Seefeld. Es gibt eine Sommer- und eine Wintervariante. Verkehren die Limmatschiffe, fahren wir limmataufwärts bis zur Anlegestelle Casino. Oder aber wir fahren mit der Straßenbahn bis Tiefenbrunnen. Wir beginnen unseren Spaziergang im Park hinter dem Landesmuseum.

1 Platzspitz

Der älteste Park von Zürich wurde hier auf dem früheren Schützenplatz 1780 als barocke Anlage geschaffen, am Zusammenfluss von Limmat und Sihl. James Joyce rühmte ihn während seiner Zürich-Aufenthalte als den schönsten Fleck in Zürich, es war seine Lieblings-Location. Am Platzspitz ließ er sich gern fotografieren.

Die Hadlaub-Statue, die einst an den Zürcher Minnesänger erinnerte, wurde von unbekannten Vandalen zerstört, als der Park Ende der 1980er Jahre bis zur brachialen Schließung am 5. Februar 1992 jahrelang als Drogenumschlagplatz (»Needle Park«) in Verruf geriet. Das Denkmal wurde nicht wieder aufgebaut.

Das 1793 errichtete Salomon-Gessner-Denkmal dagegen steht noch. Der Offizier und Schriftsteller Gottfried Seume (vgl. S. 27) stattete ihm 1802 einen Besuch ab: »Das Plätzchen ist idyllisch schön, und ganz in dem Geiste des Mannes, den man ehren wollte; und der Künstler, sein Landsmann, hat die edle Einfalt nicht verfehlt. Akazien, Platanen, Silberpappeln und Trauerweiden umgeben den heiligen Ort.«

Durch den Park kommen wir zum

2 Landesmuseum Museumsstrasse 2

Das Schweizerische Landesmuseum wurde 1898 eröffnet. Das 19. Jahrhundert gilt gemeinhin als das Jahrhundert der Nationen und Nationalstaaten. Während in anderen europäischen Ländern die Errichtung von Denkmälern, Monumenten und Institutionen zügig voranging, tat man sich im jungen Bundesstaat Schweiz mit dem Gedanken an ein Nationalmuseum schwer. Man konnte ja auch nicht auf dem Kernbestand einer herzoglichen, königlichen oder kaiserlichen Sammlung aufbauen. Nach heftigen Auseinandersetzungen im Wettstreit um den Standort setzte sich Zürich gegen Luzern, Basel und Bern durch. Im historisierenden Märchenschloss wird auch manches zur Zürcher Stadtgeschichte gezeigt, beispielsweise die Stadtansicht von Hans Leu dem Älteren aus dem 15. Jahrhundert.

Beim Landesmuseum, am Eingang des Parks, befindet sich die Anlegestelle der Limmat-Kursschiffe, die nur von April bis Ende Oktober verkehren. Eine Limmatfahrt lohnt. Angekommen an der Anlegestelle Casino Zürichhorn, gehen wir zur Bellerivestrasse, überqueren diese und gehen nach rechts zur Mühle Tiefenbrunnen.
Im Winterhalbjahr fahren wir mit dem Tram Nr. 4 von der Haltestelle Bahnhofquai an der Limmatseite des Bahnhofs bis zur Endstation Tiefenbrunnen. Von dort sind es ebenfalls nur ein paar Schritte zur

3 Mühle Tiefenbrunnen Seefeldstrasse 231

Die Mühle Tiefenbrunnen ist ein Stück Backstein gewordene Industriegeschichte. Sie wurde 1889/90 als

Jean Tinguely, mitten in Teilen des *Paradis fantastique,* Expo 67, Montreal. Foto: Leonardo Bezzola

Brauerei im für die Nahrungsmittelindustrie in der Belle Epoque typischen »Schlösschenstil« erbaut. 1983 wurde der Betrieb eingestellt. Heute ist die denkmalgeschützte Anlage ein Zentrum vielfältiger urbaner Aktivitäten. In Büros, Ateliers und Läden arbeiten rund 150 Personen. In Lofts, Wohnungen und Reiheneinfamilienhäusern wird privilegiert gewohnt. Attraktionen sind das Mühlemuseum »Mühlerama« – mit einer funktionierenden, originalen Mahlanlage, der Weg vom Korn zum Mehl kann über vier Etagen verfolgt werden –, das Restaurant Blaue Ente mit Bar, Miller's Studio als Theater- und Konzertraum sowie ein Fitness- und Ballettzentrum.

Wir spazieren nun zum See und gehen stadteinwärts am Ufer entlang. Bis zum Bellevue zieht sich eine Quaianlage, die an schönen Wochenenden von Flaneuren jeder Couleur überschwemmt wird. Der Musikpegel ist hoch und die fliegende Verpflegung international. Vor allem im äußeren Teil zwischen Höschgasse und Fröh-

lichstrasse gibt es Wiesen (die betreten werden dürfen), alte Bäume und verschlungene Pfade. Die einzigen Bauwerke am See sind, von der Badeanstalt Utoquai und Bootsvermietungen abgesehen, die Restaurants Fischerstube (im Winter geschlossen) und das Lake Side Casino Zürichhorn. Zuerst treffen wir auf die

4 Heureka

Die kinetische Plastik, die der Objektkünstler Jean Tinguely (1925–1991) für die Expo 1964 in Lausanne schuf, steht seither am Zürichsee und ist nicht zu überhören. Sie klappert und scheppert um 11 und 17 Uhr für je 15 Minuten.

Etwas weiter stadtwärts erhebt sich in der Blatter-Wiese das

5 Schweizerpsalm-Denkmal

»Trittst im Morgenrot daher, / Seh' ich Dich im Strahlenmeer, / Dich, du Hocherhabener, Herrlicher! / Wenn der Alpenfirn sich rötet, / Betet, freie Schweizer, betet! / Eure fromme Seele ahnt / Gott im hehren Vaterland.«

Der Text stammt von Leonhard Widmer (1808–1868), vertont hat das ursprüngliche Kirchenlied Albert Zwyssig (1808–1854), ein Zisterziensermönch des Klosters Wettingen. Der Schweizerpsalm gilt seit 1961 als offizielle Nationalhymne, die in alle vier Landessprachen übersetzt wurde.

Wir gehen weiter, hinter einer mannshohen Mauer mit chinesischen Dachziegeln verbirgt sich der

6 China-Garten

Die Schwesterstadt Kunming schenkte Zürich 1994 den kaiserlichen Garten, mit Brücklein und Pavillons – eine geschützte, authentisch chinesische Oase am Zürichsee.

Weiter in Richtung Stadt, sehen wir vor uns ein nach fünfzig Jahren heute noch modern wirkendes Gebäude aus Stahl und farbigem Glas.

Le Corbusier.
Foto: Wilhelm Maywald

Max Frisch, Rom 1962

Ingeborg Bachmann, Rom 1962

7 Le Corbusier-Haus
Höschgasse 8

Der von dem großen, aus der französischen Schweiz stammenden Architekten Le Corbusier (1887–1965, vgl. S. 54) entworfene und von Frau Heidi Weber 1964–1967 privat realisierte Ausstellungspavillon, das Heidi-Weber-Haus, ist ein Privatmuseum. Im heute noch spektakulären Stahl-Glas-Bau sind Gemälde, Grafiken und Plastiken zu sehen – falls das Museum offen ist. Öffnungszeiten vorab checken!

Gleich daneben befindet sich das

8 Atelier Hermann Haller
Ecke Bellerivestrasse/ Höschgasse 6

Der Zürcher Hermann Haller (1880–1950) gehörte in den 1920er Jahren zur Elite der Bildhauer im deutschsprachigen Raum. Eigentlich hatte er Maler werden wollen, wie sein Freund Paul Klee. In Italien erkannte er jedoch, dass »Malen vielleicht geistreicher« sei, dafür weniger absolut. Als Plastiker war Haller Autodidakt. Sein Paradestück für Zürich ist Hans Waldmann (vgl. S. 32), hoch zu Ross, vor dem Fraumünster, von dem er sagte, es sei ein Symbol seiner eigenen Abenteuerlust. Ab 1914 lebte und arbeitete Haller in Zürich. Sein Atelier, einen schlichten Holzbau, übernahm die Stadt 1982 als Museum ebenso wie die Verwaltung seines künstlerischen Nachlasses.

Schräg gegenüber steht das

9 Museum Bellerive
Früher Sommervilla der Familie Bindschedler
Höschgasse 3

Ursprünglich war es die Sommervilla der Familie Bindschedler (vgl. S. 25 f.), erbaut wurde sie 1831 und von Ida Bindschedler in *Die Turnachkinder im Sommer* verewigt. Das Museum Bellerive wurde in den 1950er Jahren eingerichtet. Dreimal jährlich wird in Wechselausstellungen gezeigt, was internationale Künstler im weiten Feld zwischen Kunst, Design und Mode geschaffen haben. Ausgestellt wurden u. a. William Morris, Emile Gallé, Fabergé, Sonia Delaunay, Sophie Taeuber-Arp und viele andere.

Das Ausstellungsprogramm des Museums bewegt sich spielerisch zwischen Dekoration und Gebrauch.

Wir gehen an der Uferpromenade weiter stadteinwärts und machen einen kurzen Abstecher in die Feldeggstrasse zur

10 Wohnung von Gottfried Honegger Logis von Max Frisch und Ingeborg Bachmann Feldeggstrasse 21

Der Zürcher Maler und Bildhauer Gottfried Honegger überließ seinem Freund, dem Schriftsteller Max Frisch, 1958 die elterliche Wohnung im Seefeld. Frisch wohnte dort allerdings nicht allein, sondern mit seiner Freundin Ingeborg Bachmann.

»Ingeborg Bachmann, was ich nicht ahnte, war auch eine gute Hausfrau«, erinnert sich Gottfried Honegger. »Als solche ließ sie es sich nicht nehmen, meine Teppiche im Hinterhof des Hauses tüchtig zu bürsten und auszuklopfen. Das Malheur war nur, dass sie ihre Lust am Saubermachen jeweils am Sonntagmorgen und dann im fliegenden Morgenrock befriedigte. Der geheiligte Sonntag. Frau im Nachthemd und dazu noch Konkubine – das war für unsere guten Nachbarn zu viel des Schlechten. Ein Anruf bei der Polizei genügte, um meinen Vater aktiv werden zu lassen.« Vater Honegger setzte das prominente Poetenpaar, das sich erst seit ein paar Wochen kannte, ohne Federlesens auf die Straße.

Die seit der Veröffentlichung ihres ersten Lyrikbandes *Die gestundete Zeit* (1951) umschwärmte, der Gruppe 47 zugehörige Lyrikerin Ingeborg Bachmann (1926–1973) mietete im Oktober 1958 im Steinhaus an der Kirchgasse 33 eine Arbeitswohnung. 1960 zog sie mit dem inzwischen geschiedenen Max Frisch nach Rom. 1961 veröffentlichte sie ihren ersten Erzählband *Das dreißigste Jahr*. 1963 trennten sie sich. »Das Ende haben wir nicht gut bestanden, beide nicht«, schrieb Frisch in *Montauk*, 1975.

Ella Fitzgerald in der Tonhalle, Winter 1963

Wir gehen zurück zum See, in den beiden nächsten, rechts abgehenden Straßen befanden sich in den 1920er Jahren Filialen der Laban-Tanzschule (Mainaustrasse 32, Seegartenstrasse 2) (vgl. S. 15). Schräg gegenüber der Holzbadeanstalt Utoquai erhebt sich am verkehrsreichen Utoquai das

11 Hotel Eden au Lac
Utoquai 45

Das Luxushotel mit Seesicht wurde 1909 eröffnet, Architekt war Eduard Kleber. Jahrzehntelang führte das Ehepaar Ruedi und Hanni Bärtschi das opulent ausgestattete Haus. Seit kurzem gehört es zur Victoria-Jungfrau-Gruppe. Die Speisekarte wurde zwar modernisiert, das vom Eden au Lac für den »residierenden« Stammgast Aga Khan III. (1877–1957) konzipierte legendäre Hors d'œuvre chaud Gott sei Dank darauf belassen. Die Lady of Jazz, Ella Fitzgerald (1917–1996), bestellte es 1963 gleich zweimal hintereinander, weil sie es so köstlich fand. Fitzgerald orderte dazu, erinnert sich einer, der damals servierte, *»a big bottle of French beer«* (Veuve cliquot), sie aß allein, den sie begleitenden Starpianisten Oscar Peterson (1925–2007) verbannte sie ans Katzentischchen (das im Eden freilich keines ist, man speist auch dort unter Lüstern und Leuchtern). Das Faible für Jazz gehört bis heute zum Credo des Hotels.

Wir folgen der Uferanlage und überqueren das Utoquai zum

12 Opernhaus
Theaterplatz/Falkenstrasse 1

Zürichs erstes großes Theater war das von der Theater-Aktiengesellschaft Zürich gegründete und am 10. November 1834 eröffnete Aktientheater mit 800 Plätzen in der umgebauten Barfüsserkirche am Hirschengraben. Damit verfügte Zürich erstmals über eine ständige Spielstätte für wandernde Theatergruppen. Nach Glanzzeiten unter der Direktion von Charlotte Birch-Pfeiffer (1800–1868) von 1837 bis 1843 und während des Zürcher Aufenthaltes von Richard Wagner (vgl. S. 134 f.) brannte das Haus in der Neujahrsnacht von 1889/90 vollständig aus.

Eröffnungspremiere im Stadttheater, 30. September 1891

Das heutige Opernhaus an der Falkenstrasse, nach Plänen des Wiener Architektenbüros Fellner und Helmer gebaut, wurde am 30. September 1891 mit einer Aufführung von *Lohengrin* eröffnet. In der Anfangszeit diente es als Musik- und Sprechtheater, konzentrierte sich aber nach dem Bau des Schauspielhauses im Jahr 1926 auf Oper, Operette und Ballett. Bis 1964 wurde es Stadttheater genannt, seither Opernhaus.

Die Geschichte des Zürcher Opernhauses ist reich an Höhepunkten: In Zürich begann die Karriere von Wilhelm Furtwängler (1886–1954), und Richard Wagners *Parsifal* wurde 1913 erstmals außerhalb von Bayreuth gegeben. Komponisten wie Ferruccio Busoni, Paul Hindemith, Richard Strauss, Othmar Schoeck, Arthur Honegger und Frank Martin beeinflussten das Zürcher Musik- und Theaterleben.

Zahlreiche Erst- und Uraufführungen fanden hier statt: Alban Bergs *Lulu*, Paul Hindemiths *Mathis der Maler*, Arnold Schönbergs *Moses und Aron* wurden hier erstmals aufgeführt, ebenso Werke von Heinrich Sutermeister, Giselher Klebe und Rudolf Kelterborn.

1984 wurde das Haus umgebaut, erweitert und renoviert, im Dezember mit Wagners *Die Meistersinger von Nürnberg* und der Uraufführung von Rudolf Kelterborns Tschechow-Oper *Der Kirschgarten* eröffnet. Heute sind u. a. Sängerinnen und Sänger wie Agnes Baltsa, Edita Gruberova, Cecilia Bartoli, Francisco Araiza, Renato Bruson, Thomas Hampson, Leo Nucci, Matti Salminen, Neil Shicoff Mitglieder des Ensembles.

Im Häuserblock links neben dem Opernhaus befindet sich das

13 Verlagshaus der *Neuen Zürcher Zeitung* Falkenstrasse 11

Die *Neue Zürcher Zeitung* ist, neben der *Wiener Zeitung* von 1703, der *Hildesheimer Allgemeinen Zeitung* von 1705 und den *Bremer Nachrichten* von 1743 eine der ältesten heute noch erscheinenden deutschsprachigen Zeitungen. »Die alte Tante von der Falkenstrasse«, wie sie liebevoll kritisch genannt wird, wurde von Salomon Gessner (vgl. S. 69 f.) ins Leben gerufen und erschien erstmals am 12. Ja-

NZZ-Chauffeure mit dem neuen Lieferwagen, April 1928

Anbauschlacht. Foto: Hans Staub

Hans Sahl, *Jemand*. Buchausgabe

Der brennende Böögg

nuar 1780. 1868 wurde eine Aktiengesellschaft gegründet, welche die NZZ bis heute herausgibt. Keiner der 1400 Aktionäre besitzt mehr als ein Prozent am Aktienkapital.

Die NZZ ist eine Qualitätszeitung. Hohes Ansehen genießt nicht nur der Wirtschaftsteil, sondern von jeher auch das Feuilleton, das der internationalen Kulturberichterstattung viel Platz einräumt. Ein mächtiger Kritiker war Eduard Korrodi (1885–1955), mit dem Else Lasker-Schüler (vgl. S. 19 f.) korrespondierte und der am 26. Januar 1936 in seinem Artikel *Deutsche Literatur im Emigrantenspiegel* die »ausgewanderte Romanindustrie« verunglimpfte. Postwendend, am 2. Februar 1936, antwortete der deutsche Literaturtycoon Thomas Mann mit einem *Offenen Brief* in der NZZ (endlich!, sagten seine Kinder).

Mann bekannte sich zur Emigration, erklärte sich mit den Juden solidarisch und distanzierte sich von Nazi-Deutschland. Worauf ihm im November die deutsche Staatsbürgerschaft aberkannt wurde, und bald darauf auch die Ehrendoktorwürde der Universität Bonn.

Korrodis Nachfolger war Werner Weber (1919–2005), weniger diktatorisch als jener, verbindlicher, aber mit einem untrüglichen literarischen Gespür: Er verstand sich als Vermittler klassischer Werke, aber auch als Förderer zeitgenössischer und vor allem Schweizer Autoren.

Vor Opernhaus und NZZ erstreckt sich mitten im Verkehr eine 7000 m² große Grünfläche, die

14 Sächsilüüte-Wiese

Als Sechseläutenplatz »geadelt« wurde Zürichs teuerste Wiese beim Bellevue vom Stadtrat in corpore, per Dekret vom 30. Mai 1947, weil darauf seit 1902 Jahr für Jahr das traditionelle Zürcher Frühlingsfest gefeiert wird, an dem symbolisch der Winter in Gestalt eines Watte-Schneemanns, des »Böögg«, verbrannt wird und die Zünfter in einem folkloristischen Ritt den Scheiterhaufen umrunden.

Die alte Tonhalle, die früher hier stand, wurde 1896 abgebrochen. Das war auch das Aus für den Palmengarten, das ehemalige Zentrum des Zürcher Unterhaltungslebens. »Der Palmengarten in der Tonhalle war in

Zürich der fashionabelste Ort, um eine Tasse Schokolade zu trinken. Nun ja, die Halle des Hotels Baur en Ville beim Paradeplatz war vielleicht noch ein kleines bisschen exklusiver, aber dort verkehrten ... vorwiegend ausländische Reisende, und Mimi hatte nie eingesehen, warum man seine guten Toiletten Menschen vorführen sollte, die man überhaupt nicht kannte. Im Palmengarten traf man immer vertraute Gesichter, vor allem am Nachmittag, wenn auf der Estrade das Orchester spielte, ›unter der Leitung des Herrn Kapellmeisters Fleur-Vallée‹, wie es in den Annoncen stand ... Heute waren sehr viele untypische Gäste im Palmengarten, lautstarke, teilweise abenteuerliche Gestalten, ›keine wirklich vornehmen Leute‹, wie Mimi nach einem Blick auf die ausgefransten Kragen und lange nicht gebürsteten Hüte feststellte ... ›Das sind die Sozialisten‹, sagte Herr Fleur-Vallée.« (Charles Lewinsky, *Melnitz*) Der Sozialistenkongress in Zürich tagte 1893.

Im Frühsommer 1938 wurde in einem Zelt auf der Sechseläutenwiese vor etwa 6000 Zuschauern unter Mitwirkung von 800 Schweizer Arbeitersängern das Chorwerk *Jemand. Eine weltliche Kantate* von Hans Sahl (1902–1993, vgl. S. 60 f.) aufgeführt. »Meine Freunde am Zürcher Schauspielhaus hatten mir den Auftrag verschafft, ein Festspiel zum 1. Mai für den Arbeitersängerverband der Schweiz zu schreiben ... Ich nahm die 24 Holzschnitte des Flamen Masareel, ›Die Passion eines Menschen‹, in dem die Geschichte eines Arbeiters von der Wiege bis zum Tode durch Erschießen erzählt wird, und benutzte sie zu einem Chorwerk, das nach Art der Matthäuspassion, oder besser der Brechtschen Lehrstücke, aufgebaut war ... Das Bühnenbild sollte Wolfgang Roth entwerfen, der Assistent von Teo Otto war, mit der Musik wurde ein junger ungarischer Komponist, Tibor Kasicz, betraut. Inzwischen war meine Aufenthaltserlaubnis für die Schweiz wieder abgelaufen ... Ein junger Dichter, Emil Gerber, brachte mich in einem Bauernhaus in Küsnacht unter ... Ich fuhr zu dem Bauernhaus am Zürichsee, das leider nicht geheizt werden konnte. Die Nächte waren so kalt, dass am Morgen das Wasser im Krug gefroren war, was mich zu den beiden Anfangszeilen in einem Song ... inspirierte. ›Wenn die Nächte kälter werden und im Krug das Wasser gefriert ...‹« *(Das Exil im Exil)* Die Uraufführung hatte bereits am 1. Mai 1938 im Limmathaus stattgefunden. Es folgten weitere Aufführungen.

Während des Zweiten Weltkriegs wurden auf dem Areal Kartoffeln angebaut, im Rahmen der sogenannten Anbauschlacht. Seit Kriegsende dient die Sechseläutenwiese alljährlich wieder dem archaischen Brauch, mit Strohpuppen den Winter abzufackeln.

Am Ende der Sechseläutenwiese liegt einer der zentralen Verkehrsknotenpunkte, das Bellevue (»Schöne Aussicht«). Hier schlägt das Herz von Zürich. Hier fahren die Trams, 7 Linien insgesamt (2, 4, 5, 8, 9, 11 und 15). Auf der rechten Seite des Bellevue, rechts, steht das

15 Restaurant Vorderer Sternen (Restaurant Sterne Föifi) Früher Hotel Vorderer Sternen Theaterstrasse 22

Der Vordere Sternen – seit 1995 heißt er Sterne Föifi (zürichdeutsch, etwa »Herrgott noch mal«) – ist eine urzürcherische gutbürgerliche Bastion. Das Haus wurde 1842 erbaut, das Restaurant hieß zuerst Goldener Stern, im ersten Stock befand sich eine Bank. Bis 1995 wurde im Vorderen Sternen ein Einsternhotel geführt, in dem – 1916 – auch Hugo Ball (vgl. S. 70 f.) gelegentlich übernachtete. Der Vordere Sternen ist erfreulicherweise immer noch ein Familienbetrieb. Neu planen die Brüder Peter und Thomas Rosenberger, die zweite Wirte-Generation, jetzt ein Dreisternehotel; ob es eingerichtet werden kann, bleibt abzuwarten.

Der Grillstand im verglasten Biergarten gilt seit der Eröffnung, 1962, als der beste in Zürich. Die Bratwurst darf der Gast zwar nicht selber ins Restaurant mitbringen, er kann sie aber bestellen, und sie wird serviert.

Rindermarkt mit Restaurant Öpfelchammer (2. Haus li.)

3. Spaziergang Rechts der Limmat

Höhen- und Sturzflüge, Seitensprünge inbegriffen

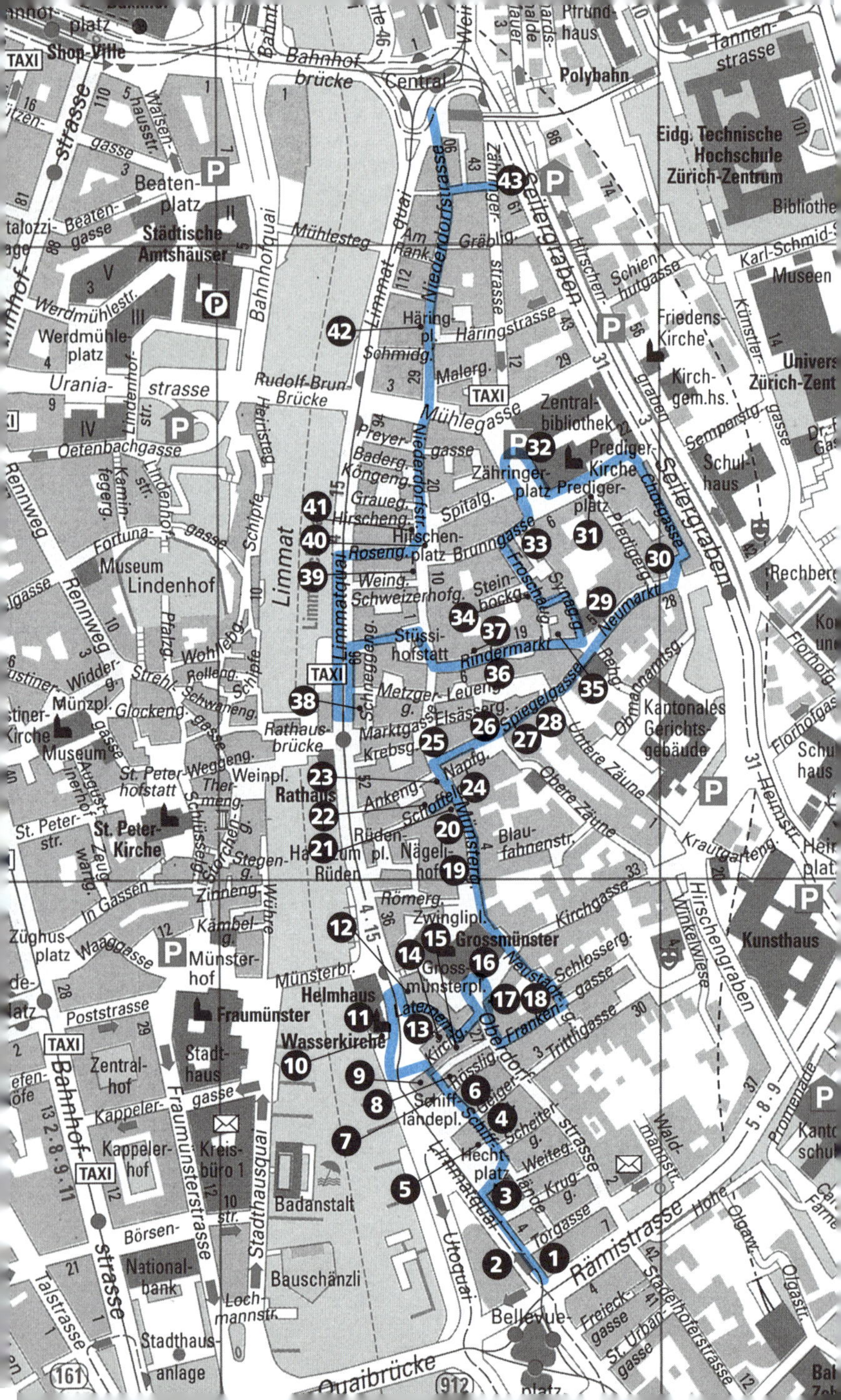

Shop-Ville
TAXI
Bahnhofbrücke
Central
Polybahn
Tannenstrasse
Eidg. Technische Hochschule Zürich-Zentrum
Bibliothek
Beatenplatz
Beatengasse
Städtische Amtshäuser
Mühlesteg
Am Rank
Gräblig.
Zähringerstrasse
Niederdorfstrasse
Seilergraben
Hirschengraben
Schienhutgasse
Karl-Schmid-Str.
Museen
Werdmühlestr.
Werdmühleplatz
Häringpl.
Häringstrasse
Schmidg.
Malerg.
Friedens-Kirche
Kirchgem.hs.
Künstlergasse
Universität Zürich-Zentrum
Uraniastrasse
Rudolf-Brun-Brücke
Mühlegasse
Zentralbibliothek
Semperstg.
Oetenbachgasse
Lindenhofstr.
Preyergasse
Baderg.
Köngeng.
Graueg.
Hirscheng.
Roseng.
Weing.
Hirschenplatz
Brunngasse
Spitalg.
Zähringerplatz
Predigerkirche
Predigerplatz
Chorgasse
Predigerg.
Froschaug.
Synagog.
Schulhaus
Rechberg
Rennweg
Fortunagasse
Museum Lindenhof
Pfalzg.
Wohlleb.
Limmat
Limmatquai
Schweizerhofg.
Steinbockg.
Rindermarkt
Neumarkt
Stüssihofstatt
Schneggeng.
Metzgerg.
Leueng.
Elsässerg.
Spiegelgasse
Obmannamtsg.
Kantonales Gerichtsgebäude
Florhofg.
Widderg.
Münzpl.
Glockeng.
Strehlg.
Schwaneng.
Rathausbrücke
Marktgasse
Krebsg.
Napfg.
Untere Zäune
Obere Zäune
Schulhaus
Augustinerhof
Museum
St. Peter-Hofstatt
Weggeng.
Weinpl.
Rathaus
Ankeng.
Schlüsselg.
Storcheng.
Stegen-g.
Schoffelg.
Münsterg.
Blaufahnenstr.
Krautgartentg.
Heimplatz
St. Peter-str.
St. Peter-Kirche
Zeughausg.
Rüdenpl.
Haus zum Rüden
Nägelihof
Zinneng.
Römerg.
Zwinglipl.
Kirchgasse
Hirschengraben
Winkelwiese
In Gassen
Wühre
Kämbelg.
Grossmünster
Kunsthaus
Züghusplatz
Waaggasse
Münsterhof
Münsterbr.
Grossmünsterpl.
Neustadtg.
Schlossergasse
Helmhaus
Fraumünster
Poststrasse
Laternengasse
Kirchg.
Oberdorf
Frankeng.
Trittligasse
Wasserkirche
Rösslig.
Geigerg.
Schiffländepl.
Schifflände
Scheiterg.
Weiteg.
Krug-g.
Oberdorfstrasse
Waldmannstr.
Promenade
Zentralhof
Stadthaus
Kappelergasse
Kappelerhof
Fraumünsterstrasse
Kreisbüro 1
Stadthausquai
Badanstalt
Hechtplatz
Limmatquai
Utoquai
Torgasse
Rämistrasse
Hohe Promenade
Olgastr.
Bahnhofstrasse
Börsenstrasse
Nationalbank
Bauschänzli
Lochmannstr.
Talstrasse
Stadthausanlage
Bellevueplatz
Freieckgasse
St. Urbangasse
Stadelhoferstrasse
Quaibrücke

Odeon: Plakat von 1925 und Innenansicht, 1910

Dieser Spaziergang führt vom Bellevue im Zickzack über das Limmatquai durch die Altstadt zum Central. Das Limmatquai, erst im 19. Jahrhundert als repräsentativer Flussquai gebaut, ist neuerdings wenigstens streckenweise Fußgängerzone, wird aber von zwei Tramlinien (4, 15) befahren. Die Altstadt rechts der Limmat war jahrzehntelang ein einigermaßen erschwingliches Biotop für Emigranten, Künstler und Boheme, einheimische oder auswärtige und solche auf der Durchreise.
Die erste Adresse, die wir ansteuern, ist das Eckhaus Limmatquai/Rämistrasse, das

❶ Café Odeon
Limmatquai 2

Das »Wiener Kaffeehaus mit eigener Konditorei und einer Billard-Akademie« wurde am 1. Juli 1911 eröffnet, buchstäblich in letzter Minute: Der ambitionierte Bauherr, Oberst Julius Usteri, stand nämlich kurz vor dem Konkurs, zog dann aber in der spanischen Landeslotterie das große Los! Auf so viel Glück hofften viele seiner Gäste vergeblich.

Das Odeon war bei Ausländern wie bei Schweizern gleichermaßen beliebt. Claire Studer (vgl. S. 96 f.) erinnert sich:

»Im Café Odeon, dem Treffpunkt unserer Generation, verbrachten wir unsere Nachmittage mit Diskussionen über die Kriegsberichte und neue künstlerische Ereignisse, zum großen Teil aber kreisten unsere Gespräche jetzt um den expressionistischen Tanz. Der Musiker Laban hatte nämlich ... einen Tanzkurs eröffnet ... Und das Wort ›Dada‹? ... Wenn Arp sagte ›Ich bin Dada‹, meinte er: ›Ist mir doch schnuppe‹ oder ›Lasst mich in Ruhe, ich denke nicht daran, alles zu erklären.‹« (*Ich verzeihe keinem*)

Auch die Dadaisten hatten im Odeon einen Stammtisch, nach ihrem »revolutionären« Auszug aus dem »Terrasse« gegenüber (vgl. S. 55 f.). Willkom-

Walter Mehring betritt das Odeon

René Schickele

Tristan Tzara, um 1918

men waren sie nur bedingt, weil sie wenig konsumierten. Zum Kreis der Kriegsgegner im Café Odeon gehörte auch der elsässische Schriftsteller René Schickele, der Herausgeber der expressionistischen *Weißen Blätter*, der die Redaktion, der Not gehorchend, von Berlin nach Zürich verlegte und im Rascher-Verlag einen unerschrockenen Verbündeten fand. Das Januarheft 1916 eröffnete sein Drama *Hans im Schnakenloch*, eine Parodie auf den Krieg.

Zu den regelmäßigen Gästen gehörten der Chirurg Ferdinand Sauerbruch (vgl. S. 37), der ab 1911 in Zürich einen Lehrstuhl innehatte – am Tag, als das Odeon eröffnet wurde, hielt er seine Antrittsvorlesung –, der Super-Physiker Albert Einstein (1879–1955), später der Dirigent Wilhelm Furtwängler und der Stararchitekt Le Corbusier (vgl. S. 44), stets unverkennbar mit seiner runden schwarzen Hornbrille. Le Corbusier erhielt 1933 einen Ehrendoktor der Universität Zürich und 1938 eine Ausstellung im Kunsthaus.

Ein häufiger Gast war auch der Wiener Feuilletonist Alfred Polgar (1873–1955), der sagte: »Im Kaffeehaus sitzen Leute, die allein sein wollen, dafür aber Gesellschaft brauchen.« Polgar floh 1938 nach Zürich. Der Schweizer Schriftsteller-Verein machte es dem brillanten Kollegen schwer, Polgars Schaffen sei nicht so bedeutend, hieß es im Gutachten an die Fremdenpolizei, »... dass es eine wirkliche Bereicherung des geistigen Lebens unseres Landes« darstellen würde. Finanziell unterstützt wurde er wie viele andere emigrierte Autoren vom Essayisten und Kritiker Carl Seelig (1894–1962).

Im Odeon tagte ab 1942 eine hochkarätige »Freitagsrunde«, das literarische Zürcher Establishment: der Literaturkritiker Max Rychner, Manesse-Verleger Walther Meier, die Literaturprofessoren Robert Faesi und Emil Staiger (vgl. S. 137), der NZZ-Feuilletonchef Eduard Korrodi und sein Nachfolger Werner Weber, der Chefredaktor der ehemaligen *Tat*, Erwin Jaeckle. Bis 1965 trafen sich die Männer regelmäßig zu ihrem literarischen Stammtisch, bis 1982 nur noch sporadisch. Zu ihren gelegentlichen Gästen gehörte auch der junge Peter Schifferli, der Gründer des Arche Verlags (vgl. S. 115).

Das Odeon wurde 1972 brutal halbiert und im amputierten Teil eine Apotheke eingebaut. Es war übrigens das erste Lokal in Zürich, in welchem Champagner glasweise serviert wird: *»No es Cüpli bitte!«*

Ein Treffpunkt für Künstler war auch das gegenüberliegende

2 Café de la Terrasse Limmatquai 3

Es war der erste, angesagteste Treffpunkt der Dadaisten: »Ich erkläre«, konstatierte Hans Arp, »dass Tristan Tzara das Wort DADA am 8. Februar 1916 um sechs Uhr abends eingefallen ist; ich war mit meinen zwölf Kindern dabei, als Tzara zum ersten Mal dieses Wort aussprach, das in uns eine berechtigte Begeisterung auslöste. Dies ereignete sich im Café Terrasse zu Zürich, und ich trug gerade eine Brioche im linken Nasenloch. Ich bin überzeugt, dass dieses Wort gänzlich unbedeutend ist und dass sich nur Schwachsinnige und spanische Professoren für nähere Angaben interessieren.« Hier schrieben Hans Arp, Tristan Tzara und Walter Serner den Gedichtzyklus *Die Hyperbel vom Krokodilcoiffeur und dem Spazierstock*, die erste »automatische Dichtung«.

Ivan Goll, sich 1949 anlässlich eines Besuchs erinnernd, schienen »von allen Ecken liebe Schatten herüberzuwinken, mit denen wir die aufregenden Jahre 1914 bis 1918 durchlitten und durchlebten«. Die Gattin Claire Goll erinnert sich an die 1930er Jahre: »Im Terrassen-Café fanden wir meist, umgeben von einem bewundernden Hofstaat, Else Lasker-Schüler vor, die mit Bonbons spielte. Sie hatte immer welche bei sich, in allen Farben und Formen, in knisterndes Zellophan oder Silberpapier gewickelt ... Sie zahlte sogar mit diesen Süßigkeiten, und die Kellner machten den Zirkus mit, denn ihr Ruf als Exzentrikerin hatte sich bis zum letzten Piccolo herumgesprochen. Ihr verzieh man alles. Sie war damals die größte deutsche Dichterin, und niemand wagte es, ihr etwas abzuschlagen. Sie maßte sich jedes Recht an, als Erstes die Verfügungsgewalt über jeden Mann, der in ihre Nähe kam ...« *(Ich verzeihe keinem)*

Zum »Inventar« des Terrasse gehörte in den 1940er Jahren der Zürcher Schriftsteller Albin Zollinger (1895–1941), der praktisch täglich an seinem Marmortischchen saß und schrieb, als gälte es sein Leben. Im Brotberuf arbeitete er als fortschrittlicher Lehrer in Oerlikon, einem Zürcher Außenquartier. Mit den Schülern hatte er weniger Probleme als gele-

Albert Ehrismann, Albin Zollinger und Traugott Vogel (von li. nach re.), Feldbach, 1931

gentlich mit der Schulbehörde, die beispielsweise beanstandete, er gehe im Sexualkundeunterricht zu weit. Nach der Schule fuhr er jeweils mit dem Tram »in die Stadt«, um seinen Platz im Terrasse einzunehmen. Seine Romane, *Pfannenstiel. Die Geschichte eines Bildhauers* (1939) oder *Bohnenblust oder Die Erzieher* (1942) wurden zwar gedruckt, verkauften sich aber schlecht.

Im Terrasse traf er häufig auch seinen Freund Traugott Vogel (1894–1975), ebenfalls Schriftsteller und Lehrer wie er. Dessen Romanerstling *Unsereiner* war 1924 erschienen. Vogel schrieb für seine Schüler Theaterstücke, und natürlich wurde der Jugendroman *Die Spiegelknöpfler* (1932 und 1934) begeistert verschlungen.

»Zürich, Café de la Terrasse«, beginnt Max Frisch (1911–1991, vgl. S. 107, 109) sein *Tagebuch 1946–1949*: »Ringsum die brandende Stadt, arbeitsam und rege, das Hupen der Wagen, das hohle Dröhnen von den Brücken – und hier diese grünende Insel der Stille, der Muße; es ist die erste am Tage, und ringsum läuten die Glocken, es hängt wie ein Summen über den Straßen und Plätzen, über den Alleen, über den Zinnen mit flatternder Wäsche, über dem See. Es ist Samstag. Es ist elf Uhr, die Stunde, wie ich sie liebe: alles in uns ist noch wach, heiter ohne Überschwang, fast munter wie das rieselnde Baumlicht über den marmornen Tischlein, nüchtern, ohne die Hast einer wachsenden Verzweiflung, ohne die abendlichen Schatten der Melancholie – Alter zwischen dreißig und vierzig.«

Frisch und seine berühmten blaukartonierten Notizbücher! Er notierte darin auch seine letzte Begegnung mit Albin Zollinger, drei Wochen vor dessen plötzlichem Tod: »Nie werde ich über den Pfannenstil wandern, ohne dass ich länger oder kürzer an den Dichter denke, den ich von allen zeitgenössischen Landsleuten am meisten liebe, nämlich an Albin Zollinger, der diese Landschaft ein für allemal dargestellt hat. Es war Herbst und vor sechs Jahren, ich hatte eben sein jüngstes Buch gelesen …«

Seit dem Sommer 1998, nach einer Phase als Nachtclub, ist das Terrasse wieder ein beliebter Treffpunkt für Künstler und Anverwandte.

Max Frisch, 1948

Wir überqueren das Limmatquai erneut. Nicht zu übersehen, an der rechten Flanke des mit Linden bestandenen Hechtplatzes, ist die 1835 in unbeschwertem Stilmix erbaute Budenhalle mit dorischen Säulen und klassizistischem Zeltdach. Dahinter befindet sich das

3 Hechtplatz-Theater Hechtplatz 7

Das städtische Kleinkunst-Theater mit seinem buntscheckigen Unterhaltungsprogramm wurde 1959 eröffnet, mit einer Produktion, die Zürcher Theatergeschichte machte: *Eusi chlii Stadt* (dt. *Unsere kleine Stadt*), von Werner Wollenberger, C. F. Vaucher und Peter Wyrsch. Wer trat nicht alles im »Hechtplatz« auf? Sichere Werte waren die Schauspieler Ruedi Walter und Margrit Rainer, das Kabarettistenpaar Margrit Läubli und César Keiser, die Clowns Dimitri und Gardi Hutter, der Schriftsteller und Cellist Franz Hohler …

Schräg gegenüber liegt das

4 Haus zum Pilgerschiff Wohnung von Albert Ehrismann Schiffländе 12

Dass das Haus »zum Pilgerschiff« heißt, weiß man nur noch aus alten Dokumenten, denn bei einem Umbau des Hauses 1814 wurde das frühere Wandbild an der Fassade zerstört: Es zeigte ein Schiff voller Ordensleute, Bauern, Juden und Pilger, vornehmen Herrschaften in Gewändern aus dem 18. Jahrhundert.

Auch der Dichter und Schriftsteller Albert Ehrismann (1908–1998) war ein Pilger: Als junger arbeitsloser Buchhalter zog er aus dem damaligen Arbeiterquartier Zürich-Aussersihl hierher ins Zürcher Künstlerviertel, in die Altstadt. 22 Jahre alt war er, als sein Lyrik-Erstling, *Lächeln auf dem Asphalt* (1930), erschien. Ehrismann schrieb bissige Texte für das 1934 eröffnete Cabaret »Cornichon« (vgl. S. 85 f.) und für die Zeitschrift *Nebelspalter*. Er schrieb Theaterkritiken für das linke *Volksrecht*. Im Januar 1932 wurde er als Militärdienstverweigerer

zu acht Wochen Gefängnis verurteilt, obwohl sein Schriftstellerfreund Traugott Vogel ihn verteidigte. Für die »Landi« genannte Landesausstellung in Zürich, 1939, erarbeitete er mit dem Filmregisseur Kurt Früh das Libretto für das lyrische Oratorium *Der neue Kolumbus*, in der Tradition deutscher agitatorischer Massenchorspiele. Ehrismann wechselte mehrmals die Adresse.

Vis-à-vis des Hechtplatz-Theaters steht das

5 Rabenhaus
Hechtplatz 1

Es ist heute noch lesenswert, das witzige, gelegentlich auch boshafte *Züri-Brevier* des als Auslandsschweizer im italienischen Modena sozialisierten Zürcher Schriftstellers Rudolf Jakob Humm (1895–1977). In *Bei uns im Rabenhaus*, 1963 erschienen, zog er Bilanz über 31 Jahre Literatenleben an der Limmat. Zusammen mit seiner Frau Lili Crawford, der in Indien geborenen und in Zürich aufgewachsenen schottischen Textilkünstlerin, zog er 1934 ins (Abbruch-)Haus zum Raben, das wegen der Legende vom Heiligen Meinrad so heißt: Der Einsiedler Meinrad wurde 861 von zwei Räubern ermordet, die nach Zürich flüchteten. Dabei wurden sie von Meinrads »Hausraben« verfolgt und »im Wirtshaus an der Schifflende auff dem Dorff« mit Gekrächze angezeigt.

Die Humms waren wunderbare Gastgeber. Sie veranstalteten regelmäßig literarische Abende, und, so Humm, »wenn ich nun aufzähle, wer da alles vorgelesen hat, schneide ich einen ziemlich großen Quadranten des Zürcher Kulturlebens aus. So war zum Beispiel der Erste, der im Dezember 1934 bei uns sprach und diese Abende eröffnete, Kurt Hirschfeld. Heute ist er Direktor des Zürcher Schauspielhauses ... Und das bringt mich auf direktestem Wege auf das Schauspielhaus und auf die Belebung, die dieses Institut durch die vielen deutschen Ausgewanderten erfahren hat. Damals kamen zu uns: Teo Otto, die Giehse, Steckel und seine liebenswürdige, begabte Frau, die Tänzerin und Dichterin Jo Mihaly, Paryla, Kalser, Herman Wlach, Kurt Horwitz, Ernst Ginsberg, Wolfgang Heinz, Traute Carlsen, Wolfgang

Das Rabenhaus (vorn), 1911

Rudolf Jakob Humm, 1943

Ernst Ginsberg (li.) und Wolfgang Langhoff

Ferdinand Lion

Langhoff und unsere beiden schönen, genialen Marien, die Fein und die Becker – diese freilich noch ein Kind. Und Leopold Lindtberg ...«

Im Raben verkehrten praktisch alle deutschen Exilschauspieler, die dem Zürcher Schauspielhaus das berühmte »goldene Zeitalter« bescherten, es kamen Kabarettisten, die Manns und viele, viele Einzelgänger wie Adrien Turel, Ludwig Hohl, Friedrich Glauser. Der Schriftsteller Albin Zollinger wohnte als scheidungszermürbter »Zigeuner« ein ganzes Jahr bei seinen Freunden zur Untermiete.

Der 1946 nach Zürich zurückgekehrte Schweizer Journalist und Philosoph Ferdinand Lion (1883–1968), der erste Biograph von Thomas Mann, verriet Humm das Geheimnis des unbeschwerten Schmarotzens, wies allerdings darauf hin, dass die Schweizer auf diesem Felde beschämend unbegabt seien: »Stellen Sie sich doch nur die vielen Bücher vor, die Sie während der Zeit lesen könnten, die Sie auf den Broterwerb verwenden ... Müsste ich acht Stunden im Büro sitzen oder Schule halten, ich würde täglich dümmer und ungebildeter ... Würde ich meine Bildung so vernachlässigen wie Sie, niemand hätte mehr Freude an mir! Ich würde unelegant. Elegant wird man nämlich nur durch vieles Lesen ...« *(Rabenhaus)*

1966 verließen Humms das Rabenhaus und zogen nach Wipkingen. Schon als sie einzogen, hatte es geheißen, das Haus werde demnächst abgerissen, was aber erst 1969 tatsächlich geschah. Es wurde allerdings wegen des öffentlichen denkmalschützerischen Drucks nicht dem Erdboden gleichgemacht, aber gründlich ausgekernt. Das Rabenhaus heute? Ein Bürohaus – und im Parterre ein nettes Café, das den Sommer über auch draußen auf dem Hechtplatz bewirtet.

Wir gehen weiter zur Schifflände.

6 Ehemalige Seehof-Bollerei Haus zum roten Kopf Schifflände 26

Die Seehof-Bollerei war seit Mitte der 1850er Jahre eine überaus beliebte Studenten- und Künstler-Beiz (Beiz: das zürichdeutsche Pendant zur deutschen Kneipe). Die beiden Lokale

Sängerfest der Studenten. Bollerei, 1905

Seehof und Bollerei wurden anfänglich separat geführt, mit unterschiedlicher Kundschaft (in der Bollerei die Studenten, im Seehof die Marktfischer, Handels- und Ratsherren). Schließlich wurden sie zusammengelegt. Einer der gern und immer wieder zitierten Stammgäste war Gottfried Keller, der er auch blieb, nachdem er 1872 als 53-jähriger unfreiwilliger Single der »Serviertochter« (Kellnerin) einen Heiratsantrag gemacht hatte: »Sie haben gestern Abend wahrscheinlich gemerkt, wo ich hinaus wollte mit meiner ungeschickten Ankündigung. Ohne viele Worte zu machen will ich Sie daher jetzt fragen, ob Sie nicht zu viel Widerwillen haben, meine Frau zu werden? Wenn Sie mich nicht mögen, so wissen Sie es jetzt schon, und ich bitte Sie in diesem Fall, mir dieses Briefchen mit einem darüber oder darunter geschriebenen Nein heute abend noch zurückzustellen, damit wir dann über die Sachen lachen können, wenn ich zurückkomme.«

In der Bollerei saß Keller auch oft mit seinen Malerfreunden, dem renommierten Zürcher Tiermaler Rudolf Koller (1828–1905, vgl. S. 84) und dem Basler Arnold Böcklin (1827–1901, vgl. S. 106), einem der bedeutendsten bildenden Künstler des 19. Jahrhunderts in Europa. Am 21. September 1869 speiste er mit dem Hamburger und zeitweiligen Wahlzürcher Architekten Gottfried Semper (1803–1879, vgl. S. 127), als diesem die Hiobsbotschaft überbracht wurde, dass sein Hoftheater in Dresden abgebrannt sei. Von Semper soll Keller, erzählt Ricarda Huch in *Frühling in der Schweiz*, ein Jahr nach dessen Tod wunderlich geträumt haben. Er sei von drüben her ihn besuchen gekommen und habe ihm beim Abschied zugerufen: »Gehen Sie nicht dorthin, Herr Keller! Schlechte Wirtschaft dort!«

1917 speisten und zechten in der Seehof-Bollerei auch Dadaisten und »Anverwandte« wie Augusto Giacometti (vgl. S. 14). Tristan Tzara hatte hier Ende 1918/19 sein Zimmer, und in dieser Zeit war seine Adresse die offizielle Adresse des »Mouvement Dada«.

In der Bollerei logierte noch Ende der 1940er Jahre Hans Sahl (vgl. S. 49 f.) auf Einladung des Filmers Richard Schweitzer und des Regisseurs Leopold Lindtberg; er arbeitete mit am Drehbuch für *Vier im Jeep*: »... Ich wohnte in der Bollerei, wo es Zentralheizung und infolgedessen auch keine Krüge gab, in denen nachts das Wasser zum Chanson gefror. Ich sah meine Freunde wieder ... und ich versteckte mich nicht mehr oder ging schnell um die Ecke, wenn ich von weitem einen Polizisten auf mich zukommen sah. Zürich war wieder so schön, fast schämte ich mich, es so ganz ohne Panik genießen zu können. Es war ein anderes, recht ungefährliches und verharmlostes Zürich, gewürzt mit schweren guten Speisen und dem Geruch von lauter echten Dingen – echtem Leder, echtem Kirsch und echter Gastfreundschaft. Aber etwas fehlte, und als meine Zeit um war und Richard mich zum Flugplatz fuhr, spürte ich, dass ein Zeitalter zu Ende gegangen war ...«

Die Bollerei wurde zum Schluss in eine stimmungsvolle Tessiner Osteria, das »Canova«, umfunktioniert, doch 1959 war definitiv Schluss. Das Haus wurde abgerissen, der Neubau schreibt keine Kulturgeschichten mehr.

Ein paar Schritte weiter, an dem mit Kastanien bewachsenen kleinen Platz, liegt das

7 Kino Nord-Süd Studio Ehemaliges Café Select Schifflände/ Limmatquai 16

Das Kino Nord-Süd wurde am 11. Oktober 1935 eröffnet, als erstes Filmkunsttheater in Zürich, wie man damals den französischen Begriff *Cinéma d'art et d'essay* ins Deutsche übersetzte. Zürichs erste Kinodirektorin, Anna Indermaur (1894–1980), war Programm. *La grande illusion* von Jean Renoir, 1937 radikal sozialkritisch gedreht, lief im Nord-Süd ein ganzes Jahr! An der Fassade zur Rössligasse hin hat der heutige Betreiber This Brunner eine witzig-besinnliche Zitatensammlung anbringen lassen – von Orson Welles, Jean Cocteau, Rainer Werner Fassbinder, Federico Fellini bis Mae West –, die sich zu einem filmkulturellen Credo fügt: *»We are intellectual opposites, I'm intellectual, you are opposite.«* (Mae West) Oder: *»L'unico vero realista è il visionario.«* (Federico Fellini)

Das links ans Kino angebaute frühere Café Select war Zürichs beliebtes Existentialisten-Studenten-Intellektuellen-Café. Else Lasker-Schüler (vgl. S. 19 f.) notierte in *Tagebuchblätter aus Zürich*, hier seien »wir verscheuchten Dichter, Maler, Musiker und Bildhauer, vis-à-vis der Limmat, zwischen nicht verscheuchten Dichtern, Schweizer Malern und Bildhauern zu finden. Einlullende Radiomusik wiegt unsere Emigration leise ein. Und wir warten, warten auch hier auf ein Wunder.«

Im alten Select verkehrten in den 1940er bis 1960er Jahren junge Linke wie der Schriftsteller Peter Weiss (1916–1982) und der Schauspieler Wolfgang Langhoff (1901–1966). Und Theo Pinkus lernte hier seine spätere Ehefrau Amalie (vgl. S. 79 f.) kennen.

1998 wurde das Select – offensichtlich gewinnbringender – in eine Pizzeria umgewandelt.

Gegenüber dem Kino, vor dem Torbogen, liegt das

8 Hotel Helmhaus Elternhaus von Anna Zwingli-Reinhart Schifflände 30

Anna Reinhart (1484–1538) heiratete in zweiter Ehe den Reformator Huldrych Zwingli. Ihr Elternhaus war das historische Gasthaus zum Rössli. Zwingli verfügte, den Glauben könne man »ab den Wänden nicht erlernen«, womit er den »Bildersturm« auslöste. Ausgerechnet Zwinglis Schwager, Anna Reinharts Bruder, rettete damals das berühmteste Stadtbild von Zürich, um 1500 von Hans Leu dem Älteren gemalt, aus der Zwölfbotenkapelle des Grossmünsters. Er versteckte es hinter der Vertäfelung im elterlichen Wirtshaus, wo es erst im 19. Jahrhundert während einer Renovation wiederentdeckt wurde. Die Tafeln kann man im Landesmuseum (vgl. S. 41 f.) bestaunen, eine Augenfreude nicht nur für Lokalpatrioten.

Nach dem Durchgang biegen wir links um die Ecke und stehen vor dem

9 Haus zum Elsässer Ehemalige Buchhandlung zum Elsässer Ehemaliger Sitz des Artemis Verlags Limmatquai 18

Das frühere Haus zur Sonne erwarb 1894 der Buchhändler Albert Müller und taufte es »zum Elsässer«, weil er zuvor die Orell Füsslische »Bücherniederlage« an der Marktgasse 12 leitete, deren früherer Hausbesitzer bis 1558 das Monopol hatte, Elsässer Wein ausschenken zu dürfen. Im neuen »Elsässer« zog 1976 auch der von Friedrich Witz (1894–1984) gegründete Artemis Verlag ein. Zu den wichtigsten Veröffentlichungen gehört die Werkausgabe von Carl Spitteler, die Erasmus-Bibliothek, das Lexikon des Mittelalters (ab 1977, 1998 abgeschlossen). Unter dem Nachfolger von Witz, Bruno Mariacher, zog der Verlag ins Salomon-Gessner-Haus an der Münstergasse 9 (vgl. S. 69 f.) um. Die Buchhandlung Elsässer wurde 2003 aufgegeben, in der zweistöckigen Lokalität befindet sich derzeit eine Galerie.

Huldrych Zwingli.
Gemälde von Hans Asper

Friedrich Witz.
Foto: Hans Staub

Wasserkirche, um 1715

Auf der anderen Straßenseite sehen wir das

10 Zwingli-Denkmal
Limmatquai 31

Am eindrucksvollsten präsentiert sich die drei Meter hohe Statue des Zürcher Reformators mit Bibel und Schwert nachts: Zwingli (1484–1531) wirft einen grandiosen, riesigen Schatten auf den Chor der Wasserkirche. Die Reformatorstatue des Tiroler Bildhauers Heinrich Natter (1844–1892) wurde 1885 feierlich enthüllt. Vorausgegangen waren kirchenpolitische Querelen, denn Zwingli war wieder umstritten wie zu seinen Lebzeiten. Statt der Grossmünsterterrasse oder dem Lindenhof wählte man den weniger exponierten Standort bei der Wasserkirche für das Denkmal.

Unumstritten sind Zwinglis Verdienste um die Zürcher Bibel. Die erste wurde bereits 1531 von Christoffel Froschauer gedruckt. Sie stand freilich im Schatten der Lutherbibel (1545) und ihres englischen, von King James autorisierten Pendants, die zu Monumenten der europäischen Literaturgeschichte wurden. Ihre größte Bedeutung erlangte die Zürcher Bibel 1931, weil sie als erste moderne Bibelübersetzung auf Deutsch wissenschaftlichen Erfordernissen wie auch denen der Kirchgänger Rechnung trug. 2007 machte eine allerneueste Übersetzung Furore.

Zwingli fiel in der Schlacht von Kappel, im Religionskrieg. Sein Leichnam wurde verbrannt und die Asche in alle Winde verstreut, damit sein Grab nicht zum Wallfahrtsort würde.

Hinter dem Zwingli-Denkmal folgen zwei wichtige Gebäude.

11 Wasserkirche
Früher Stadtbibliothek
Helmhaus
Limmatquai 31

Die Wasserkirche stand ursprünglich auf einem Inselchen in der Limmat, deswegen ihr Name, Wasserkirche. Seit der Aufschüttung des Limmatquais wird sie nur noch auf einer Seite von der Limmat begrenzt. Vor der Reformation spielte der Platz eine wichtige Rolle als Hinrichtungs-

Ricarda Huch

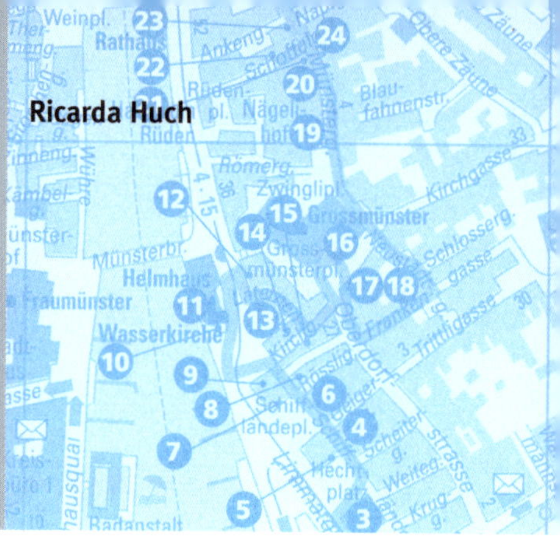

stätte der Zürcher Stadtheiligen Felix, Regula und Exuperantius. Sie waren als Angehörige der Thebäischen Legion um 300 n. Chr. zum Christentum übergetreten und starben deswegen in Zürich den Märtyrertod. Um 1000 n. Chr. wurde auf der Insel eine kleine romanische Kirche errichtet. Der Hinrichtungsstein in der Krypta war Zürichs spirituelles Zentrum, eine Heilquelle wurde entdeckt. Nach der Reformation diente das Gebäude als Lagerhaus. 1634 wurde darin für fast 300 Jahre die erste Stadtbibliothek eingerichtet. Die Historikerin und Schriftstellerin Ricarda Huch (1864–1947, vgl. S. 122 f.) arbeitete hier nach ihrer Promotion kurze Zeit als Bibliothekarin. Erst 1917, dank der Eröffnung der Zentralbibliothek am Zähringerplatz (vgl. S. 78), wurde die Wasserkirche wieder zur Kirche. Drei Fenster des Chors gestaltete Augusto Giacometti. Seit 1988 ist auch die Krypta zugänglich. 2006 wurde eine archäologische Ausstellung eröffnet.

Im angebauten Helmhaus wird zeitgenössische Kunst gezeigt, hauptsächlich von Schweizer Künstlerinnen und Künstlern oder solchen, die in der Schweiz leben. Das Helmhaus ist ein Forum der lebendigen Schweizer Kunstszene.

Vis-à-vis befindet sich

12 Musik-Hug
Limmatquai 28/30

Musik-Hug ist die wichtigste Musikalienhandlung der Schweiz. Urgründer war zwar der Zürcher Sängervater Hans Georg Nägeli (1773–1836), ohne seinen Jugendfreund, den Pfarrer Christoph Hug, mit dem er sich später verkrachte, hätte das ehrgeizige Unternehmen aber bald Konkurs anmelden müssen. Nägeli war auch Verleger, ein erster Höhepunkt seines Schaffens war die Edition des *Wohltemperierten Claviers* von Johann Sebastian Bach. Ein Hit wurde 1793 das von ihm vertonte Volkslied *Freut euch des Lebens* nach dem Text von Martin Usteri.

Die Hug-Dynastie, mittlerweile in der fünften Generation, hat ihr Domizil seit 1881 in den Münsterhäusern, die der unbequem visionäre Architekt Wilhelm Waser (1811–1866) erbaute.

Links der Münsterhäuser führt die Grossmünstertreppe hinauf zum Zürcher Wahrzeichen, dem Grossmünster. Sie hieß auch Salztreppe, wegen des früheren Salzhauses am Limmatquai. Wir machen aber einen kleinen Umweg durch die Laternengasse rechts vom Musik-Hug.

13 Geburtshaus von Johann Heinrich Waser Laternengasse 4

Der Theologe und Ökonom Johann Heinrich Waser (1742–1780), der mit dem Anspruch auftrat, »den Zahlen den Mund zu öffnen«, veröffentlichte 1778 seine *Abhandlung vom Geld*. Weil er sich mit der Obrigkeit anlegte, wurde er 1774 als Pfarrer abgesetzt und am 17. März 1780 enthauptet: ein Justizmord.

Wir gehen durch die Gasse hoch bis zur Kirchgasse.

14 Haus zum Elephant Ehemaliges Café au Petit Dôme Ehemaliges Café Turc Heute Little Tibet Kirchgasse 3

»Ich war Anfang November 1938 nach Zürich gekommen, ein richtiger Auslandschweizer. Zürich war mir neu und sehr fremd«, erinnert sich der 1916 in Polzela, Slowenien geborene Zürcher Psychoanalytiker, Ethnologe und Schriftsteller Paul Parin, der später zusammen mit seiner Frau Goldi Parin-Matthèy und dem Freund Fritz Morgenthaler mit dem Buch *Die Weißen denken zuviel* (1963) über die westafrikanischen Dogon Furore machte. »Ein Zimmer mieten, beim ›Lebensmittelverein‹ einkaufen war mir nur in französischer oder italienischer Sprache möglich. Wer hochdeutsch sprach, wurde nicht bedient ... Im Odeon ging es so vornehm zu, dass ich mit niemandem ins Gespräch kommen konnte. Da entdeckte ich das Café Dôme an der unteren Kirchgasse. Dort saßen sie jeden Abend, die ›Fremden‹, Emigranten, Künstler, Schriftsteller, Journalisten ... Doch war das Café Dôme am Ende, das Mobiliar verschlissen, die Stühle und Tische wackelig, und der alte Oberkellner verkündete ...: Morgen schließen wir ... Meine neuen Freunde ... trösteten mich: Es gibt wieder etwas, gleich da unten am Limmatquai eröffnet der Architekt Boesiger, ein Schüler von Le Corbusier, ein Intellektuellen- und Studentencafé ... Am nächsten Abend war ich im Café Select ...« (Vgl. S. 61)

Ab 1948 wurde das Dôme zu dem bei Schülern beliebten Café Turc. Seit dem Umbau von 1990/91 befinden sich im Parterre stattdessen Ladenlokale.

Vis-à-vis steht das

15 Hotel Altstadt Ehemaliges Antiquariat Corray Haus zum weissen Kreuz und zum Herwagen Kirchgasse 4–6

In der Hotelrezeption hängen »Schriftstücke« von zeitgenössischen Schriftstellerinnen und Schriftstellern, und es sind ihnen einzelne Zimmer gewidmet, wie zum Beispiel Jürg Federspiel (1931–2007), dem Autor

Collegium Carolinum 1853
Johann Jakob Breitinger, um 1749

Restaurant Karl der Grosse, 1902
Max Brod. Zeichnung von Lucian Bernhard, 1909
Franz Kafka, um 1910

von *Orangen und Tode*, *Die Ballade von der Typhoid Mary* u. a.

Im heutigen thailändischen Ban Song Thai, dem ehemaligen »Altstadt-Tea-Room«, befand sich in den 1910er Jahren eine Buchhandlung mit Antiquariat des Kunstförderers Han Corray (vgl. S. 34 f.). Friedrich Glauser (vgl. S. 87) arbeitete während seiner Zürcher Zeit, 1917, als Gehilfe. Corray nahm ihn auch in seiner Pestalozzischule (vgl. S. 128) als Untermieter auf.

Wir gehen die Kirchgasse hoch, linker Hand erhebt sich das Grossmünster, Zürichs Wahrzeichen. Angebaut an die Kirche ist die

16 Theologische Fakultät Ehemaliges Collegium Carolinum Kirchgasse 9

Karl der Große (742–814) soll nicht nur das Grossmünster gestiftet, sondern auch die erste Schule in Zürich gegründet haben. Er finanzierte eine Knabenschule, die später ihm zu Ehren Carolinum genannt wurde. Sicher ist, dass die Stiftsschule zwischen 1250 und 1280 unter dem Chorherrn Konrad von Mure ihre Blütezeit erlebte. Gottfried Keller hat dem ersten Rektor des Carolinum in seiner Novelle *Hadlaub* ein Denkmal gesetzt.

Das Carolinum wurde in der Reformationszeit in eine Höhere Schule umgewandelt, die in der unteren Stufe Allgemeinbildung vermittelte, in der oberen dagegen Theologen ausbildete. Herausragende Lehrer waren Johann Jakob Breitinger (1701–1776), der Hebräisch, Griechisch, Logik und Rhetorik unterrichtete, und Johann Jakob Bodmer (1698–1783, vgl. S. 123 f.). Einer ihrer Schüler war Johann Caspar Lavater (vgl. S. 74).

1833 wurde aus der oberen Stufe die Universität, aus der unteren die Kantonsschule. Im Unterschied zu ihrer Vorgängerin war die neue Schule von der Bindung an die Kirche gelöst, und es wurden nicht mehr nur Schüler aus der Stadt, sondern auch solche vom Land unterrichtet.

Wir gehen ein paar Schritte zurück und stehen vor dem

17 Zentrum Karl der Große Haus zum Silberschild / Haus zum goldenen Stern Kirchgasse 12/14

Ein früherer Besitzer des Hauses zum Silberschild war der Amtsschreiber Johann Heinrich Waser (1600–1669). Ihm schickte Conrad Ferdinand Meyer (vgl. S. 168 f.) in seinem Roman *Jürg Jenatsch* auf dem Julier Pompejus Planta über den Weg, den später Georg Jenatsch, Wasers Schulfreund aus Zürcher Carolinum-Zeiten, ermordete.

Im gleichen Haus wohnte im 17. Jahrhundert auch der Orientalist und Theologe Johann Heinrich Hottinger (1620–1667). Hebräisch konnte er, weil die Reformation von den Pfarrherren forderte, die Bibel in der Sprache der Bibel lesen zu können. Hottinger sprach aber auch Arabisch. In seiner *Historia Orientalis* plädierte er 1651 für Verständnis für Mohammed und seine Lehre.

Mit der (früher) alkoholfreien Wirtschaft Karl der Große eröffneten Susanna Orelli (1845–1939, vgl. S. 98 f.) und ihre Mitstreiterinnen vom »Frauenverein für Mäßigkeit und Volkswohl« 1898 ihren ersten Großbetrieb. Im Karl dem Großen, für den die beiden Häuser zusammengelegt wurden, frühstückten am 11. August 1911 Franz Kafka und Max Brod auf ihrer Schweizer Reise. In Zürich hielt es sie zwar nicht lange, Brods Kommentar nach dieser Stippvisite war vernichtend: »Ich brauche diese Stadt nicht.« Aber das Frühstück ließen sie sich dennoch schmecken. »Honig, Butter, Kaffee. Die Butter in Locken, vom Eise glatt und kalt, trotz ihrer Weichheit. Anschein der Festigkeit durch diese Form – Trinkgeld nicht genommen«, notierte Brod. (Stimmt, der Frauenverein erklärte das Trinkgeld in seinen Gastwirtschaften für abgeschafft, die Angestellten erhielten einen festen Lohn.)

Wir biegen in die Oberdorfstrasse ein, dann nach 50 Metern links in die Frankengasse und steigen diese hoch bis zur Neustadtgasse.

18 Junggesellenwohnung von Karl Schmid Neustadtgasse 5

Der spätere ETH-Germanist Karl Schmid (1907–1974) und die »Cornichon«-Kabarettistin Elsie Attenhofer (1909–1999) lernten sich 1938 bei der Nachfeier der *Füsilier Wipf*-Filmpremiere hier in der Parterrewohnung kennen, die Schmid mit seinen Freunden, dem Filmproduzenten Heinrich Fueter und dem Starchirurgen Hans-Ueli Buff, bewohnte. Der Film war ein Stück geistige Landesverteidigung. Karl Schmid und Elsie Attenhofer heirateten 1940. Sie führten eine für damalige Vorstellungen unkonventionelle Ehe: Elsie Attenhofer, die sich als eine der ersten Schweizerinnen auch zur Pilotin hatte ausbilden lassen, gab ihre Arbeit auch als Mutter nicht auf.

Durch die Neustadtgasse gehen wir nun abwärts, vorbei am Haus zur Sul, einer der ältesten Kinderkrippen in Zürich, und kommen direkt zum Grossmünster.

Der legendäre Gründer Karl der Große sitzt in Stein gehauen im Südturm. Ihn kümmert nicht, dass er wahrscheinlich mit seinem Urenkel Karl dem Dicken verwechselt wurde. Das Original seiner Statue aus dem 15. Jahrhundert befindet sich in der Krypta. Der Kaiser, ein passionierter Jäger, soll das Grossmünster gestiftet haben, erzählt die Legende, weil er von Köln aus einen kapitalen weißen Hirsch tagelang verfolgte, bis nach Zürich. Beim Grab der Zürcher Stadtheiligen, den geköpften Märtyrern Felix, Regula und Exuperantius, ging der Hirsch in die Knie – Karl der Große verstand den göttlichen Wink und ließ eine Kirche errichten. Schönstes Jägerlatein! Im benachbarten Haus zum Loch soll der Kaiser jeweils gewohnt haben. Die Reliquien der Zürcher Stadtheiligen befinden sich übrigens in der Dorfkirche von Andermatt im Kanton Uri, sie wurden dort vor der Reformation in Sicherheit gebracht.

Wir spazieren weiter durch die Münstergasse und kommen an verschiedenen wichtigen Häusern vorbei.

19 Haus zum grossen Löwenstein Ehemaliger Trester-Club Münstergasse 3–7

Die 1950er Jahre waren auch in Zürich hot und verrucht, wenigstens ein Jahr lang: Im Hofkeller der mittelalterlichen Häuser Münstergasse 3–7, deren Abbruch bevorstand, fand am 13. Januar 1951 die erste Jam-Session statt. Im Trester-Club, benannt nach dem Pressrückstand von Trauben und der Zürcher Professor Big's Trester Seven, jazzten sich hoffnungsvolle junge Zürcher die Seele aus dem Leib. Zwingli hin oder her (und gleich nebenan), der Teufel war los:

»Stomps jagten Hots und Hots Blues. Unten im Ateliersaal bildeten die Tanzenden eine wild brodelnde Masse ... Der Schweiß rann in Strömen über die glühenden Gesichter, die Luft, die diesen Namen kaum mehr verdiente, schien nur noch aus Stickstoff und Schweißdünsten zu bestehen ... Stunden verrauschten, man dachte nur noch unzusammen-

**Salomon Gessner.
Stich von Anton Graff**

hängend. Alles war schön, herrlich, leicht, das Leben erschien einem unglaublich einfach. Man fühlte sich als Dämon, als Titan.« (Harro Zeier im *Schweizer Spiegel*, August 1951)

Zu den Tanzwütigen gehörte auch der spätere Objektkünstler Daniel Spoerri (geboren 1930 als Isaac Daniel Feinstein in Rumänien).

20 Haus zum Schwanen Wohnhaus von Salomon Gessner Ehemaliger Sitz des Artemis Verlags Münstergasse 9

Die Gessners sind eine alteingesessene Familie in Zürich, deren Geschichte eng mit dem politischen und kulturellen Leben der Stadt verbunden ist. Der berühmteste Gessner war Salomon Gessner (1730–1788). Es wurde ihm nicht an der Wiege gesungen, dass aus ihm etwas werden würde. Insbesondere seine Eltern waren ratlos. Sein Vater, der Buchhändler und Verleger Hans Conrad Gessner, schickte ihn zum Pfarrer in Berg am Irchel zur Nacherziehung, weil der Bub lieber Wachsfigürchen knetete – dies allerdings mit Talent –, als in der Schule zu glänzen. Es folgte 1749 eine Buchhändlerlehre in Berlin, die der junge Mann jedoch genervt schon nach einem Jahr abbrach. Zurück in Zürich, das damals den Ruf eines »literarischen Roms« genoss, verfasste er seine *Idyllen*, die 1756 erschienen und in über zwanzig Sprachen übersetzt wurden und mit denen er, so Hermann Hesse, »dem Sternenhimmel der damaligen deutschen Dichtung angehörte«.

Der erste Schweizer Bestsellerautor war bald in ganz Europa bekannt wie ein bunter Hund. Bis zu seinem Tod wohnte er im Schwanen, malte, dichtete, hatte das Amt des Sihlherrn über den städtischen Sihlwald inne, war Teilhaber und künstlerischer Leiter der Porzellanfabrik im Schooren am Zürichsee und ein angenehmer Gastgeber. Goethe, Wieland und der junge Mozart verkehrten in seiner Wohnung und jedermann, der Rang und Namen oder Talent hatte.

Salomon Gessner übernahm außerdem den Familienverlag »David Gessner Gebrüder« und wurde, nachdem er 1761 die Tochter des Buchdruckers (und Konkurrenten) Judith Heidegger geheiratet hatte, auch noch Teilhaber des von Johann Jakob Bodmer (vgl. S. 123 f.) und seinem Neffen gegründeten Druck- und Verlagshauses »Conrad Orell und Comp.«. In dem neuen Verlag, »Orell, Gessner und Comp.«, erschienen die Werke Gessners und seiner Freunde. Das dreibändige Verzeichnis lieferbarer Bücher umfasste 1773/74 etwa 17 000 Titel!

Der 1943 von Friedrich Witz gegründete Artemis Verlag (vgl. S. 62) zog 1988 ins Haus zum Schwanen und blieb dort bis 2001. Er wurde an den deutschen Patmos Verlag verkauft. Die 1923 begründete Reihe Tusculum, in der zweisprachige Ausgaben von griechischen und lateinischen Texten antiker Klassiker erscheinen, wird bis heute fortgeführt.

21 Haus zum Blumengeschirr Bodega Münstergasse 15

Die erste spanische Bodega in Zürich wurde 1874 eröffnet, sie ist immer noch eine Bastion der Zürcher Kulturschaffenden und -konsumenten, ein lebendiger, verrauchter, heimeliger Treffpunkt. Es ist eines der wenigen Zürcher Restaurants, in dem man zwar ganztägig kleine Häppchen (Tapas) essen kann, in dem aber zu Essenszeiten nicht gedeckt ist.

Wir machen einen kurzen Abstecher links in die Schoffelgasse.

22 Die erste Zürcher Wohnung von Hugo Ball und Emmy Hennings Schoffelgasse 7

Das deutsche Künstlerpaar Hugo Ball und Emmy Hennings (vgl. S. 16 f.) emigrierte Ende Mai 1915 von München nach Zürich und fand hier in der Altstadt die erste provisorische Bleibe. Ball, Journalist, Pianist und Schauspieler, schrieb Artikel und Texte für Kabaretts, Hennings tingelte als Diseuse, emanzipierte sich später als Schriftstellerin. Beide gehörten zu den Mitbegründern des Cabaret Voltaire und des Zürcher DADA (vgl. S. 72 f.). Mitte 1917 kam es zum Bruch mit DADA. Ball ging nach Bern, später zusammen mit Emmy Hennings ins Tessin, studierte die Mystiker und wurde katholisch.

Seine Zürcher Zeit verarbeitete er in einem heiter-verzweifelten Roman: *Flametti oder Vom Dandysmus der Armen*, der 1918 in Berlin erschien, dann in

Emmy Hennings und Hugo Ball, um 1915

Anna Waser, Selbstbildnis mit 12 Jahren, 1691

Vergessenheit geriet und 1975 wieder aufgelegt wurde.

»Er hatte ein kleines Stück Fluss gepachtet, inmitten der Stadt, nahe der Fleisch(er)halle. Eine kurz angebundene Melodie vor sich hin pfeifend, den Kopf energisch gegen das Pflaster gesenkt, bog er aus der kleinen, verräucherten Gasse. Im Automatenrestaurant nebenan fegte, gähnte und scheuerte man. Ein Polizist auf der anderen Straßenseite, nahe beim übermächtig nach Salmiak duftenden Urinoir, sah ziemlich gelangweilt, die Frühluft schnuppernd, über das Kaigeländer ins Wasser, ›Salü!‹ grüßte Flametti, knapp und geschäftig an ihm vorüberstapfend, mit dem guten Gewissen des Bürgers, der seinen Angelschein wohl in der Tasche trägt und die Obrigkeit, ihre unteren Chargen insonders, nicht zu umgehen braucht. ›Salü!‹ rief er …«

Emmy Ball-Hennings autobiographischer Roman *Das Brandmal. Ein Tagebuch* erschien 1920.

Zurück in der Münstergasse steht links das

23 Geburtshaus von Anna Waser Heute: Colonialwaren und Kaffeerösterei H. Schwarzenbach Münstergasse 19

Anna Waser (1678–1714) ist die erste ernstgenommene Malerin in Zürich. Ihr Selbstbildnis, das sie als Zwölfjährige malte, hängt im Kunsthaus. Eine emphatische Biographie über sie schrieb 1913 die Schriftstellerin und Nachfahrin Maria Waser.

Seit 1912 führt die Familie Schwarzenbach in der fünften Generation das Kolonialwarengeschäft Schwarzenbach – wunderbar altmodisch, wie im Bilderbuch.

Schräg gegenüber von Schwarzenbach stand rechts einst der Manesse-Turm

24 Manesse-Turm Heute Pet-Shop Münstergasse 22

Der Manesse-Turm, später Schwedenturm genannt, wurde 1951 geschleift. Rüdiger von Manesse (1252–1304) hauste »auf dem Land«, auf der

Cabaret Voltaire. Foto des verschollenen Gemäldes von Marcel Janco

Burg Manegg, auf einem Vorsprung des Üetlibergs oberhalb von Leimbach, aber auch in der Stadt, eben im Manesse-Turm. Rüdiger und sein Sohn Johannes veranlassten und finanzierten um 1300 die als *Codex Manesse* berühmt gewordene bedeutendste, reich illustrierte deutsche Liederhandschrift des Mittelalters, die Johannes Hadlaub, selber ein Dichter und Minnesänger, im Auftrag der Manesse zusammentrug (vgl. S. 80). Der *Codex Manesse*, auch *Große Heidelberger Liederhandschrift*, wird heute in Heidelberg aufbewahrt.

Nicht zu übersehen, etwas nach hinten versetzt, das Café Schober! Ein paar Schritte die Münstergasse abwärts stehen wir vor dem

25 Dada-Haus Cabaret Voltaire Ehemalige Holländische Meierei Spiegelgasse 1

Der Seefahrer a. D. Jan Ephraim, seit 1913 Wirt der Holländischen Meierei, richtete am 19. Januar 1916 ein Gesuch an den Zürcher Polizeivorstand: »Eine in meinem Lokal ... verkehrende Gesellschaft junger Künstler und Literaten ist mit der Bitte an mich herangetreten, den meiner Weinstube angegliederten Saal ... als Künstlerkneipe einzurichten. Die Herren beabsichtigen unter dem Namen Künstlerkneipe Meierei einen Sammelpunkt künstlerischer Unterhaltung und geistigen Austauschs zu schaffen. Sie möchten in diesem Saale aus ihren eigenen Werken vorlesen, zur gegenseitigen Unterhaltung beitragende Vorträge veranstalten, kurz einen Treffpunkt des künstlerisch interessierten Publikums Zürichs einrichten ... Die Herren glauben, ein derartiges Lokal fehle in Zürich und sei notwendig als Gegengewicht gegen die immer zahlreicher auftretenden mondänen und offiziellen Cabarette.«

Dem Gesuch wurde am 28. Januar

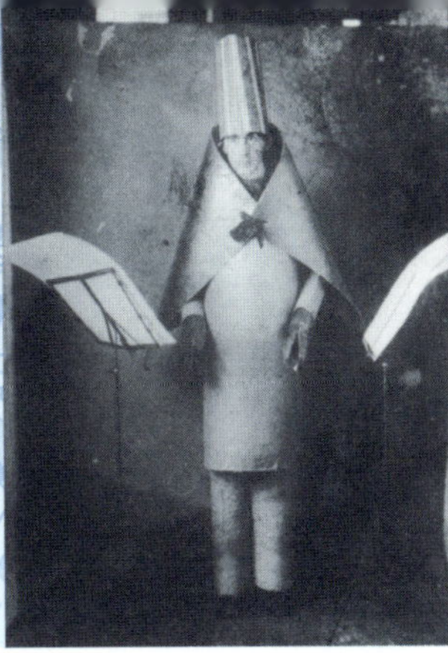

Hugo Ball im Cabaret Voltaire, 1916

Richard Hülsenbeck an der Spiegelgasse

»auf Zusehen hin« entsprochen und der Saal eingerichtet, mit schwarzen Wänden und einer blauen Decke. Am 5. Februar 1916 wurde die »Künstlerkneipe Voltaire« eröffnet, auch Cabaret Voltaire genannt. Die Initiatoren waren Hugo Ball und Emmy Ball-Hennings, Hans Arp, Marcel Janco, Tristan Tzara (1896–1963) und andere. Veranstaltungen fanden zunächst täglich außer freitags statt, bald die ganze Woche über. Einnahmen gab's aus Garderobengebühren, später auch aus Eintrittspreisen. Das Programm war sehr bunt: »Gestern war es besonders lustig. Hinten in der Ecke saß ein Tisch Franzosen. Am Podium sang ein Pole polnische Lieder. In einer andern Ecke saß ein Tisch Russen, die sangen ›Sarafan, Sarafan‹ …« (Hugo Ball)

Der hessische Arzt und Lyriker Richard Huelsenbeck (1892–1974) erinnert sich: »Als ich in Zürich ankam, am späten Nachmittag, wusste ich nicht, wohin ich gehen sollte, aber dann erschien es mir klar, das Cabaret Voltaire in der Spiegelgasse. Die Spiegelgasse ist eines der winzigen Darmstücke, die von einem größeren Darmstück, der Schifflände, abzweigt. Die Gasse oder Straße ist so eng, dass die Häuser fast alles Licht wegnehmen, man marschiert im *crépuscule des dieux*.«

Ende Juli 1916 wurde das Cabaret Voltaire geschlossen.

Seit 2004 wird das Dada-Haus wieder »bespielt«, es finden Veranstaltungen und Ausstellungen statt, um klarzumachen, warum die Begriffe Dadaismus und Cabaret Voltaire heute noch wichtig sind für Zürich: »Dada ist die Ursuppe der Moderne und der Postmoderne. Dada ist für Zürich ein kultureller Leuchtturm mit internationaler Ausstrahlung.« (Co-Direktor Philipp Meier zur prekären Finanzlage des Dada-Hauses, Oktober 2007)

Durch die Spiegelgasse gelangen wir zum Napfplatz. Rechts steht das Zunfthaus »Zum blauen Himmel« (Restaurant Turm), links das

26 Lavater-Haus
Haus zum Waldris
Spiegelgasse 11

Im Haus zum Waldris verlebte der Arztsohn Johann Caspar Lavater (1741–1801, vgl. S. 24 f.) nicht allein seine Kindheit und Jugend, er wohnte hier bis in sein 38. Jahr. Lavater besuchte das nur ein paar Schritte vom Elternhaus entfernte Carolinum, seine Lehrer waren Johann Jakob Bodmer und Johann Jakob Breitinger. 1762 agitierten er und zwei seiner Freunde, der spätere Erfolgsautor und Grossmünster-Pfarrer Johann Jakob Hess (1741–1828) und der Maler Johann Heinrich Füssli (1741–1825), mit einer anonymen Schmähschrift gegen den korrupten Landvogt Johann Felix Grebel in Grüningen. Dieser wurde zwar abgesetzt, doch auch die Kritiker fielen vorübergehend in Ungnade. Lavater war Pfarrer, Schriftsteller und Begründer der Physiognomik, die er mit missionarischem Eifer betrieb, führte ein öffentliches Leben und ein gastfreundliches Haus. Es wurde zu einer Pilgerstätte der europäischen Geisteswelt und Prominenz im ausgehenden 18. Jahrhundert. Im Sommer 1775 kam Goethe zu Besuch, während seines ersten Zürcher Aufenthalts. 1778 wurde Lavater zum Pfarrer von Sankt Peter, der ältesten Kirche Zürichs, gewählt. Er wurde ein fulminanter Prediger, dem die Gläubigen die Kirche einrannten.

Der Napfbrunnen aus dem Jahr 1576 wurde 1876 an den heutigen Standort versetzt und die ursprüngliche kriegerische Brunnenfigur durch eine antikisierende Frühlingsallegorie ersetzt, die 1930 modernisiert wurde: Bubikopf statt langem, unter einem Tuch verborgenen Haar. Wir gehen weiter die Spiegelgasse hoch und kommen nun zu zwei wichtigen Adressen.

27 Logis von Georg Büchner
Haus zum hinteren Brunnenturm
Spiegelgasse 12

Seine Zürcher Zeit als Naturwissenschaftler und Dramatiker war kurz und intensiv. Georg Büchner (1813–1837, vgl. S. 97), wegen seiner Streitschrift *Der Hessische Landbote* (»Friede den Hütten! Krieg den Palästen!«) steckbrieflich verfolgt, floh 1835 zuerst nach Straßburg. Er schrieb dort eine medizinisch-philosophische Abhandlung, die er als Dissertation an der Universität Zürich einreichte, sein berühmtes Drama *Danton's Tod*, entwarf zwei Fassungen der Komödie *Leonce und Lena*, begann *Woyzeck* und die Erzählung *Lenz*. Im Oktober 1836 kam er in Zürich an. »Die Straßen laufen hier nicht voll Soldaten, Akzessisten und faulen Staatsdienern, man riskiert nicht, von einer adligen Kutsche überfahren zu werden; dafür überall ein gesundes kräftiges Volk

Georg Büchner, um 1831

Schweizer
Illustrierte Zeitung
Lenin (Uljanoff).

Lenin als Titelblatt, Dezember 1917

Walter Mehring vor Lenins Wohnaus, 1960

und um wenig Geld eine einfache, gute, rein republikanische Regierung, die sich durch eine Vermögenssteuer erhält, eine Art Steuer, die man bei uns überall als den Gipfel der Anarchie ausschreien würde.«

Nach seiner Probevorlesung *Über Schädelnerven* ernannte ihn die Universität Zürich zum Privatdozenten für Vergleichende Anatomie. Er hielt Vorlesungen über Zootomische Demonstrationen und die Anatomie der Wirbeltiere, gleichzeitig arbeitete er aber auch weiter an seinen Dramen. »Ich sitze am Tage mit dem Skalpell und die Nacht mit den Büchern.« Im Januar 1837 erkrankte er an Typhus und starb am 19. Februar.

28 Wohnung von Lenin Spiegelgasse 14

Bei Schuhmacher Titus Kammerer zogen am 21. Februar 1916 Wladimir Iljitsch Uljanow (1870–1924), in Sozialistenkreisen unter dem Namen Lenin bekannt, und seine Frau Nadeshda Krupskaja ein. Die Wohnung war ideal gelegen, befindet sie sich doch in der Nähe der Zentralbibliothek (vgl. S. 78), wo Lenin seine in Bern angefangene Abhandlung *Der Imperialismus als höchstes Stadium des Kapitalismus* zu Ende schrieb. Zürich war nach Genf, Paris, Krakau, Poronin, Wien und Bern Lenins letzte Station im Exil.

Der »rasende Reporter« Egon Erwin Kisch (1885–1948) pilgerte an die Spiegelgasse zum Flickschuster Kammerer, ließ – für 80 Rappen! – seine Stiefel ausbessern und kam mit ihm ins Gespräch:

»... am 2. April 1917 hat mir Herr Uljanow mitgeteilt, dass er gleich abreisen muss. Ich habe ihm geantwortet: ›Das Zimmer ist doch bis zum 1. Mai bezahlt, warum wollen Sie jetzt schon weg?‹ Er hat dringend in Russland zu tun, sagte er mir darauf. Na, ich habe den Kopf geschüttelt, denn dass jemand die Miete für einen halben Monat verfallen lässt, und dazu, wenn man kein überflüssiges Geld hat wie Herr Uljanow, ist sehr komisch, das müssen Sie doch selbst zugeben. Was er für ein Mieter war, der Herr Uljanow? Mein Gott, ich war zufrieden mit ihm, 28 Franken hat er monatlich für das Zimmer bezahlt, das war genug im Krieg, heute würde es mehr kosten, 35 bis 40 Franken mindestens, und er hat uns nicht viel zu schaffen gegeben, Küchenbenutzung war ausgemacht, Frau Uljanow hat gekocht, meistens Eier, so viel Pfeffer hat sie daraufgestreut, und Tee haben sie immer getrunken. Herr Uljanow hat den ganzen lieben Tag am Tisch gesessen, Bücher gelesen und Zeitungen und bis spät in die Nacht hinein geschrieben. Jesus, hat der Briefe und Zeitungen bekommen!« *(Hetzjagd durch die Zeit)*

Lenins Zürcher Zeit endete im April 1917. Nach der Februar-Revolution in Russland hielt ihn nichts mehr. Am 9. April um 15.20 Uhr, nach einem gemeinsamen Essen im Zähringer Hof am Predigerplatz, verließ ein plombierter Zug mit 32 Revolutionären den Hauptbahnhof. Eskoriert von deutschen Offizieren, durchquerte Lenin Deutschland, das daran interessiert war, Russland in der letzten Phase des Ersten Weltkriegs zu destabilisieren. Was auch gelang: Am 9. Oktober 1917 wurde die Revolution ausgerufen, und das alte Sankt Petersburg hieß von 1924 bis 1991 Leningrad.

Wir gehen die Spiegelgasse weiter abwärts bis zum Neumarkt, vorbei am Stadtarchiv Zürich.

Das Stadtarchiv wurde 1799 eingerichtet. Ständig ausgestellt ist im Parterre ein historisches Stadtmodell von Zürich um 1800. Sehenswert! Es finden regelmäßig Sonderausstellungen statt zu Kultur, Wirtschaft, Gesellschaft und auch Alltagsgeschichte. Auf der linken Seite im Haus zum Mohrenkopf (Neumarkt 11) wohnte die letzte Äbtissin des Fraumünsters, Katharina von Zimmern, verwitwete von Reischach, von 1540 bis zu ihrem Tod, 1547, zusammen mit ihrer Tochter.

Varlin in seinem Atelier am Neumarkt

Im Hinterhaus befand sich das städtische

29 Atelier von Varlin Neumarkt 11 A

Der Zürcher Maler Willy Guggenheim (1900–1977), der sich Varlin nannte, hatte hier 1958–1972 sein Atelier. Hier entstanden seine unverwechselbaren Porträts von Max Frisch und Friedrich Dürrenmatt, von der Kronenhalle-Wirtin Hulda Zumsteg, von Fotograf und Galerist Ernst Scheidegger, vom früheren Zürcher Stadtpräsidenten Emil Landolt.

Nicht nur als Maler war er ein Ironiker, auch als Schreiber. Seinen eigenhändigen Lebenslauf leitete er mit einem astrologischen Verwirrspiel ein: »Als Fisch geboren, mit einer Zwillingsschwester in Zürich an der Schützengasse, bis 50 knochenStier [pleite], war mit 4 Sternzeichen die Voraussetzung für ein kommendes Genie gegeben. Als Säugling werde ich wie meine Tochter auf meinen Bil-

dern ausgesehen haben, satanisch schreiend, mit den dazugehörenden Gerüchen. Später die ersten Schritte in den Raum, das Hineinlangen in tiefe Schachteln. Verschwinden in dunklen Kleiderkästen, die Entdeckung der dritten Dimension, von den modernen Flachmalern ignoriert. Als ich 12 Jahre alt war, starb mein Vater ...«
(Varlin über sich selbst)

Varlin erhielt seine Ausbildung zum Maler 1921/22 an der Staatlichen Kunstgewerbeschule Berlin. 1923–1934 schlug er sich freischaffend in Paris durch. Ab 1935 lebte er in Zürich und im bündnerschen Bondo im Bergell.

Den Neumarkt säumen Wohn- und Geschäftshäuser mit antiken Dekorationen, wie zum Beispiel das Haus zum steinernen Kindli (Neumarkt 20) oder das Haus zum kleinen Mohren (Neumarkt 22). Links, am Ende des Neumarkts, steht, etwas zurückversetzt, das

30 Geburtshaus von Gottfried Keller Haus zum goldenen Winkel Neumarkt 27

Im Haus zum goldenen Winkel (Gedenktafel) kam Gottfried Keller 1819 zur Welt, einer der größten Schweizer Dichter. Kellers Vater, ein Drechslermeister, kaufte bald danach das Haus zur Sichel am Rindermarkt 9 (vgl. S. 81 f.). Nach einer eher unglücklichen Schulzeit erkannte er während seiner Ausbildung zum Maler in München seine dichterische Begabung. 1840–1842 hörte er Vorlesungen in Heidelberg, wo er durch den Atheismus von Ludwig Feuerbach beeinflusst wurde. Sein autobiographisch gefärbter Roman *Der grüne Heinrich* entstand in Berlin, wo er 1850–1855 war. Ab 1855 lebte er wieder in Zürich, mit seiner Mutter und seiner Schwester Regula (vgl. S. 119). Er schrieb *Die Leute von Seldwyla* (1856, erweitert 1874). 1861–1876 amtete er als Erster Staatsschreiber. Weitere Werke: *Sieben Legenden* (1872), *Züricher Novellen* (1878), *Das Sinngedicht* (1882) und der gesellschaftskritische Roman *Martin Salander* (1886).

Die Whisky-Boutique im Parterre gab es damals noch nicht.

Durch die idyllische bucklige Chorgasse gelangen wir zum Predigerplatz. Links, im Haus zum Haumesser, Predigerplatz 44, wohnte vorübergehend Hugo Ball. In der benachbarten Wirtschaft machte er neue Bekanntschaften.

31 Zum weissen Schwänli
Predigerplatz 34

»Ich folge freundlicher Einladung eines Arztes«, berichtet Hugo Ball in *Flucht aus der Zeit*, »und finde ein stilles, entferntes Kolleg, von viermal sechs freien Genossen … Sie tagen einmal die Woche, jeden Montag … So kultiviert ist man hier in der Arbeiterschaft und unter Gebildeten: ganz ohne Lärm, ganz ohne Aufsehen. Der deutsche Literat, den ein Zufall in die Versammlung verschlägt, ganz ohne Kontakt, ganz voller Abneigung kommunistischen Dingen gegenüber, ist tief erstaunt und beschämt und dankt einem Kreise von Menschen, in dem sich Gelassenheit und Erfahrung das Rüstzeug schaffen für den sozialen Kampf der Zukunft.«

Das Schwänli war um 1917 das Versammlungslokal der Genossen um den Armenarzt Fritz Brupbacher (1874–1945). Die Sozialdemokratische Partei schickte ihn 1901 in den Gemeinderat, doch nach dem Generalstreik 1912 schloss sie ihn aus, und er wurde Kommunist. Auch dort wurde er 1933 ausgeschlossen. In seinem Buch *60 Jahre Ketzer* bezeichnete er sich selber als Anarchisten.

Vis-à-vis des Schwänli befinden sich die Predigerkirche und gleich dahinter die Zentralbibliothek.

32 Zentralbibliothek
Zähringerplatz 6

Die heutige Zentralbibliothek (ZB) wurde zwischen 1915 und 1917 auf dem Areal des ehemaligen Predigerklosters erbaut, das 1887 abgebrannt war. Die Predigerkirche stand seitdem allein. Im hochgotischen Chor wurde 1873 die Universitäts- und Kantonsbibliothek eingerichtet. Die Zentralbibliothek ist auch die Nachfolgerin der Stadtbibliothek, die seinerzeit in der Wasserkirche (vgl. S. 63 f.) untergebracht war. Heute gehört die ZB mit 5 Millionen Büchern, Zeitschriften, Handschriften, Mikrofilmen, Tonträgern usw. zu den größten Bibliotheken der Schweiz. Einen kostbaren Fundus bildet die 12 000-bändige Bibliothek des ehemaligen Benediktinerklosters Rheinau. Die Zentralbibliothek betreut über 600 Nachlässe von Schriftstellern, Künstlern und auch Politikern unterschiedlichsten Kalibers, u. a. von Johann Jakob Breitinger, Elias Canetti, Alfred Escher, Salomon Gessner, Gottfried Keller, Arnold Kübler, Heinrich Pestalozzi und Emil Staiger. Sie bewahrt auch die Bucharchive sämtlicher Zürcher Verlage. Mit regelmäßigen Ausstellungen bringt sie ihre Bestände einem breiten Publikum näher.

Schräg gegenüber der Zentralbibliothek gab es in den 1960er Jahren im Hotel Scheuble (Mühlegasse 17) das legendäre Jazzlokal Africana.

Fritz Brupbacher

Amalie und Theo Pinkus als junges Paar

Theo Pinkus, 1975

Wir gehen über den Zähringerplatz zurück bis zur rechts abzweigenden Brunngasse. An der Ecke Brunngasse 18 heißt es: Kopf hoch!

33 Kino Frosch Ehemalige Offizin Froschauer Brunngasse 18

Eine Fassadenmalerei erinnert an die ehemalige Buchdruckerei von Christoffel Froschauer dem Älteren (um 1490–1564). Dieser stammte aus Neuburg bei Alt-Ötting in Bayern und ließ sich in Zürich nieder, um Zwingli bei der Verbreitung der Reformation zu unterstützen. 1519 wurde ihm von der Stadt »von siner Kunst wegen« das Bürgerrecht geschenkt. Nach der Säkularisierung des Barfüsserklosters stellte er 1524 zunächst seine Pressen dort auf, 1551 verlegte er seine Offizin hierher. Er druckte in vier Jahrzehnten gegen tausend verschiedene Bücher: 1524 Luthers *Neues Testament*, 1525 das *Alte Testament* »uff das aller trüchlichest verdütschet«, 1530 in zwei Foliobänden die vollständige *Zürcher Bibel* mit zahlreichen Holzschnitten.

Schräg gegenüber, an der Ecke bei der Predigerkirche, ist auf einer Brunnensäule Froschauers Signet zu sehen, ein Knabe mit einem Fähnchen, der auf einem Frosch reitet.

Wir biegen nun links in die Froschaugasse ein und gelangen zu einer legendären Buchhandlung, die heute ein Comicshop ist.

34 Buchhandlung Pinkus Froschaugasse 7

Sie waren DAS Liebespaar in der linken Zürcher Szene im 20. Jahrhundert, eine romantisch-revolutionäre Ikone wie Sartre/Beauvoir: Theo Pinkus (1909–1991) und seine Frau Amalia Pinkus-de Sassi (1910–1996), der weißmähnige Theo mit den buschigen Brauen, der an jeder »roten Veranstaltung« aus einer weißen Leinentasche noch einen abgelaufenen *Zeitdienst* zauberte, und seine zarte, zähe Amalie.

Theo und Amalie Pinkus gründeten 1940 einen Büchersuchdienst. Daraus entwickelten sich das Antiquariat und die Buchhandlung. Geschäftssitz war zunächst die Froschaugasse 17, ab

Johannes Hadlaub. Miniatur aus dem Codex Manesse

1944 kam die Predigergasse 7 dazu, mit dem Spezialgebiet Sozialismus und Arbeiterbewegung. 1948 besuchte Pinkus die erste Leipziger Buchmesse nach dem Zweiten Weltkrieg und vertrat dort ein Jahr später offiziell wichtige Schweizer Verlage. In den Zeiten des Kalten Kriegs hatte Pinkus Verträge mit DDR-Verlagen, die ihm sozialistische Literatur lieferten. 1955 konnte er eine kleine Sortimentsbuchhandlung einrichten, 1956 das Haus an der Froschaugasse 7 kaufen, mit Hilfe von Privatdarlehen. 1971 stiftete er die Studienbibliothek zur Geschichte der Arbeiterbewegung, 1973 erfolgte die Gründung der Pinkus Genossenschaft, der 1998, einige Jahre nach dem Tod von Pinkus, der Konkurs drohte. Das Antiquariat wurde verkauft und befindet sich heute an der Zähringerstrasse 31. Die Studienbibliothek ging an die Zentralbibliothek.

Gegenüber, an der Froschaugasse 4, stand einst die Synagoge der mittelalterlichen jüdischen Gemeinde. Im späten Mittelalter lebten die meisten Jüdinnen und Juden in Zürich an der Froschaugasse (sie hieß im Volksmund Judengasse) und an der Brunngasse. 1343 schuf Rabbi Moses den Zürcher Semak, einen bis heute verwendeten Gesetzeskommentar. Nach dem Pogrom von 1349 dauerte es bis 1862, dass ein Emanzipationsgesetz der jüdischen Bevölkerung das Recht der freien Niederlassung wieder zugestand.

Linker Hand, durch die 1999 geschaffene Synagogengasse, gelangen wir zum Neumarkt und rechts zum

35 Wohnhaus von Johannes Hadlaub Neumarkt 1

Der Zürcher Minnesänger Johannes Hadlaub kaufte das Haus 1302, das steht fest. Ansonsten kennt man ihn nur dank der *Manessischen Liederhandschrift*, in der er mit 54 Liedern vertreten ist. Erst nachdem Gottfried Keller die Zürcher Novelle *Hadlaub* veröffentlicht hatte (1876/77), kam man in Zürich auf die Idee, den Sänger öffentlich zu ehren. 1884 wurde ihm im Platzspitzpark ein Denkmal errichtet (vgl. S. 41), von dem jedoch nur noch der Sockel steht.

Arnold Böcklin und Gottfried Keller. Gemälde von Ernst Würtenberger, um 1905

Wir flanieren nun durch den Rindermarkt, der an den Neumarkt anschließt, links befindet sich eines der ältesten Wirtshäuser von Zürich, die

36 Öpfelchammer
Rindermarkt 12

Die 1801 erstmals als Wein-Wirtschaft dokumentierte Öpfelchammer sei Gottfried Kellers Stammlokal gewesen, will die Stadtlegende immer noch wissen. Sicher ist, dass er mit seinem Freund Arnold Böcklin (vgl. S. 106) hier war und mit dem Maler Stauffer-Bern (vgl. S. 144):

»Einmal in der Öpfelchammer, wo wir miteinander zu einem Dutzend hockten, geriet es mir so mit allerhand Schnurren, dass sie [Keller und sein Freund Böcklin] mir richtig zuhörten und mich ein paar Mal über ihren dicken Augensäcken lustig anlächelten ... Wir triebens den beiden Alten so, dass sie mit vollen Rotweinbäuchen lachten, wie wenn Fässer übers Pflaster rollten. Als wir nach Mitternacht aus dem Weinsarg wieder an die Luft krochen und auf die Gasse kamen, musste der schwere Böcklin, obwohl er selber schon auf sehr breiten Füßen ging, den kleinen Gottfried wie ein altes Frauchen leiten, das, seinen Gesangbuchvers brummelnd, mühselig den Kirchsteig hinunterwackelt.« Kellers widerwillig-bewundernder Kommentar tags darauf: »Verfluchter Kerl!«

Die historische Gaststube mit den berühmten Deckenbalken befindet sich im 1. Stock.

Schräg gegenüber steht das

37 Wohnhaus der Familie Keller
Haus zur Sichel
Rindermarkt 9

Der Dichter Gottfried Keller (vgl. S. 77) wuchs hier auf ab 1821, nachdem sein Vater das Haus gekauft hatte.

»... je höher man steigt, desto freundlicher und heller wird es, indem der oberste Stock, den wir bewohnten, die Nachbarshäuser überragt. Ein hohes Fenster wirft reichliches Licht auf die mannigfaltig gebrochenen Treppen und wunderlichen Holzgalerien des luftigen Est-

Das Haus zur Sichel, von hinten

Gottfried Keller, gezeichnet von Johann Müller, vermutlich 1836

richs, welcher einen helleren Gegensatz zu den kühlen Finsternissen der Tiefe bildet. Die Fenster unserer Wohnstube gingen auf eine Menge kleiner Höfe hinaus, wie sie oft von einem Häuserviertel umschlossen werden und ein verborgenes behagliches Gesumme enthalten, welches man auf der Straße nicht ahnt. Den ganzen Tag über betrachtete ich stundenlang das innere häusliche Leben in diesen Höfen; die grünen Gärtchen in denselben schienen mir kleine Paradiese zu sein, wenn die Nachmittagssonne sie beleuchtete und die weiße Wäsche darin sanft flatterte, und wunderfremd und doch bekannt kamen mir die Leute vor, welche ich fern gesehen hatte, wenn sie plötzlich einmal in unserer Stube standen und mit der Mutter plauderten. Unser eigenes Höfchen enthielt zwischen hohen Mauern ein ganz kleines Stückchen Rasen mit zwei Vogelbeerbäumchen; ein nimmermüdes Brünnchen ergoss sich in ein ganz grün gewordenes Sandsteinbecken, und der enge Winkel ist kühl und fast schauerlich, ausgenommen im Sommer, wo die Sonne täglich einige Stunden lang darin ruht …« *(Der grüne Heinrich)*

Am Ende des Rindermarkts biegen wir in die Stüssihofstatt ein. Hier steht das Haus zum schwarzen Garten (Stüssihofstatt 10), das Gottfried Keller aus seiner Bubensicht so schön beschrieben hat und in dem sich zu Kellers Zeit die Medizinische Fakultät der neuen Universität befand.
Durch die Stüssihofstatt steil abwärts gelangen wir ans Limmatquai und wenden uns nach links.

38 Museumsgesellschaft Literaturhaus Limmatquai 62

Am 6. März 1834 schlossen sich die Gesellschaft auf der Chorherrenstube, die Kaufmännische Lesegesellschaft und die Dozenten der erst ein Jahr zuvor gegründeten Universität Zürich zusammen zur Gründung einer »umfassenden Leseanstalt«, eines »Lese-Museums«, das den Mitgliedern die neuesten Zeitungen, Zeitschriften und Bücher zur Verfügung stellen sollte. Die Museumsgesellschaft war bald weit über die Stadt-

grenzen bekannt. Sie hat Kriege, Krisen und den Wandel der Zeit überlebt. Die vom Bildungsbürgertum im Geist des Liberalismus gegründete Museumsgesellschaft war von allem Anfang an ein »Verein von Personen aller Stände«, offen für Mitglieder – ab 1894 endlich auch für Frauen! – verschiedenster politischer, konfessioneller und sozialer Herkunft und Ausrichtung. Dementsprechend wurde bei der Auswahl der Zeitungen, Zeitschriften und Bücher immer auf ein möglichst breites Spektrum an Meinungen und Positionen Wert gelegt. Zuerst im Obergeschoss des Zunfthauses zum Rüden einquartiert, baute sich die Gesellschaft 1867 ein eigenes Haus am Limmatquai, das bis heute Sitz der Gesellschaft ist.

Gottfried Keller, Lenin, Thomas Mann oder Ricarda Huch haben hier gesessen, und auch heute fehlt es nicht an prominenten Mitgliedern und Besuchern. Im Ersten Weltkrieg und in der Zeit des Nationalsozialismus bot die Museumsgesellschaft vielen, vor allem deutschen und österreichischen Emigranten, eine Zufluchtsstätte, in der sie in Ruhe arbeiten und sich über die Weltlage informieren konnten. Im Jahr 2000 wurde auf Initiative von Vorstand und Geschäftsleitung beschlossen, das Angebot der Museumsgesellschaft, Lesesaal und Bibliothek, um den Betrieb eines Literaturhauses zu erweitern, das in Zürich bisher gefehlt hatte. Lesesaal, Bibliothek und Literaturhaus sind heute weder aus der Stadt noch aus der Gesellschaft wegzudenken.

Vis-à-vis der Museumsgesellschaft befand sich die ehemalige Fleischhalle, die im Volksmund »Kalbshaxenmoschee« genannt wurde. Gegen ihren Abbruch hatten sich Kulturschaffende wie Arnold Kübler vergeblich gewehrt. Sie hätte ein stimmungsvolles Zentrum werden können.

Wir gehen das Limmatquai weiter entlang und gelangen rechts durch die Weingasse zum – falls nicht gerade Markt ist – verwunschenen Rosenhof mit dem Max-Frisch-Brunnen.

Durch den neu panoramadekorierten Durchgang kommt man in die Rosengasse 10 zum Antiquariat »Das gute Buch«, das seit 1870 existiert – und auch immer noch so aussieht. Fehlgehen können Sie nicht, im Schaufenster prangt mit größter Wahrscheinlichkeit die *Gotthardpost* als Poster, ein »Dauerbrenner« von Rudolf Koller.

Rechts an der nächsten Straßenecke steht das

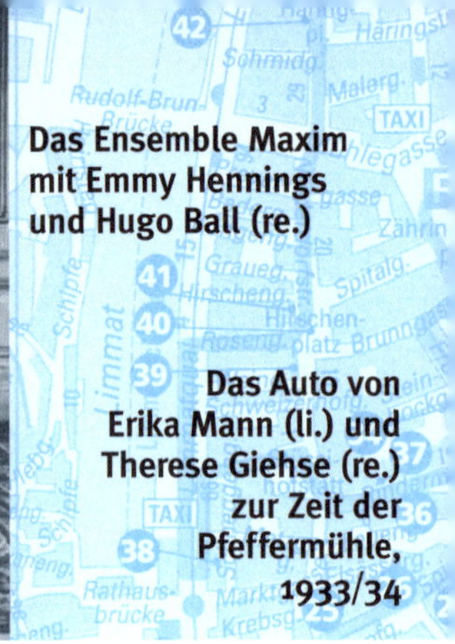

Das Ensemble Maxim mit Emmy Hennings und Hugo Ball (re.)

Das Auto von Erika Mann (li.) und Therese Giehse (re.) zur Zeit der Pfeffermühle, 1933/34

39 Hotel Adler Geburtshaus von Rudolf Koller Niederdorfstrasse 9

Der seinerzeit populärste Schweizer Tier- und Landschaftsmaler Rudolf Koller wurde als Sohn eines Metzgers und Wirts hier geboren und galt als ein malendes Wunderkind. Auf seinen Lehr- und Wanderjahren lernte er in Düsseldorf Arnold Böcklin (vgl. S. 106) kennen, in Paris teilten die beiden Zimmer und Atelier. 1861 richtete sich Koller am Zürichhorn ein Atelier mit Stall ein. Trotz eines sich verschlimmernden Augenleidens vollendete er 1873 sein Gemälde *Gotthardpost* mit den stürmisch trabenden Pferden, die eine Schweizer Ikone wurde. Stadtbekannt war Kollers Freundschaft mit Keller und Böcklin, die das Triumvirat gern und regelmäßig zechend besiegelte.

Vor uns liegt nun der

40 Hirschenplatz

Er ist das Zentrum des Niederdorfs. Die Niederdorfstrasse führt, immer flussabwärts, zum Central. Hugo Ball taufte das Niederdorf in seinem Roman *Flametti oder Vom Dandysmus der Armen* in Fuchsweide um: »Die Hände in beide Hosentaschen gesteckt, so dass der Rockschoß weit hinten abstand, den breitkrempigen Filzhut tief in die Stirne gerückt, froh, seinem häuslichen Glück entronnen zu sein, schickte Flametti sich an, einen Gang zu unternehmen durch sein Revier. Dieses Revier nannte sich Fuchsweide und war der Konzert- und Vergnügungsrayon aller lebenslustig-abseitigen Kreise der Stadt. Treffpunkt der großen Welt, Schlupfwinkel einiger unsicherer Elemente, zugegeben. Aber alles in allem ein Monaco und Monte Carlo im kleinen. Flametti fühlte sich frei wie ein Fürst. Aller Hader fiel von ihm ab ...«

Links, neben der Rosenapotheke, steht das

41 Hotel Hirschen Ehemaliges Kabarett Pfeffermühle Ehemaliges Cabaret Cornichon Niederdorfstrasse 13

Das Hotel Hirschen stammt aus dem 11. Jahrhundert und ist seit 1703 ein Hotel mit Restaurant und einem Saal. Zwischen September 1915 und Januar 1916 traten hier Hugo Ball und Emmy Hennings im Varieté Maxim auf. Den Indianerschinken *Im Reich der Delawaren*, der auf dem Programm stand, verfasste Hugo Ball. Nachzulesen bei *Flametti* ...

Am 30. September 1933 hatte die Pfeffermühle im Hirschen Premiere. Das literarisch-politische Kabarett von Erika Mann und Therese Giehse war in München gegründet und von der NSDAP nach wenigen Wochen geschlossen worden. Es wurde in Zürich neu eröffnet, auch Thomas und Katia Mann waren dabei. Der Erfolg des »Emigrantenkabaretts« war überwältigend. Doch danach kam Kritik, von den Zürcher Linken zunächst, die das klassenkämpferische Engagement vermissten, vor allem aber vom deutschen Konsulat. In den folgenden Jahren gastierte das antifaschistische Kabarett nicht nur in allen Städten der Schweiz, sondern auch in der Tschechoslowakei und in Holland, Belgien und Luxemburg. Als das Ensemble nach Zürich zurückkehrte, fasste es nicht mehr Fuß. Erika Mann und Therese Giehse versuchten mit ihrem Kabarett 1936 unter dem Namen »Peppermill« einen Neuanfang in New York. Es wurde dort jedoch mangels Resonanz 1937 begraben.

Seit Mai 1934 trat das von Otto Weissert, Walter Lesch, Emil Hegetschweiler und Alois Carigiet gegründete schweizerische Cabaret Cornichon im Hirschen auf. Es war in erster Linie ein Unterhaltungskabarett, kämpfte aber auch im Sinn der geistigen Landesverteidigung gegen Faschismus und Nationalsozialismus. Nach dem Zweiten Weltkrieg fiel das Ensemble auseinander. Einige Mitglieder sympathisierten mit der politischen Linken, andere gründeten 1949 das Cabaret Fédéral.

Von Anfang der 1980er Jahre bis 1997 wurde der Saal im Hirschen für Konzerte (Jazz und Salsa, später Rock) benutzt. 1997 musste das Haus vorübergehend wegen feuerpolizei-

Ruth Liepman.
Foto: Isolde Ohlbaum

Friedrich Glauser, 1920

Das untere Limmatquai, 1899

licher Auflagen schließen. Das heutige Restaurant bietet mexikanische Küche.

Ein Abstecher ins enge Hirschengässchen 6 zur Weinschenke lohnt sich. Kerzenlicht leitet durch einen Gang ins bald vierhundertjährige Kellergewölbe mit einem mittelalterlichen Sodbrunnen, in dem der Wirt Hanspeter Graf ein stimmungsvolles, gediegenes Lokal eingerichtet hat. Nur mit Freunden hingehen!

Wir kehren zurück und folgen der Niederdorfstrasse über die Mühlegasse hinweg bis zum

42 Haus zum Paradiesvogel Ehemalige Literaturagentur Liepman Niederdorfstrasse 43

Von 1961 bis 1970 hatte hier die Literaturagentur Liepman ihr Domizil. Die Hamburger Jüdin Ruth Lilienstein (1909– 2001) und promovierte Juristin emigrierte 1934 nach Holland. Vor dem Einmarsch der Deutschen wurde sie durch die Heirat mit dem Architekten Oskar Stock Schweizerin. 1949 gründete sie mit ihrem zweiten Ehemann, Heinz Liepman (1905–1966), in Hamburg die erste deutsche Literaturagentur nach dem Krieg. 1961 zog das Paar nach Zürich, wo Heinz Liepman als Journalist arbeitete, während Ruth Liepman ihre Agentur ausbaute. In kürzester Zeit gehörten zu ihren Autoren nebst vielen anderen Elias Canetti (1905–1994, vgl. S. 105) und die wunderbar lakonische Lyrikerin Mascha Kaléko (1907–1975). 1993 veröffentlichte Ruth Liepman ihre Erinnerungen unter dem Titel *Vielleicht ist Glück nicht nur Zufall.*

Die Agentur Liepman zog 1970 an den Zürichberg. Sie wird seit dem Tod der Gründerin von ihren langjährigen Mitarbeiterinnen, den jetzigen Inhaberinnen Eva Koralnik und Ruth Weibel, geführt.

Nur noch ein paar Schritte, und wir stehen vor dem Rheinfelder, einer Bierhalle der populären, bodenständigen Art. An der linken Seite mündet die Friedrich-Glauser-Gasse ein. Sie führt zu einer Adresse, die es nicht mehr gibt.

43 Ehemalige Wohnung von Friedrich Glauser Jetzt Kino Alba (Zähringerstrasse 44) Zähringerstrasse 40

Das Haus Zähringerstrasse 40, in dem Friedrich Glauser in der Zeit 1916–1917 gewohnt hat, wurde dem Kino-Theater Alba, das auch Hotel ist, einverleibt. Glauser wurde sein Logis von der Zimmerwirtin gekündigt, weil er oft noch gegen 22 Uhr »einen Freund habe empfangen wollen«. Er soll »auch spätnachts Weiber aus dem Haus hinausgelassen haben«, und »Glauser schuldet mir noch 7 Franken 15«. Am Vormittag stand er fast nie auf. Vor 24 Uhr nachts kam er nie heim, gelegentlich auch erst um 3 Uhr morgens …

1918 wurde Glauser tatsächlich entmündigt, auf Betreiben seines Vaters »wegen liederl. und ausschweifendem Lebenswandel«. Als Morphiumsüchtiger wurde er mehrmals in Kliniken und Anstalten interniert, aus denen er immer wieder ausbrach. 1930 bildete er sich an der Gartenbauschule Oeschberg zum Gärtner aus. In der Psychiatrie der Klinik Münsingen lernte er die Pflegerin Berthe Bendel kennen. Seine letzten zwei Lebensjahre verbrachte er mit ihr in Frankreich und Italien. Seine ersten Texte wurden ab 1915 veröffentlicht. 1930 beendete er seinen Fremdenlegionsroman *Gourrama*, fand jedoch keinen Verlag, das Buch erschien 1940, postum. 1936 erschien mit *Wachtmeister Studer* Glausers erster Kriminalroman, weitere folgten. Glauser starb 1938 in Nervi, am Vorabend seiner Heirat mit Berthe Bendel. Seine Bücher werden längst mit denen von Georges Simenon verglichen.

Nun gehen wir die Friedrich-Glauser-Gasse wieder hinunter zur Niederdorfstrasse, von dort nach rechts zum Central.

Auf der rechten Seite befindet sich das traditionsreiche Café Schurter, links das Haus zum Brotkorb mit bis zur Zinne hinaufreichenden siebeneckigen Erkern, das der seiner Zeit vorauseilende Architekt Wilhelm Waser (vgl. S. 64) schuf. Der *Bürklikalender 1861* lobte mit Nachdruck: »Die Häuser, welche gegen das ehemals ghettoartige Quartier ihre ›partie honteuse‹ zukehrten, machen nun gegen dasselbe möglichst aufgeputzt Front, und eine Reihe schöner Verkaufsläden wurden eingerichtet. Der Kalendermacher aber, der in vernachlässigtem stillem Quartier gegenüber wohnt, hat seine helle Freude daran, das lebhafte Treiben aus der Ferne beobachten zu können. Die ehemalige Hauptstrasse des Niederdorfs, berüchtigt durch das Gedränge und den Schmutz, die in derselben herrschten, verdient jetzt wenig mehr den Namen der Türkei und Wallachei und ist ein sehr wohnliches Quartier geworden.« Das war, wie gesagt, 1861.

Die am 12. Juli 1895 eröffnete Dolderbahn

4. Spaziergang
Von Bähnli & Bahnen

Volièren für schräge und andere Paradiesvögel

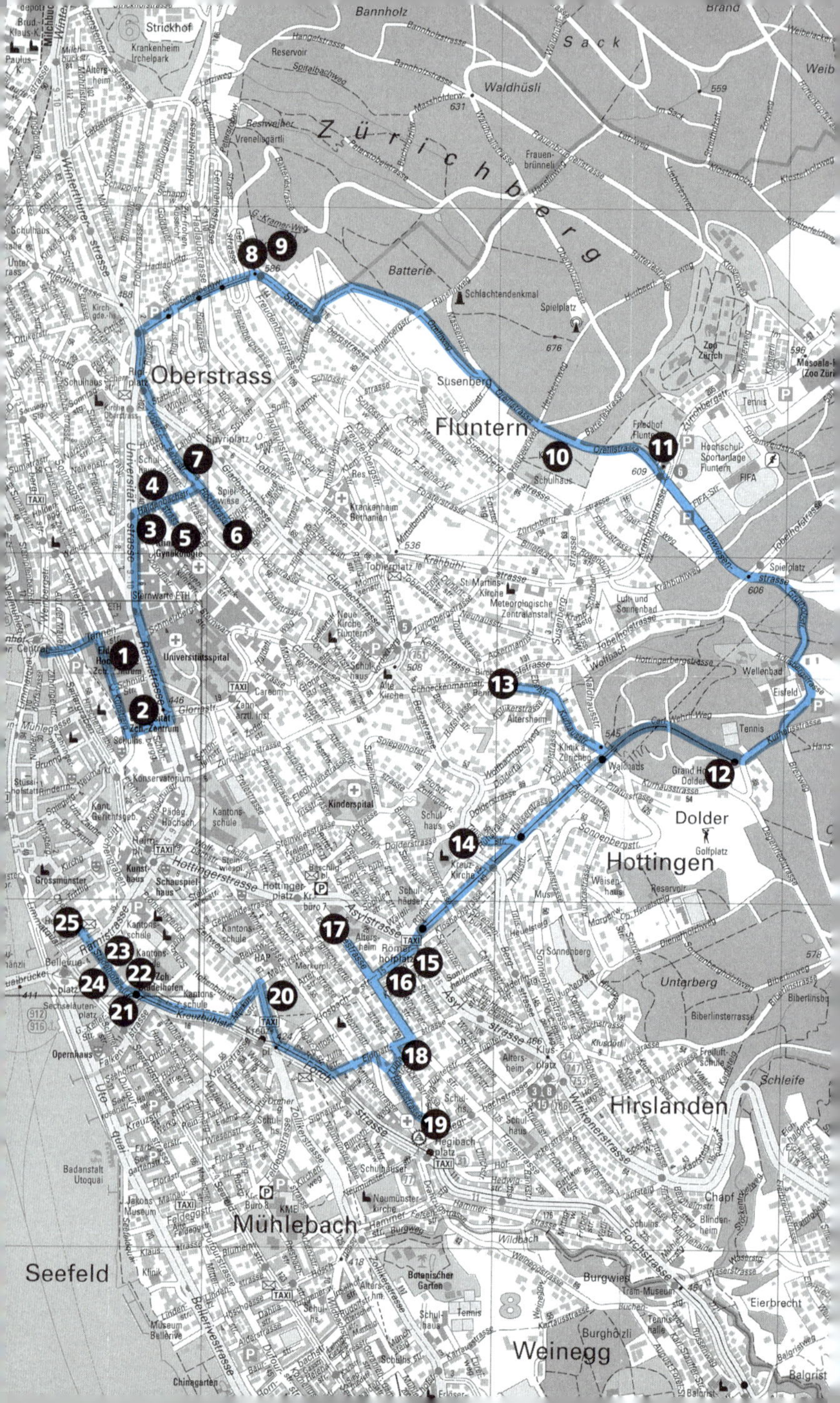

Zürichberg
Oberstrass
Fluntern
Hottingen
Dolder
Hirslanden
Mühlebach
Seefeld
Weinegg
Strickhof
Bannholz
Sack
Waldhüsli
Batterie
Schlachtendenkmal
Spielplatz
Susenberg
Zoo Zürich
Masoala-Halle (Zoo Zürich)
Hochschul-Sportanlage Fluntern
FIFA
Friedhof Fluntern
Universitätsspital
Sternwarte ETH
Kinderspital
Grossmünster
Kunsthaus
Schauspielhaus
Opernhaus
Bellevue
Sechseläutenplatz
Utoquai
Badanstalt Utoquai
Botanischer Garten
Burghölzli
Tram-Museum
Klusplatz
Hegibachplatz
Kreuzplatz
Hottingerplatz
Rigiplatz
Toblerplatz
Spyriplatz
Römerhofplatz
Stadelhofen
Universitätstrasse
Hottingerstrasse
Asylstrasse
Forchstrasse
Witikonerstrasse
Zollikerstrasse
Bellerivestrasse
Winterthurerstrasse
Rämistrasse
Dreiwiesenstrasse
Kurhausstrasse
Orellistrasse
Gloriastrasse
Zürichbergstrasse
Golfplatz
Grand Hotel Dolder
Wellenbad
Eisfeld
Tennis
Kantonsschule
Alte Kirche
Neue Kirche Fluntern
Kreuzkirche
Neumünster-Kirche
Chinagarten
Museum Bellerive
Schleife
Chapf
Eierbrecht
Balgrist
Unterberg
Waldhaus
1
2
3
4
5
6
7
8
9
10
11
12
13
14
15
16
17
18
19
20
21
22
23
24
25

Li.: Gottfried Semper, 1871. Re.: Albert Einstein

Auf diesem Spaziergang benutzen wir drei spezielle Zürcher Verkehrsmittel: das Polybähnli, die Rigiblickbahn und die Dolderbahn.
Das rote Polybähnli, das schmalspurige Standseilbähnchen aus dem Jahr 1889, als in Zürich noch das Rössli-Tram verkehrte, verbindet – außer sonntags – das Central über 176 Meter mit der 41 Meter höher gelegenen Polyterrasse und gleichzeitig mit dem Hauptgebäude der Eidgenössischen Technischen Hochschule Zürich, dem früheren Polytechnikum (daher der Name des Bähnchens). Es ist das kleinste Mitglied des Zürcher Verkehrsverbundes, was bedeutet, dass Sie es mit einem gültigen Fahrschein für Tram und Bus »gratis« benutzen können.
Wir steigen am Central ein, oben angekommen, genießen wir auf der ETH-Terrasse erst einmal den prächtigen Panoramablick über die Altstadt mit ihren Dächern, Türmen und Baukränen. Hinter uns liegt das imposante Gebäude der ETH.

1 Die Eidgenössische Technische Hochschule (ETH) Rämistrasse 101

Die Eidgenössische Technische Hochschule baute 1861–1864 der deutsche Stararchitekt des 19. Jahrhunderts, Gottfried Semper (vgl. S. 60, 127). Eine von Richard Kissling 1883 geschaffene Porträtbüste steht in der Eingangshalle. Die charakteristische rote Kuppel wurde anlässlich späterer Erweiterungsbauten von Stadtbaumeister Gustav Gull aufgesetzt. In das Gebäude zog anfangs auch die bereits bestehende Zürcher Universität ein. In den sogenannten Aussonderungsverträgen von 1905 und 1908 wurden die Gebäude der Zürcher Universität und der ETH voneinander getrennt, 1911 wurde das Polytechnikum in »Eidgenössische Technische Hochschule« umbenannt.

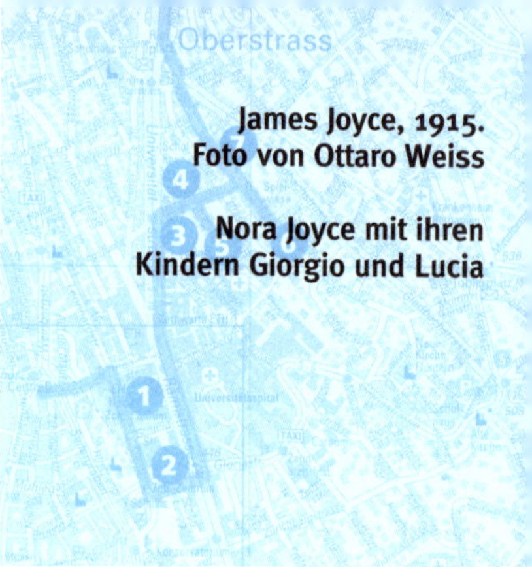

James Joyce, 1915. Foto von Ottaro Weiss

Nora Joyce mit ihren Kindern Giorgio und Lucia

Auch erwarb sich die ETH 1908 das Recht, Doktortitel auszustellen.

Hier begann Albert Einstein (1879–1955) ab 1896 ein Studium für Fachlehrer mathematischer und naturwissenschaftlicher Richtung. Seine Dissertation reichte er an der Universität Zürich ein und wurde dort 1909 zum Außerordentlichen Professor für theoretische Physik ernannt. 1911 erhielt er einen Ruf an die deutsche Universität in Prag, im Jahr darauf an die ETH Zürich, wo er bis 1914 blieb. 1921 erhielt er den Nobelpreis für Physik.

In der ETH lohnt sich auch für Nicht-Ingenieure der Besuch der Graphischen Sammlung (Eingang Karl-Schmid-Strasse).

Wir gehen durch die Karl-Schmid-Strasse zur Rämistrasse (jetzt nach rechts!), um zur Universität zu gelangen.

2 Universität Rämistrasse 71

Im Gründungsjahr der Universität, 1833, waren 161 Studenten immatrikuliert, die zwischen vier Fakultäten (Theologie, Jurisprudenz, Medizin und Philosophie) wählen konnten. Unterrichtet wurden sie von 26 Professoren und 29 Privatdozenten. Heute kommen auf rund 25 000 Studierende, Frauen (die erste Studentin immatrikulierte sich 1863) und Männer, rund 3000 Lehrende. Das Hauptgebäude der Alma mater wurde 1914 eingeweiht. Als wichtigstes Baudenkmal des renommierten Architekten Karl Moser prägt es mit seiner imposanten grünen Kuppel bis heute das Stadtbild. Bemerkenswerte Kunst im Bau: Den Mosaik-Brunnen von Augusto Giacometti neben dem Eingang zur Aula im 2. Stock stifteten Professorengattinnen.

Ricarda Huch promovierte hier als eine der ersten deutschen Frauen 1891 im Fach Geschichte zum Thema *Die Neutralität der Eidgenossenschaft, besonders der Orte Zürich und Bern, während des Spanischen Erbfolgekrieges.* 1942 feierte sie hier, eingereist aus Nazi-Deutschland, mitten im Zweiten Weltkrieg ihr 50-jähriges Promotionsjubiläum mit einer bedeutenden Rede über Geschichtsschreibung.

Die erste Schweizerin, die sich 1883 an der Juristischen Fakultät immatrikulierte, war Emilie Kempin-Spyri (1853–1901), eine Enkelin der weltberühmten *Heidi*-Autorin Johanna Spyri. Sie promovierte 1887. Ihr Vorstoß am Bundesgericht, den Artikel 4 der Bundesverfassung so zu interpretieren, dass der Begriff »Schweizer« beide Geschlechter umfassen möge und sie sich deshalb als Anwältin niederlassen könne, wurde als »ebenso neu als kühn« abgewiesen. Als sie auch als Dozentin an der Universität Zürich abgewiesen wurde, wanderte sie mit

ihrer Familie nach New York aus, wo sie das erste Women Law College gründete. Zurück in der Schweiz, stellte sie nochmals ein Gesuch um Habilitation an die Universität Zürich. Obwohl der Senat dies erneut ablehnte, erhielt sie vom Erziehungsdepartement die Venia Legendi als Ausnahme. Dank ihrer wurde 1898 in Zürich ein neues Anwaltsgesetz eingeführt, das den Frauen erlaubte, den Anwaltsberuf auszuüben, schweizweit galt diese Bestimmung allerdings erst ab 1923.

Wir verlassen nun die Universität durch den Haupteingang an der Rämistrasse, wenden uns nach links und spazieren durch Rämi- und Universitätsstrasse stadtauswärts (nochmals an der ETH vorbei). Oder wir nehmen für eine Station das Tram (9, 10) bis Haltestelle Haldenbach. Auf der rechten Straßenseite kommen wir zur

3 Kantonsapotheke Wohnung der Familie von James Joyce Universitätsstrasse 29

Hier wohnte von Januar bis Oktober 1918 der Schriftsteller James Joyce, der Autor von *Ulysses* (1922) und *Finnegans Wake* (1939). Claire Studer (vgl. S. 53) besuchte ihn zusammen mit Ivan Goll in seiner Wohnung im ersten Stock und gewann einen zwiespältigen Eindruck: »Joyce lebte mit seiner Familie in einer spießigen und geschmacklos möblierten Wohnung. Seine Kinder, zehn und zwölf Jahre alt, rutschten auf dem Fußboden herum, von einem Zimmer ins andere. Seiner Frau Nora wurde außerhalb der Küche überhaupt keine Beachtung geschenkt. Die Wohnung war aufgeräumt, glich aber doch einer Behelfsunterkunft, in der Joyce sich geziert bewegte ... Andeutungsweise sprach er dann von einem Text, an dem er gerade arbeitete, von dem er aber weder Form noch Inhalt näher erläutern wollte. Dabei flüsterte er, als läge eine Rotte von Spionen auf der Lauer, um die Neuigkeit aufzugreifen. Manchmal ging er ins Nebenzimmer, blätterte in seinen Notizen und fragte beim Zurückkommen Goll nach der Herkunft eines deutschen Wortes oder dem genauen Wortlaut einer Redewendung. Joyce war unglaublich sprachkundig; er konnte Italienisch, Deutsch, Französisch, Türkisch, Arabisch und auch Schwedisch und Sanskrit, glaube ich ... Wenn man ihm zuhörte, hätte man meinen können, dass alle menschlichen Bemühungen nur dem einen Ziel galten, James Joyce ein Wortspiel, eine hingeworfene Andeutung zu ermöglichen ... Seine Frau war von dergleichen so überfordert, dass sie nicht einmal zu applaudieren wagte ... Ich meinerseits gewann bei den ersten Begegnungen mit Joyce nur den frostigen Eindruck eines genialen Fliegenfängers, der seinen Gefangenen einen Vortrag über die Perversitäten hielt, die er mit ihnen anzustellen gedachte ...« *(Ich verzeihe keinem)*

Joyce kam in Dublin zur Welt und hätte nach dem Willen seiner Eltern Priester werden sollen. Er besuchte Jesuitenschulen und studierte am University College Dublin Philosophie. Um Medizin und Naturwissenschaften zu studieren, ging er 1902 nach Paris, wo er die Literatur des Symbolismus und des Realismus kennenlernte. Abgebrannt kehrte er ein Jahr später wieder nach Dublin zurück, wo er fortan als Privatlehrer arbeitete. Am 16. Juni 1904 begegnete er Nora Barnacle, mit der er Irland für immer verließ. Den Abreisetag verewigte er später als Bloomsday. Das Paar lebte in Pula, Triest, Zürich, Paris und London. Joyce verdiente den Lebensunterhalt u. a. als Journalist und Sprachlehrer, er fand auch Mäzene. Wegen einer Augenkrankheit wurde Joyce nahezu blind. Er starb an den Folgen eines Darmdurchbruchs mit 58 Jahren, nach seiner »Henkersmahlzeit« in der Kronenhalle. Begraben liegt er mit seiner Frau und dem Sohn Giorgio auf eigenen Wunsch auf dem Friedhof Fluntern (vgl. S. 99 ff.).

Friedrich Dürrenma[tt] als Stude[nt] 1943

Wir biegen nach rechts in die Haldenbachstrasse ein.

4 Mansarde von Friedrich Dürrenmatt Haldenbachstrasse 21

Der große Schweizer Dramatiker Friedrich Dürrenmatt (1921–1990) schrieb sich 1942/43 für zwei Semester an der Universität Zürich ein für Germanistik und Philosophie. Seine erste Studentenbude fand er hier in einer Mansarde, zog dann in ein Studentenheim an die Universitätsstrasse 22 und schließlich ins Rote Schloss an der Beethovenstrasse 7.

»An meiner Tür stand unter meinem Namen ›Nihilistischer Dichter‹ ... Der Winter war kalt. Wenn ich bis

Friedrich Dürrenmatt, mit Therese Giehse, Peter Schifferli und Maria Becker (von li. nach re.), nach der Premierenfeier zu *Karl V.*, 1959

gegen drei Uhr morgens geschrieben oder gezeichnet hatte, zog ich meine zwei Wintermäntel an ... und wanderte durch die verdunkelte Stadt; immer den gleichen Weg: die Universitätsstrasse hinunter, beim Bellevue über die Brücke, die Bahnhofstrasse hinab zum Bahnhof ... Dann trank ich im Bahnhofsbuffet Milchkaffee.« (*Der Rebell*) In »dieser chaotischen Zürcher Zeit« entstanden die noch nie aufgeführte Komödie *Der Knopf* und erste Erzählungen.

Dürrenmatt lebte später in Basel und in Neuchâtel, behielt aber den Kontakt zu Zürich allein schon durch den Verleger, Peter Schifferli, der in seinem Arche Verlag von 1950 an alle Dürrenmatt-Texte veröffentlichte. Kurz vor Peter Schifferlis Tod wechselte Dürrenmatt zum Diogenes Verlag. Die meisten seiner Theaterstücke wurden ab 1947 mit großem Erfolg im Schauspielhaus Zürich uraufgeführt, und meistens spielten die Hauptrollen Therese Giehse (vgl. S. 125 f.) und Leonhard Steckel, u.a. in *Es steht geschrieben* (1947), *Die Ehe des Herrn Mississippi* (1952), *Der Besuch der alten Dame* (1956) und *Die Physiker* (1962).

Wir steigen die Haldenbachstrasse weiter hoch bis zur Bolleystrasse und biegen nach rechts ein.

5 Wohnhaus von Heinrich Federer Bolleystrasse 34

Heinrich Federer (1866–1928) war zu seiner Zeit der bekannteste Autor der katholischen Schweiz. Mit der Novelle *Vater und Sohn im Examen* gewann er 1910 beim Preisausschreiben einer Berliner Zeitschrift den Ersten Preis. Mit *Berge und Menschen* sowie den *Lachweiler Geschichten* gelang ihm 1911 der literarische Durchbruch. 1900 war der gesundheitlich angeschlagene ehemalige Priester Redaktor der *Neuen Zürcher Nachrichten* geworden. Mit seinen linksliberalen Ansichten – »Die sozialistische Partei steht uns in vielen Punkten näher als die liberale ...« – machte er sich in den eigenen Reihen Feinde.

Wir gehen zurück zur Haldenbachstrasse, folgen ihr weiter hoch und biegen nach rechts in die Hochstrasse ein.

Alfred Döblin

Ivan und Claire Goll im Tessin, um 1920

6 Logis von Alfred Döblin Pension Sternwarte Heute Salem Diakoniewerk Hochstrasse 37

Alfred Döblin (1878–1957), der Erfolgsautor von *Berlin Alexanderplatz* (1929), floh Ende Februar 1933 in die Schweiz. In Zürich wohnte er bis September 1933 in der Pension Sternwarte. Döblin hoffte zu Anfang, bald wieder nach Berlin zurückkehren zu können. Da sich dies jedoch als unmöglich herausstellte, mietete er eine Wohnung in einem gepflegten Mehrfamilienhaus, nur eine Straße weiter, in der Gladbachstrasse 65.

Döblin arbeitete gern in der Zentralbibliothek. Sein Roman *Babylonische Wanderung oder Hochmut kommt vor dem Fall* erschien 1934 in Amsterdam. Dennoch fühlte er sich in Zürich nicht besonders wohl: Die Schweiz sei »teuer, auch sehr ›frontistisch‹ infiziert«, schrieb er seinem Freund Hermann Kesten am 5. Juli 1933, zog weiter nach Paris und emigrierte 1940 nach Los Angeles. Er war einer der ersten Exilautoren, die nach Kriegsende nach Europa zurückkehrten.

Die Diakonissinnen übernahmen 1938 das schöne Jugendstilhaus. Es ist heute ein Altersheim. Im Vorgarten blühen Frühjahr für Frühjahr die schönsten Magnolien von Zürich.

Durch die Hochstrasse gehen wir stadtauswärts zurück und gelangen zur Vogelsangstrasse.

7 Erstes Logis von Claire Studer Vogelsangstrasse 3

Die engagierte Pazifistin und Journalistin Claire Studer lernte in Lausanne den Jura-Studenten Ivan Goll, bürgerlich Isaac Lang (1891– 1950), kennen. Dieser war 1914 bei Kriegsausbruch aus Straßburg in die Schweiz geflohen. Sie zogen zusammen nach Zürich, wo Claire Studer vorerst hier bei Bekannten logierte, später fand sie ein Zimmer für sich und Ivan an der Hadlaubstrasse 15.

Schlechte Erfahrungen musste das noch unverheiratete Paar beim Übernachten im Hotel machen – das Konkubinat war in Zürich bis 1972 tatsächlich verboten: »Dieses Volk von Bankiers und Bergbauern, dessen

Wir folgen der Vogelsangstrasse bis zum Rigiplatz, gehen durch die Universitätsstrasse weiter bis zur Talstation Rigiblick. Die Rigiblickbahn transportiert uns zur Susenbergstrasse, zum Restaurant Rigiblick. Links liegt das einzigartigste Grab in Zürich: das Grab von Georg Büchner. Er ruht mutterseelenallein auf dem Germaniahügel.

Herz so trocken ist wie sein berühmtes Bündnerfleisch, ging völlig unsentimental mit uns um … Eines schönen Morgens, zur Stunde des Milchmanns, platzten zwei Polizisten in unser Hotelzimmer. Während Goll aufstand, versteckte ich mich unter der Bettdecke. »Die Papiere, bitte!« Wir waren verstört … »Madame Claire Studer? Sie ist zwar ›Frau‹, aber nicht Ihre, Herr Goll … Das macht sechs Franken, bitte.« Die Schweiz verdient sogar an wilden Ehen, und ihr Geschäftsgeist macht vor der heimlichsten Liebe nicht halt! Trotz allem fühlte ich mich wohl. Der stickige deutsche Mief hatte sich verflüchtigt. Hier gab es keine Ahnen zu ehren, kein Vaterland zu retten, keine nationale Größe zu preisen. Hier standen die Leute, wie eh und je, mit beiden Füßen auf dem Boden.« (*Ich verzeihe keinem*)

Beide schlossen sich für kurze Zeit den Dadaisten an. Zürich verließen sie Ende Oktober 1919 und zogen weiter nach Paris, wo sie heirateten.

8 Büchner-Grab Germaniastrasse

Der mit 23 Jahren früh verstorbene geniale deutsche Dramatiker Georg Büchner (vgl. S. 74 f.) wurde zuerst auf dem Friedhof zum Krautgarten (vgl. S. 120) bestattet. Als dieser aufgehoben wurde, um dem Kunsthaus am Pfauen Platz zu machen, veranlassten Büchners Geschwister auf ihre Kosten eine Umbettung. Die Gesellschaft deutscher Studierender, die sich schon bald nationalistisch »Teutonia« nannte, bezahlte den Gedenkstein. Die Inschrift stammt von Georg Herwegh: »Ein unvollendet Lied, sinkt er ins Grab. / Der Verse schönste nimmt er mit hinab.« 1876 wurde das Grab feierlich an die Germaniastrasse verlegt.

Dorthin pilgern seitdem viele Zürich-Reisende. Das verwitterte Grab inspirierte auch den stadtwandernden jungen Friedrich Dürrenmatt zur Erzählung *Weihnacht*, die er am Heiligen Abend 1942 schrieb: »Ich war am Morgen bei trübem, nasskaltem Wetter zufällig auf den Gedenkstein Büchners gestoßen und schrieb danach die wenigen Sätze der Erzählung in einem Café im Niederdorf, ohne zu stocken, in ein Notizbuch.«

Susanna Orelli-Rinderknecht

Gleich auf der anderen Seite der Straße kommen wir zum

9 Restaurant und Theater Rigiblick Germaniastrasse 99

1892 erwarb der Baumeister und Kantonsrat Albert Grether (1849–1920) die Allmend Geissberg und baute 1901 das Ausflugsrestaurant Rigiblick. Im gleichen Jahr nahm auch die Rigiblick-Bahn den Betrieb auf. 1915 übernahm Susanna Orelli-Rinderknecht (vgl. S. 67) mit »ihrem« Zürcher Frauenverein das Restaurant. Die Bauerntochter aus Oberstrass hatte 1881 den verwitweten Mathematikprofessor Johannes Orelli geheiratet, der vier Jahre später einem Schlaganfall erlag. Susanna Orelli war die erste selbständige »Sozialarbeiterin« in Zürich und verschrieb sich unsentimental dem Kampf gegen die grassierende Volkskrankheit des Alkoholismus. Sie gründete mit 14 Mitbürgerinnen den »Frauenverein für Mäßigkeit und Volkswohl«, der 1910 in »Zürcher Frauenverein für alkoholfreie Wirtschaften« umbenannt wurde. 1919 verlieh ihr die Medizinische Fakultät der Universität Zürich als erster Frau die Ehrendoktorwürde.

Der Rigiblick wurde ein familienfreundliches kulturelles und gesellschaftliches Zentrum mit toller Aussicht, bei klarem Wetter bis zum Rigi. Der achtjährige Elias Canetti (vgl. S. 105) fuhr mit seiner Mutter im August 1913 während eines nur ein paar Stunden dauernden Zürich-Besuchs hierher: »Die Mutter ließ die Kleinen unter der Obhut von Miss Bray im Wartesaal zurück und nahm mich in einer Drahtseilbahn auf den Zürichberg mit. Der Ort, wo wir ausstiegen, hieß Rigiblick. Es war ein strahlender Tag und ich sah die Stadt weit ausgebreitet vor mir, sie schien mir ungeheuer, ich begriff nicht, dass eine Stadt so groß sein könne. Das war etwas vollkommen Neues für mich und es war ein wenig unheimlich … Der See und die Berge waren abseits, nicht wie in Lausanne … So war die erste weite Aussicht auf eine Stadt, die ich erlebte, durch ein Gefühl der Verlorenheit gefärbt, und die Erinnerung an diesen ersten Blick auf Zürich, das später zum Paradies meiner Jugend werden sollte, hat mich nie verlassen.« *(Die gerettete Zunge)*

Claire Studer wurde hier von Freunden zum Essen eingeladen und schrieb ihrem noch in Lausanne wohnenden Geliebten Ivan Goll: »Heut Mittag: Essen Rigiblick: Rubiners, Lewin, der rote Volksdichter Volkart mit Frau. Beide entzückende Menschen. Luden mich ein. Ich sagte, ich käme mit Dir in der allernächsten Zeit. Du bist freudigst miteingeladen. Er kannte das: Requiem ... Du, Du, ich küsse demütig und befehlend Deine Hände, dass sie bald kommen mögen.«

Die Golls würden das Restaurant kaum mehr wiedererkennen, es wurde »alkoholisiert« (wie alle Frauenverein-Gastrobetriebe in Zürich) und modernisiert. 1976 übernahm die Stadt den Betrieb. Heute führt ihn wieder der Zürcher Frauenverein, mit dem Bistro Quadrino im Parterre und dem hochkarätigen Spice im ersten Stock. Das neue Wahrzeichen ist eine weit auskragende hölzerne Gartenterrasse mit schiefen Bleistift-Heels.

Das Theater Rigiblick gleich nebenan bietet ein attraktives, abwechslungsreiches Programm.

Durch die Susenbergstrasse erreichen wir den Spyristeig. Dieser führt uns zwischen Schrebergärten hoch in den Orelliweg. Benannt ist dieser wie auch die weiterführende Orellistrasse nach Susanna Orelli-Rinderknecht. Der Orelliweg verbindet den Rigiblick und das

10 Hotel Zürichberg
Ehemaliges Kurhaus Zürichberg
Orellistrasse 21

Es war eine Pionierinnentat von Susanna Orelli-Rinderknecht und ihren Mitstreiterinnen, 1901 das »Alkoholfreie Volks- und Kurhaus« zu eröffnen. Wie der Rigiblick wurde auch das Kurhaus Zürichberg mittlerweile radikal modernisiert. Die Terrasse freilich ist noch da, der Fluchtort von Kätterli Gebhardt-Meng aus Kurt Guggenheims Zürich-Roman *Alles in Allem* (vgl. S. 127 f.). Nach hundert Jahren wiedererkennen könnten die mutigen Frauenvereinsfrauen von damals auch ihren wieder aufgeforsteten Obstgarten Susenberg. 2006 wurde er auf 100 Bäume aufgestockt. Heute ist er ein Lebensraum für Distelfinken, Buntspechte, Mönchsgrasmücken und Sumpfmeisen und im Inventar der kommunalen Natur- und Landschaftsschutzobjekte verzeichnet. Die Früchte werden in der Hotelküche verarbeitet.

Wir folgen der Orellistrasse bis zum Ende und erreichen linker Hand den

11 Friedhof Fluntern
Zürichbergstrasse 189

»Tot ist einer erst, wenn sich niemand mehr an ihn erinnert«, hat Niklaus Meienberg (1940–1993) geschrieben, eine für den streitbaren Schweizer Schriftsteller ungewohnt milde, versöhnliche Feststellung. An ihn erinnert kein Grabstein, seine Asche wurde, wie von ihm gewünscht, nach seinem hoffnungslosen Freitod in die Seine gestreut. Unvergessen sind jedoch Meienbergs kompromisslose *Reportagen aus der Schweiz* (1975).

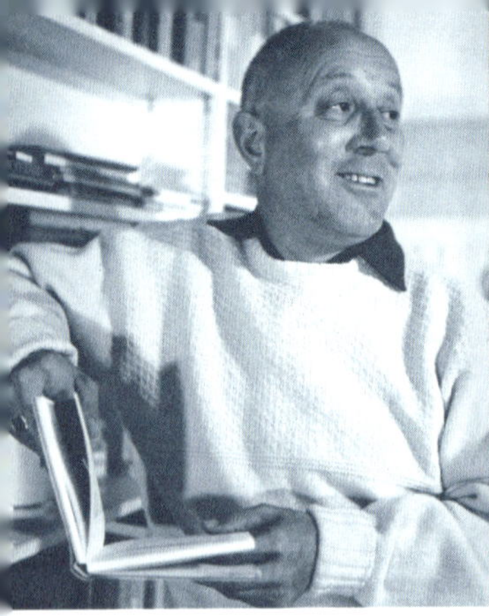

Auf dem Friedhof Fluntern ruhen viele, die kollektiv nicht vergessen werden. Konsultieren Sie den Friedhofsplan beim Eingang!

Der Schriftsteller Fridolin Tschudi (1912–1966) liegt im Familiengrab 81059. Der tiernärrische Zürcher Abkömmling einer Glarner Familie war ein literarischer Springinsfeld, textete flotte Zweizeiler für die Landeslotterie-Inserate in der NZZ (»Genießen Sie das Leben jetzt; es wird nicht immer fortgesetzt!«), war *Weltwoche*-Autor, schrieb Libretti und Hörspiele, Texte für das Schweizer Cabaret und Chansons. Im Gedicht *Literarische Lenzgefühle* hat er die bildungsbürgerliche Befindlichkeit der 1950er und 1960er Jahre in der Schweiz diagnostiziert:

Die lauen Tulpennächte sind
Wie schwerer Wein im Blut.
Mir ist so Huch und Wedekind
und Maupassant zumut.

Ich fühle mich ganz Bergengrün,
Jack London und Karl May
und – der Vergleich ist freilich
kühn –
sogar Christopher Fry.

Der Frühling macht mich Bernanos,
und zwar mit aller Kraft,
sowie fast etwas Aischylos
und Lasker-Schüler-haft.

Pardon, falls ich zu Werfel war
Und allzu Peter Bamm,
statt viel zu wenig offenbar
Le Fort und August Stramm.

Die Hyazinthennächte sind
Wie süßes Gift im Blut.
Mir ist so wunderlich: halb Strind-,
halb Lichtenberg zumut.

Abends hört man den Zoo, die Löwen, wie es sich Nora Barnacle für ihren James Joyce wünschte. Er ist der prominenteste Tote auf dem Friedhof Fluntern und bekam ein Ehrengrab (Nummer 80398), das 1966 eingeweiht wurde. Zuvor lagen Joyce und seine Frau Nora in verschiedenen Gräbern. Die Statue von Joyce in Denkerpose mit Buch und Zigarette stammt von dem amerikanischen Bildhauer Milton Elting Hebald.

Unvergessen auch der kosmopolitische Schriftsteller und Nobelpreisträger Elias Canetti (80426, vgl. S. 105). Der Schweizer Filmregisseur

Fridolin Tschudi

Ezra Pound am Grab von James Joyce. Foto: Horst Tappe

Hotel Dolder, um 1900

Kurt Früh (1915–1979, vgl. S. 104 f.) wurde schließlich ebenfalls hier bestattet, er wurde umgebettet, seine zweite Ehefrau, die Schauspielerin Eva Früh-Langraf, hatte ihn zuerst in Versio im Tessin beigesetzt. Dann jedoch erhielt er von der Stadt ein Schenkungsgrab (80419), nahe bei den Gräbern von Joyce und Canetti. Die letzte Ruhe haben auf dem Friedhof Fluntern auch Emmie und Emil Oprecht-Fehlmann (80048, vgl. S. 115 f.) und Therese Giehse (80045) gefunden. Auf dem Grabstein der Schauspielerin liegen wie bei Elias Canetti nach jüdischem Brauch Kieselsteinchen.

Wir verlassen den Friedhof. Gegenüber der Tram-Endstation führt uns die Dreiwiesenstrasse in eines der wichtigsten Naherholungsgebiete Zürichs. Wir spazieren auf einem angenehmen Waldweg vorbei am Wellenbad oder, im Winter, am Eisfeld Dolder. Etwa eine halbe Stunde müssen wir rechnen bis zum

12 Hotel Dolder Grand Kurhausstrasse 65

Zürichs berühmtestes Hotel wurde 1899 eröffnet, und bereits acht Jahre später der Golfplatz.

Im Sommer 1950 verliebte sich der 75-jährige Thomas Mann (1875–1955, vgl. S. 166 f.) hier in den jungen Tegernseer Kellner Franz Westermeier. Er dokumentierte die späte Amour fou in seinem Tagebuch wie auch den literarischen Niederschlag im *Felix Krull*. »Welch hübsche Augen und Zähne! Welche charmierende Stimme! Wüsste nicht, dass sein Körper mich anzöge. Aber hier ist etwas fürs Herz, was sich voriges Jahr nicht fand ... Noch einmal also dies, noch einmal die Liebe, das Ergriffensein von einem Menschen, das tiefe Trachten nach ihm – seit 25 Jahren war es nicht da und sollte mir noch einmal geschehen.«

1991, nach dem Erscheinen der *Tagebücher 1949–1950*, meldete sich besagter Kellner Franz aus New York in einer deutschen Wochenzeitung zu Wort: »Ich kann mich noch sehr gut an Thomas Mann erinnern, aber dass er in mich verliebt war und mich zum Vorbild für seinen Romanhelden

Jakob Tuggener, Selbstporträt, 1952

Maximilian Oskar Bircher-Benner, 1930er Jahre

Felix Krull nahm, davon habe ich erst durch Ihren Bericht erfahren ... Als wir uns im Zürcher Hotel Dolder kennenlernten, war ich gerade 19 und hatte noch nie etwas von ihm gelesen. Wenn ich an Thomas Manns Tisch servierte, war er immer sehr freundlich und steckte mir heimlich Trinkgeld zu, damit ich es nicht abliefern musste. Nie ist er mir in irgendeiner Weise nahe getreten.«

Im April 2008 ist das ursprüngliche »Curhaus« mit einem Neubau von Forster and Partners als *The Dolder Grand* glanzvoll wiedereröffnet worden.

Zurück in die Stadt führt uns die Dolderbahn. Wir legen jedoch einen Zwischenhalt ein, steigen aus an der Station Waldhaus Dolder, das 1895 zeitgleich mit der Dolderbahn eröffnet wurde. Durch die Kurhausstrasse gelangen wir in die Ebel- und dann in die Keltenstrasse zur ehemaligen

13 Bircher-Benner-Klinik (Sanatorium Lebendige Kraft) Heute Zurich Development Center Keltenstrasse 48

Der Arzt Maximilian Oskar Bircher-Benner (1867–1939) begrüßte im Frühjahr 1904 im Neubau am Zürichberg seine ersten Patientinnen und Patienten. Das Sanatorium Lebendige Kraft mit Blick auf See und Alpen entwickelte sich unter der Leitung des charismatischen Ernährungs- und Lebensreformers zu einem Zentrum mit internationaler Ausstrahlung. Tragende Säule des Bircher-Bennerschen Therapiekonzeptes war die Rohkost.

Hier das originale, frugale Rezept für sein Birchermüesli, das er als Apfeldiätspeise oder »d'Spys« bezeichnete, für vier Personen:

8 gestrichene EL Haferflocken
2 dl Wasser
4 EL gezuckerte Kondensmilch
4 Äpfel
2 EL Zitronensaft
4 EL geriebene Haselnüsse, Walnüsse oder Mandeln

Die Haferflocken mit dem Wasser übergießen und 4 Stunden einweichen. Die Kondensmilch untermi-

schen. Die Äpfel ungeschält darüberraffeln, mit Zitronensaft beträufeln und mit den Haferflocken vermischen. Vor dem Servieren mit den Nüssen bestreuen.

Bircher-Benner verordnete seinen Patienten auch Bewegung im Freien, Gymnastik, Luftbäder, Hydrotherapie und Nachtruhe ab 21 Uhr. Er bezeichnete sein Sanatorium als »Lebensschule« und als »wirksames Instrument gegen die Degeneration« der Bevölkerung durch »unnatürlichen« Lifestyle. Prominente Gäste waren Rainer Maria Rilke, Hermann Hesse und Wilhelm Furtwängler. Thomas Mann allerdings, der 1950 hier kurte, nannte es ein »hygienisches Zuchthaus«.

Maximilian Oskar Bircher-Benner starb 1939 im Alter von 71 Jahren an Herzschwäche. Zwei seiner Söhne führten die Klinik weiter, bis sie 1973 in den Besitz des Kantons Zürich überging. 1994 wurde sie geschlossen und das Gebäude samt den einzelnen Chalets 1998 an eine Versicherung verkauft.

Ende 2007 hat Andres Bircher, ein Enkel des Birchermüesli-Erfinders, im ehemaligen Grandhotel in Le Pont im Waadtländer Jura eine Klinik eröffnet, in der er das Erbe seines Großvaters weiterführen will, mit ganzheitlichen Diagnosen und der sogenannten Ordnungstherapie.

Wir gehen wieder zurück zur Dolderbahn und fahren eine Station weiter zur Titlisstrasse. Hier befand sich die

14 Atelierwohnung von Jakob Tuggener Titlisstrasse 52

Hier wohnte und arbeitete der in dritter Ehe verheiratete Zürcher Fotograf Jakob Tuggener (1904–1988) in einem ebenerdigen Atelier. Der gelernte Maschinenzeichner studierte in den 1930er Jahren in Berlin Zeichnen und Film. Zurück in der Schweiz, arbeitete er als Industriefotograf. 1934 kaufte er sich eine Leica und fotografierte erstmals beim Grand Bal russe in Zürich. Bälle faszinierten ihn – ein Paparazzo war er nicht. Er fotografierte während zweier Jahrzehnte Nobelbälle im Grand Hotel Dolder, im Baur au Lac, im Palace in St. Moritz und den Opernball in Wien.

»… Die Modepuppen sind aus den

Jakob Tuggener, Silvesterball im Palace, St. Moritz, 1943/44

Elias Canetti, 1985. Foto: Isolde Ohlbaum

Schaufenstern gestiegen. Auf ihrer weißen Haut schillert das Blau der Edelsteine, die eben noch auf schwarzen Tüchern wie violette Funken glitzerten. Hinter ihnen weht die Parfümfahne berauschend ferne ... Samtene Schultern schimmern im Alabasterlicht, phosphoreszieren die Wände und blitzen manchmal die Spiegel ...« (Jakob Tuggener, um 1934)

Es faszinierten ihn aber auch die Themen Landleben und Technik. 1943 gelang Tuggener mit seinem Buch *Fabrik*, einem fotografischen Essay über die Beziehung zwischen Mensch und Maschine, der Durchbruch zur Avantgarde der Schweizer Fotografie. Nach dem Zweiten Weltkrieg wurden seine Bilder im New Yorker Museum of Modern Art ausgestellt und im Kulturmagazin *Du* veröffentlicht. Eine erste große Gesamtausstellung seiner »Ballnächte«-Bilder fand 1969 in München statt. 1951 gründete Tuggener mit Werner Bischof, Walter Läubli, Gotthard Schuh und Paul Senn das Kollegium Schweizerischer Photographen. Der »Bilderdichter« und Fotokünstler Tuggener gilt als Vertreter der sozialen Dokumentarfotografie und als Meister der expressionistischen Fotografie. Er verdichtete flüchtige Momente zu einer poetischen Gesamtschau. Tuggeners Nachlass betreut die Stiftung für Photographie in Winterthur.

Wir gehen erneut zurück zur Dolderbahn und lassen uns zum Römerhof fahren. Dort überqueren wir den Platz und gelangen in die Klosbachstrasse.

15 Wohnung von Kurt Früh Klosbachstrasse 90

Der Regisseur Kurt Früh (1915–1979) drehte alle seine Filme in und um Zürich, und er dokumentierte damit ein Stück Stadtgeschichte und -entwicklung authentisch und herzerwärmend: *Oberstadtgass* (1956), *Bäckerei Zürrer* (1957) mit Emil Hegetschweiler in seiner Paraderolle, *Café Odeon* (1959), *Hinter den sieben Gleisen* (1959) u. a. Früh war ab 1933 Leiter,

Autor und Regisseur an der Volksbühne Zürich. Er arbeitete als Chansonredaktor für die Kabaretts »Cornichon«, »Pfeffermühle« sowie für die »Bärentatze«, das er 1936 in Bern mitbegründet hatte. Er drehte Kurz- und Werbefilme für die Central Film Zürich. Mit dem Schriftsteller Albert Ehrismann realisierte er 1939 das Chorstück *Der neue Columbus*. 1964–1969 leitete er das Ressort Theater am Schweizer Fernsehen. Als Dozent der Filmklasse der ehemaligen Kunstgewerbeschule Zürich fand er 1967–1969 Anschluss an den Neuen Schweizer Film, zu dem seine beiden letzten Filme *Dällebach Kari* (1970) und *Der Fall* (1972) gehören.

16 Wohnung von Elias Canetti Klosbachstrasse 88

»In Zürich habe ich die glücklichsten Jahre meiner Jugend verbracht, und kein Buch würde zur Darstellung dessen ausreichen, was ich meinen Zürcher Lehrern verdanke«, schrieb der österreichische Kosmopolit mit britischem Pass, Elias Canetti in seinen Jugenderinnerungen *Die gerettete Zunge*. Seine Mutter zog 1916 mit ihm von Wien nach Zürich, die beiden Brüder lebten bereits in Lausanne bei Verwandten. Er war ein begeisterter, leicht zu entflammender Gymnasiast an der Kantonsschule Rämibühl und eine Leseratte. Im Stenographieunterricht (!) verinnerlichte er Hebels in Kurzschrift dargebotenes *Schatzkästlein*. 1920 schrieb er sein erstes Trauerspiel in Blankversen, *Junius Brutus*.

Die letzten 23 Jahre seines Lebens verbrachte Canetti wieder in Zürich. 1971 heiratete er, seit 1963 verwitwet (seine erste Ehefrau war die Schriftstellerin Veza Taubner-Calderon, in zweiter Ehe die Kunstrestauratorin Hera Buschor). Im Herbst 1972 bezog das Paar mit der damals vier Monate alten Tochter Johanna hier eine Dreizimmerwohnung, in der Canetti bis zu seinem Tod 1994 wohnte, von gelegentlichen Rückzügen in seine Wohnung in London abgesehen. Nach dem Büchner-Preis (1972) und dem Gottfried Keller-Preis (1977) wurde der Autor von *Masse und Macht* und mehreren Bänden seiner Autobiographie 1981 mit dem Nobelpreis für Literatur ausgezeichnet. Alteingesessene erinnern sich heute noch an seinen markanten Charakterkopf. Er kaufte in der noch existierenden Papeterie Fischer an der Forchstrasse seine Bleistifte und ging in seinen letzten Lebensjahren fast täglich zur Dolderbahn, um auf dem Adlisberg spazieren zu gehen. Man kann in jedem Alter anfangen, ihn zu lesen!

An der nächsten Kreuzung biegen wir nach rechts in die Freiestrasse ein.

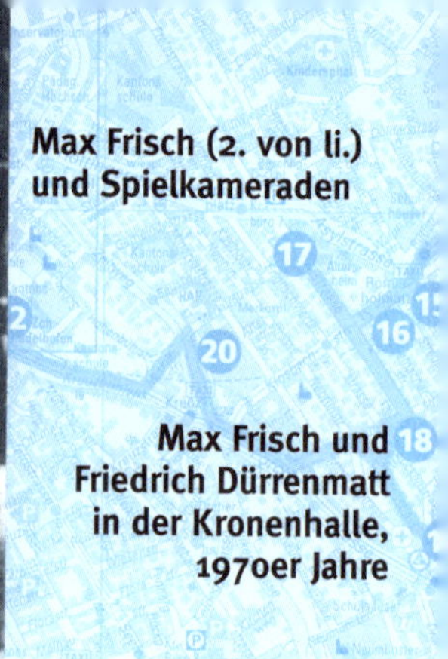

Max Frisch (2. von li.) und Spielkameraden

Max Frisch und Friedrich Dürrenmatt in der Kronenhalle, 1970er Jahre

17 Wohnung von Gerhart Hauptmann Freiestrasse 76

Hier lebte der deutsche Dramatiker Gerhart Hauptmann (1862–1946) im Frühjahr 1888 mit Frau und Kindern für mehrere Monate bei seinem Bruder Carl, bei dem nicht nur Gottfried Keller, Conrad Ferdinand Meyer und Arnold Böcklin verkehrten, sondern auch der Direktor der Psychiatrischen Klinik Burghölzli, August Forel, der Hauptmann zu Milieustudien ermunterte: »Im Burghölzli sah ich und unterschied nach und nach alle hauptsächlichen Formen des Irreseins. Grausige Bilder waren darunter.« Die Seidenmetropole Zürich inspirierte ihn auch zu seinem Drama *Die Weber*. 1919, inzwischen Nobelpreisträger, las Hauptmann im Lesezirkel Hottingen (vgl. S. 132) aus seinen Dramen.

Wir gehen zurück zur Klosbachstrasse und auf der Freiestrasse weiter bis zum

18 Atelierhaus von Arnold Böcklin Böcklinstrasse 17

Der gebürtige Basler Arnold Böcklin, der Schweizer Maler des deutschen Symbolismus, verlegte seinen Wohnsitz 1884 von Florenz nach Zürich, um seinen Söhnen eine bessere Ausbildung zu ermöglichen. 1885 bezog er das von Architekt Georg Lasius für ihn auf einer Wiese zwischen Hottingen und Hirslanden erbaute Atelierhaus (heute unter Denkmalschutz). Der Eingang befand sich damals an der Freiestrasse, die Böcklinstrasse wurde 1898 nach ihm benannt.

Böcklin war in Zürich bald zu Hause, er freundete sich u. a. mit Gottfried Keller an. 1892 erlitt er einen gesundheitlichen Zusammenbruch und beschloss, wieder nach Italien zu ziehen. Er erwarb die Villa Bellagio unterhalb von Fiesole bei Florenz. Er starb 1901 und wurde auf dem protestantischen Friedhof Camposanto degli Allori begraben. Surrealisten wie Giorgio de Chirico, Salvador Dalí und Max Ernst beriefen sich auf den »genialen und ironischen Künstler« als ihren Vorläufer.

Durch die Lunastrasse gelangen wir in die Heliosstrasse.

19 Elternhaus von Max Frisch Heliosstrasse 31

Einer der berühmtesten Schweizer Schriftsteller, Max Frisch (vgl. S. 109), wurde hier in Zürich-Hottingen geboren. Er begann 1930 ein Studium der Germanistik an der Universität Zürich, das er zwei Jahre später unterbrechen musste, weil sein Vater starb. Er wurde freier Mitarbeiter bei der *Neuen Zürcher Zeitung* und bei weiteren Tageszeitungen. 1934 erschien sein erster Roman *Jürg Reinhard*, im Stil der geistigen Landesverteidigung. 1936–1940 studierte er Architektur an der ETH, war aber weiterhin schriftstellerisch tätig. Nach Kriegsende baute er das Freibad Letzigraben (vgl. S. 159 f.), sein Entwurf für ein neues Schauspielhaus wurde zwar preisgekrönt, aber nicht realisiert.

Seit seinem ersten Stück *Nun singen sie wieder* (1946) war Frisch Hausautor des Schauspielhauses, seine Stücke wurden überschwänglich gelobt und in viele Sprachen übersetzt. Mit Friedrich Dürrenmatt, dem anderen Hausautor, verband ihn jahrelang eine intensive Freundfeindschaft. Auch seine Begegnungen mit Bertolt Brecht 1947/1948 prägten ihn. Er reiste viel, nach Italien, Wien, Prag, Paris, Mexiko, China und in die USA. Bei der Rückkehr stellte er fest: »... im übrigen ist es wie immer, wenn man aus dem Ausland kommt: man hat das Gefühl von einem übermöblierten Zimmer, bewohnt von einem arbeitsamen und wenig ansehnlichen Menschenschlag, wozu man das Seine beiträgt.« 1954 erschien sein Roman *Stiller*.

Sein Verhältnis zu den Frauen, das er literarisch ausbeutete, war zeitlebens schwierig: »Eine Frau auf den Händen zu tragen, ist die gefährlichste Methode.« Selbstkritisch hinterfragte er beharrlich aber auch die männliche Macho-Position.

Wir gehen die Heliosstrasse stadteinwärts, biegen links in die Eidmattstrasse ein und gelangen via Forchstrasse und Kreuzplatz zum Zeltweg.

Hans Arp und Sophie Taeuber, Arosa, 1918

Ödon von Horváth, 1937

Max Frisch, 1982

20 Atelier von Hans Arp Zeltweg 83

Der Maler, Bildhauer, Dichter und Dadaist Hans Arp (1886–1966) kam im September 1915 von Paris nach Zürich. 1916 war sein Atelier zeitweilig das Hauptquartier der Dada-Bewegung. Mit der Schweiz hatte der gebürtige Elsässer schon geliebäugelt, als er 1908–1910 »einsam am Fuße der Rigi zwischen Weggis und Greppen« am Vierwaldstättersee dichtete und malte. In Zürich, wo er zuerst an der Forchstrasse 114 wohnte, traf er seine pazifistischen Straßburger Studienkollegen René Schickele (vgl. S. 10) und Otto Flake (1880–1963) wieder, und er begegnete Sophie Taeuber (1889–1943), der konkreten Malerin, Kunsthandwerkerin und Tänzerin: »Eine Ausstellung in der Zürcher Galerie Tanner im November 1915 sollte in meinem Leben entscheidend werden. Ich begegnete dort Sophie Taeuber.«

Um überleben zu können, unterrichtete er Kunst: »Es gehörte viel Mut dazu, im Jahr 1915 an der Kunstgewerbeschule von Zürich zu unterrichten, wenn man die Absicht hatte, den Kampf gegen den Blumenkranz aufzunehmen. Der Blumenkranz war ein Ungeheuer ... Scharen junger Mädchen eilten aus allen Kantonen der Schweiz nach Zürich mit dem brennenden Wunsch, unaufhörlich Blumenkränze auf Kissen zu sticken.«

Sophie Taeuber und Hans Arp heirateten 1922 in Pura im Tessin.

Via Merkur- und Kreuzbühlstrasse erreichen wir den Bahnhof Stadelhofen.

21 Ehemalige Pension Terminus Stadelhoferstrasse 1 Heute: Gottfried-Keller-Strasse 7

Nichts ist mehr, wie es war, nicht einmal die Adresse: Wo im Frühjahr 1938 der österreichische Dramatiker Ödön von Horváth (1901–1938) auf der Flucht noch zu »überhitlern« hoffte, in der preiswerten Pension und dem Speiserestaurant Terminus,

gibt's heutzutage McDonald's-Burgers. Er schrieb am 7. Mai aus Zürich: »Hier in der Schweiz ist es sehr still und friedlich, kaum vorstellbar für unsereinen. Die Villen der Millionäre liegen in wunderschönen Gärten, und lieblich lächelt der See – wie lange, wie lange noch?« Horváth wurde am 1. Juni 1938 auf den Champs-Elysées in Paris von einem stürzenden Baum erschlagen. Sein letzter Roman *Adieu Europa* blieb unvollendet.

Von der Stadelhoferstrasse gelangen wir rechts in die Stadelhoferpassage.

22 Die letzte Wohnung von Max Frisch Stadelhoferstrasse 28

Max Frisch zog 1983 in die neu erbaute Stadelhoferpassage ein. »Sagte ich Ihnen schon«, schrieb er seiner New Yorker Verlegerin Helen Wolff, »dass meine neue Wohnung in Zürich (drei Minuten von der Kronenhalle, zwei Minuten von der Nachtapotheke, sechs Minuten vom Kunsthaus, vier Minuten vom See, drei Minuten von zwei guten Buchhandlungen und zwei bis sieben Minuten von fünf Kinos entfernt) eine Freude ist?« Er wohnte hier bis zu seinem Tod.

Wir gehen von der Stadelhoferpassage nach rechts in die Stadelhoferstrasse und kommen zum

23 Baumwollhof Ehemaliger Salon von Aline Valangin und Wladimir Rosenbaum Stadelhoferstrasse 26

»Es waren einfach jeden Tag Leute da«, erinnert sich Aline Rosenbaum-Ducommun (1889–1986) an die »goldenen Jahre« im Baumwollhof. Der brillante Rechtsanwalt Wladimir Rosenbaum (1894–1984) kaufte das schöne Haus mit Hof, Nebengebäuden, einem großen Atelier und Garten am 25. September 1926. Durch welche »Wunderaktion« wisse sie nicht mehr, versicherte die kapriziöse Hausherrin, sie habe es wohl gar nie richtig verstanden. »Hier nun begann eine recht breite Lebensführung. Köchin, Diener, Zimmermädchen, und unten ein Büroraum am andern, mit einem großen Ein und Aus von Klienten. Geld kam ins Haus. Geld

Aline Valangin und Wladimir Rosenbaum

Aline Valangin, Comologno, um 1932

wurde ausgegeben, ohne zu rechnen. Ro war ungewöhnlich freigiebig. Es machte ihm Freude zu schenken, zu geben, nicht zu knausern ... Frauen machten ihm den Hof ... er hatte Freundinnen, so viel er wollte. Mir unangenehm, ich litt darunter, obschon ich es ja nicht anders hielt ... Musil, Thomas Mann, Elias Canetti, alles kam vorbei, Toller war da, Silone – ich weiß ihre Namen nicht mehr alle.« Zu den Gästen gehörte auch Kurt Tucholsky. »Im großen Hof befand sich das einstige Atelier des Malers Ferdinand Hodler. Es war als Lagerraum benutzt worden. Wir richteten es als Musiksaal ein. Da organisierten wir kleine Konzerte mit Zürcher Musikern ..., veranstalteten auch Leseabende und hatten viele Gäste.«

Auch der »Nachbar« vom Rabenhaus, Jakob Humm, der Aline Valangin in seinem Roman *Carolin* (1934) als Gania literarisierte, schwärmte: »Der Baumwollhof war eine richtige Volière für durchziehendes fremdes und einheimisches geistbegabtes Volk.«

Es ging ein und aus, wer sich langweilte, Hunger hatte, Freunde treffen, tanzen wollte, diskutieren oder in die Gastgeberin verliebt war. Man traf Leute, mehr oder weniger berühmte, sah hübsche Frauen, hörte witzige Gespräche, aß Kuchen und trank Wein. Und jeden zweiten Sonntagabend offenes Haus:

»Der sehr breite Korridor war Tanzraum, der Salon diente zum Plaudern. Er war mit einem sehr großen Beshirteppich ausgelegt, dessen herrlich rote Töne gegen das Weiß der Wände leuchteten. Auch die Polstermöbel waren weiß gehalten. Oft an solchen Abenden saß ich auf dem breiten weißen Sofa an der hinteren Wand des Salons und schaute durch den ganzen Raum über den Teppich hinaus durch die breite Flügeltür in das anstoßende Esszimmer, das ganz in Nussbaum getäfert war und das wir mit alten guten Möbeln ausgestattet hatten. Ich sah Ro zu, wie er, eine Dame rechts am Arm, die andere links, langsam herumging und gelegentlich einen Gegenstand oder etwas von der Wand der einen oder andern als Geschenk mit

Wir gehen ein paar Schritte weiter bis zur St. Urbangasse und am Warenhaus Coop entlang bis zum Bellevue. Wo heute der Haupteingang des Warenhauses ist, stand früher das

24 Hotel und Kino Urban Heute Warenhaus Coop City Theaterstrasse 18/ St. Urbangasse

Das 1935 erbaute Hotel Urban mit dem Kino im gleichen Haus, das 1971 abgerissen wurde, war ein Goldfischteich der großen Geister. Friedrich Dürrenmatt ließ seinen Kommissar Matthäi in *Das Versprechen* im Urban übernachten. Bertolt Brecht wechselte 1947 vom Storchen hierher, ins volksnähere Urban. Will Quadflieg, wenn er in Zürich auftrat, wohnte im Urban ebenso wie Erich Kästner, Alfred Polgar, Eugène Ionesco (1912–1994) oder Walter Mehring (vgl. S. 156 ff.), der lebenslängliche Emigrant, der von sich sagte: »Ich bin kein vergessener, ich bin ein ungedruckter Autor.«

Wir gehen durch die Freieckgasse zurück zur Stadelhoferstrasse und nach links zur Rämistrasse, die wir überqueren. 50 Meter weiter biegen wir in die Torgasse ein.

25 Weinstube Weisse Rose Torgasse 9

Eine historische Adresse ohne Patina. Die Weisse Rose ist eines der kleinsten Lokale in Zürich. Das Haus stammt aus dem späten 13. oder frühen 14. Jahrhundert. Hier, lange ist

einer Verbeugung reichte ... Das Fest war elegant, wir hatten eine Bar in der Küche einrichten lassen, und der Barmann sparte nicht mit Ausschenken. Was das gekostet hat, erfuhr ich nie.«

Im 1929 erworbenen Sommerhaus in Comologno im Tessin begann Aline Rosenbaum-Ducommun, unter dem Pseudonym Aline Valangin selber zu schreiben. Hier gewährte sie wie in Zürich zahlreichen Verfolgten des Naziregimes Unterkunft und Unterstützung. Sogar Tucholskys Taschentücher wurden wunschgemäß gebügelt.

Das Ehepaar Rosenbaum wurde von Zürcher Faschisten drangsaliert. Bei Kriegsbeginn zog Aline Valangin endgültig ins Tessin; sie heiratete in zweiter Ehe den deutsch-russischen Musiker Wladimir Vogel. Begraben ließ sie sich in Ascona, im Grab ihres Exmannes und dessen dritter Frau, Sybille Rosenbaum-Kroeber, was Aline Rosenbaum ihr anlässlich eines Besuchs vorschlug: »Ich habe ein wenig gelacht und gesagt: Natürlich habe ich nichts dagegen, Aline. Das wäre ja komisch, wenn wir uns da unten nicht alle vertragen würden.« (Sybille Rosenbaum-Kroeber)

es her, 1908, verdiente die legendäre Hulda Zumsteg (vgl. S. 140) ihre ersten »Batzen« (Geld). Das gemütliche und manchmal etwas schräge Lokal ist meistens bis auf den letzten der (offiziell) 28 Plätze besetzt. Die Speisekarte ist klein, aber klasse. Ein gelegentlicher Gast war Max Frisch, wenn ihm nicht nach Kronenhalle war.

Der Rückweg zum Bellevue ist einfach zu finden. Durch die Torgasse abwärts, vorbei am Odeon.

Schauspielhaus am Pfauen, um 1890

5. Spaziergang Hottingen

Wo Ricarda Huch den alten Keller dahinstapfen sah

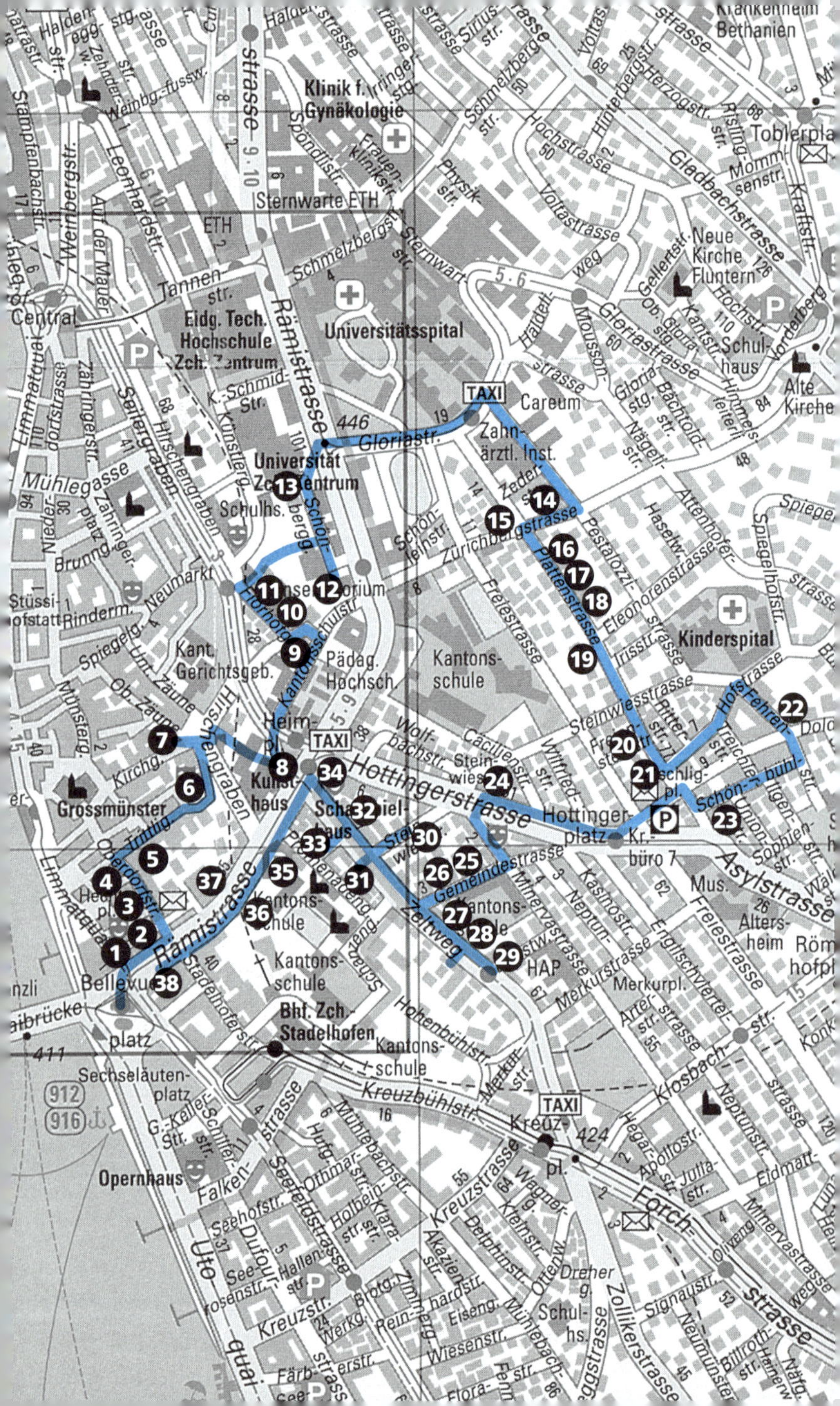

Klinik f. Gynäkologie
Frauenklinikstr.
Sternwarte ETH
ETH
Universitätsspital
Eidg. Tech. Hochschule Zch. Zentrum
Universität Zch. Zentrum
Rämistrasse
Gloriastr.
TAXI
Careum
Zahnärztl. Inst.
Zürichbergstrasse
Plattenstrasse
Kinderspital
Kantonsschule
Pädag. Hochsch.
Kant. Gerichtsgeb.
Heimpl.
Kunsthaus
Schauspielhaus
Hottingerstrasse
Hottingerplatz
Asylstrasse
Gemeindestrasse
Zeltweg
Grossmünster
Oberdorfstr.
Limmatquai
Bellevue
Bhf. Zch. Stadelhofen
Sechseläutenplatz
Opernhaus
Kreuzbühlstr.
Kreuzpl.
Forchstrasse
Seefeldstrasse
Kreuzstrasse
Zollikerstrasse
Neue Kirche Fluntern
Alte Kirche
Gladbachstrasse
Toblerpl.
Tannenstr.
Central
Mühlegasse
Neumarkt
Hirschengraben
Seilergraben
Stüssihofstatt
Freiestrasse
Klosbachstr.
Altersheim
HAP
Merkurpl.
Utoquai
Kreuzstr.
Dufourstr.
Falkenstr.
Stadelhoferstr.
Steinwiesstrasse
Cäcilienstr.
Wolfbachstr.
Kantonsschulstr.
Hochstrasse
Voltastrasse
Physikstr.
Sternwartstr.
Schmelzbergstr.
Leonhardstr.
Weinbergstr.
Mus.
Kr.-büro 7
1 2 3 4 5 6 7 8 9 10 11 12 13 14 15 16 17 18 19 20 21 22 23 24 25 26 27 28 29 30 31 32 33 34 35 36 37 38

Emil Oprecht (2. von re.) zwischen Thomas und Katia Mann, 1949

Unser fünfter Spaziergang beginnt am Bellevue. Wir gehen die Rämistrasse hoch, biegen ab ins Oberdorf, gelangen via Pfauen nach Hottingen und spazieren wieder retour zum Bellevue. Wir beginnen auf der linken Seite der Rämistrasse.

1 Ehemaliges Domizil des Arche Verlags Rämistrasse 3

Peter Schifferli (1921–1980) gründete 1944 die Verlags AG Die Arche, ein 23-jähriger Jurastudent, der die Literatur retten wollte. Seine Autoren traf er im Odeon oder der Kronenhalle, so Gottfried Benn (1886–1956), dessen zwischen 1937 und 1947 entstandenen Lyrikband *Statische Gedichte* er 1948 veröffentlichte, oder Friedrich Dürrenmatt (vgl. S. 94 f.). Schifferli holte Werner Bergengruen (1892–1964) und Antoine de Saint-Exupérys *Kleinen Prinzen* an Bord, die vergessenen Expressionisten, die Dadaisten, Ezra Pound und Gertrude Stein. 1954 gründete er als »heiteres Beiboot« den Sanssouci Verlag. Zwei Jahre nach Schifferlis Tod kauften die Verlegerinnen Elisabeth Raabe und Regina Vitali die Arche, zogen vom Zürichberg hierher in den 3. Stock der Denzler-Häuser, später an die Hölderlinstrasse und eröffneten 1994 eine Niederlassung in Hamburg.

2 Ehemalige Buchhandlung Oprecht und Europa Verlag Heute Reisebüro Rämistrasse 5

Der Verleger und Buchhändler Emil Oprecht (1895–1952) gründete 1925 zusammen mit Conrad Erhard Helbling in diesem Haus eine Buchhandlung, die bis 2003 Zürichs berühmteste Buchhandlung blieb, und den Europa Verlag.

»In jenen Jahren begleitete ich meinen Vater mit besonderem Interesse in die Buchhandlung von Emil Oprecht in der Rämistrasse. Ich saß auf einer Bank, die hinter der Schaufensterscheibe gleich rechts neben dem Eingang stand, wartete, hörte zu

Barbara (Bäbe) Schulthess

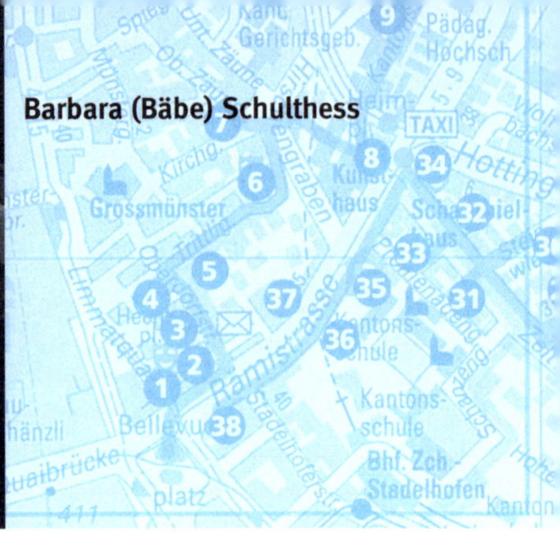

und schaute mich um. Der Ort verströmte eine Faszination, die über das übliche Maß einer Buchhandlung hinausging. Sie war ein Treffpunkt des deutschen und europäischen Antinazismus, ein Refugium der freien Intelligenz jener Zeit und aller derjenigen, die gegen das ›Arbeitsverbot‹ um ihr Überleben kämpften, fast ein Ort der Verschwörung. Oprecht war ein Symbol dessen, was in der Schweiz als ›geistiger Widerstand‹ bezeichnet wurde, und das nicht nur, weil er in seinem Verlag viele antinazistische Autoren hatte ..., sondern auch wegen der Aufforderung zum Widerstand, des fast ›kategorischen Imperativs‹ der Hoffnung, der vom Kreis um Oprecht ausging. ›Die Zeiten sind traurig‹, pflegte ... seine Frau zu sagen, ›wir sind es nicht.‹« (Franca Magnani, *Eine italienische Familie*)

Oprecht und seine Frau Emmie Oprecht-Fehlmann (1895–1990) waren die Lebensretter zahlreicher Emigranten, nicht nur literarisch, sondern ganz profan mit Essen und Trinken, Schuhen, Empfehlungen. Im Europa Verlag erschienen von der Zensur scharf beobachtete Bücher wie *Fontamara* (1930), *Brot und Wein* (1936) und *Die Schule der Diktatoren* (1938) von Ignazio Silone (vgl. S. 161) oder *Das Hebräerland* (1937) von Else Lasker-Schüler. 1995 entdeckte man im Keller einen vergessenen Koffer, den die Dichterin vor ihrer Ausweisung deponiert hatte. Darin befanden sich die kompletten Korrekturen zu *Das Hebräerland*, Manuskripte und eine unveröffentlichte Rede, welche die Zentralbibliothek beglückt in Gewahrsam nahm.

Wir biegen nach links in die Oberdorfstrasse.

3 Geburtshaus von Bäbe Schulthess Ehemalige Buchhandlung Rohr Oberdorfstrasse 5

Im »Neuhaus« kam 1745 Bäbe (Barbara) Wolf zur Welt. Als 18-Jährige zog sie mit ihrem Ehemann David Schulthess, wie ihr Vater Seidenfabrikant, schräg vis-à-vis auf der anderen Seite der Rämistrasse in den nahen Schönenhof (Stadelhoferstrasse 42), der heute durch ein modernes Geschäftshaus ersetzt ist. Nach dem frühen Tod des Gatten, 1778, kümmerte sie sich angelegentlich um eine schöngeistige Erziehung ihrer Töchter, und sie verkehrte weiterhin gern im geselligen Kreis um Lavater. 1811 kaufte sie ihr Elternhaus zurück und lebte dort noch sieben Jahre bis zu ihrem Tod 1818. Der überschwängliche Lavater rühmte sie als seine »Seelenfreundin«.

Seit 1774 korrespondierte sie mit Goethe. Im Jahr darauf trafen sie sich persönlich, es entwickelte sich eine Freundschaft, und Goethe begann, ihr Gedichte und Manuskripte zu schicken – zum Abschreiben und zum Begutachten. Ein Urenkel entdeckte 1909 den »Urmeister« wieder: die *Iphigenie* und die beiden ersten Akte des Ur-*Tasso*. Bäbe schrieb ihm am Frühlingsanfang 1788: »Wann Du von dem ersten Akt des Tasso wenig gebrauchen kannst zu dem neüen, so geschieht uns desto besser – wir werden uns des neüen mit anderen freüen – und der alte wird ein Edelstein im Schatzkästlein Deinen Freunden bleiben.«

Sie trafen sich ein zweites Mal 1779 im Schönenhof und ein drittes Mal 1788 in Konstanz, eine Woche, die sie genoss, weil »... nichts fehlte, nichts zu wünschen übrig blieb, als sich näher zu sein«. Das letzte Treffen, 1797, während Goethes letzter Schweizer Reise, war kurz und überschattet, weil Goethe mit Lavater gebrochen hatte, was Bäbe nicht freute.

Das »Neuhaus« steht noch, ist denkmalgeschützt. Aber die Buchhandlung Rohr, in der die Vergangenheit nostalgisch vergoldet wurde – es gab ein Gedenkzimmer für Bäbe Schulthess –, schloss im Jahr 2000. Jetzt beschränkt sie sich auf ein blaues Schild neben der nicht mehr öffentlichen Haustür. Im Parterre-Geschäft wird Whisky verkauft, *The world of liquid pearls*. In der benachbarten ehemaligen Film-Buchhandlung Rohr, Oberdorfstrasse 3, ist Mister Pinocchio eingezogen, mit Kinderbüchern, Spielzeug und Gadgets.

4 Geburtshaus von Karl Bodmer Haus zum Till Oberdorfstrasse 15

Das Haus zum Till ist ein Bijou im Oberdorf. Im 13. Jahrhundert soll es ein kleiner Beginenkonvent gewesen sein. Hier wurde der »Indianermaler« Karl Bodmer (1809–1893) geboren. Seine ersten Bilder waren malerische Rhein- und Mosellandschaften. Diese beeindruckten den deutschen Naturforscher Maximilian Prinz zu Wied. Er lud den jungen Zürcher ein, ihn 1833 auf einer Nordamerika-Reise zu begleiten. Ein Jahr später kehrte Bodmer mit Mappen voller Indianerbilder zurück. Ab 1843 nannte er sich Jean-Charles Bodmer und nahm die französische Staatsbürgerschaft an. Er starb erblindet in Paris. Ein Teil der Stiche hängt heute im 1963 gegründeten Indianermuseum (seit 2003 NONAM, Nordamerika Native Museum) an der Seefeldstrasse 317 in Zürich-Tiefenbrunnen.

Im Haus zur Bracke nebenan wohnte die letzte Fürstäbtissin des Fraumünsters, Katharina von Zimmern, die 1524 ihr Kloster auflöste und allen Besitz der reformierten Stadt überantwortete. Ein Jahr nach ihrem Rücktritt heiratete sie den Haudegen Eberhard von Reischach, obwohl er als Söldneragent in Zürich zum Tode verurteilt war. Er wurde

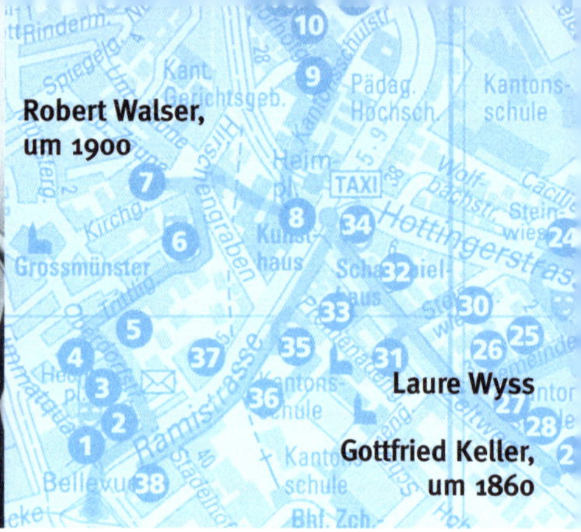

Robert Walser, um 1900

Laure Wyss

Gottfried Keller, um 1860

später begnadigt. 1529 kehrte das Paar nach Zürich zurück und kaufte das Haus zur Bracke, das damals bestimmt nicht so verlottert war wie heute.

Wir biegen nach rechts in die Trittligasse ein.

5 Logis von Robert Walser Trittligasse 6

Keine Gedenktafel erinnert daran, dass der gebürtige Bieler Robert Walser (1878–1956) als – wie meistens – kurzzeitiger Untermieter in diesem »gewöhnlichen« Altstadthaus Ende 1901 *Fritz Kochers Aufsätze* schrieb, sein erstes Buch. Er lebte 1896–1905 mehr oder weniger in Zürich, aber er mochte sich niemandem aufdrängen. Er zog siebzehn Mal um, ein Nomade, die Arbeitsstelle wechselte er neun Mal, war Kontorist bei den Maschinenfabriken Oerlikon und Escher-Wyss, Hilfskraft bei einem Rechtsanwalt, einem Buchhändler, zwei Banken, einer Versicherung, in einer Schreibstube für Arbeitslose an der Schipfe usw. 1905 zog er nach Berlin und kam erst 1915 nach Zürich zurück. 1929 wurde er in der Heilanstalt Waldau bei Bern interniert, von wo er 1933 nach Herisau verlegt wurde. Der Zürcher Kritiker und Essayist Carl Seelig, den Rudolf Jakob Humm den »Herbergsvater aller notleidenden Literaten« nannte, begleitete ihn als Freund und ab 1944 als Vormund. Robert Walser liebte lange, einsame Spaziergänge. Am ersten Weihnachtsfeiertag 1956 starb er an einem Herzschlag bei einer Wanderung. Die Fotografien des toten Spaziergängers erinnern fast unheimlich an ein ähnliches Bild eines Toten im Schnee in Robert Walsers erstem Roman *Geschwister Tanner*.

Ab 1970 wurde der Dichter endlich »wiederentdeckt«, dank der Entzifferung seiner rätselhaften Mikrogramme, Bleistiftminiaturen, die wie Hieroglyphen übersetzt werden mussten, ein Verdienst von Jochen Greven, Walter Morlang und Bernhard Echte (vgl. S. 174).

1966, zehn Jahre nach dem Tod Walsers und vier Jahre nach dem des Walser-Freundes und -Mäzens Carl Seelig, wurde in Zürich die Carl-Seelig-Stiftung gegründet. Sie erhielt die

Rechte am Nachlass Walsers. Im Jahr 2004 ging aus der Carl-Seelig-Stiftung die Robert-Walser-Stiftung Zürich hervor. Stiftungszweck ist die Erhaltung, Erforschung und Verbreitung des Werks von Robert Walser. Sie unterhält dafür das Walser-Archiv. In den letzten Jahren kam die Stiftung ihrem Auftrag wegen finanzieller Schieflage allerdings nur mit Mühe nach. 2009 zieht die Stiftung nach Bern.

Wir steigen die Trittligasse (»Trittli«, kleine Stufen) bis zur Winkelwiese hinauf.

6 Wohnung von Laure Wyss Winkelwiese 6

Ihr erstes Buch *Frauen erzählen ihr Leben* veröffentlichte die Redaktorin, Pionierin beim Schweizer Fernsehen und zeitlebens engagierte und stilsicher gekleidete Journalistin Laure Wyss (1913–2002) drei Jahre vor der Pensionierung. Es folgten weitere Erzählungen und Romane, angemessen frauenbewegt und lebenssatt. In *Weggehen ehe das Meer zufriert. Fragmente zu Königin Christina von Schweden* verarbeitete sie ihre jungen Jahre in Schweden. Laure Wyss lebte ab 1952 fünfzig erfüllte Jahre in einer der schönsten Wohnungen im Oberdorf. Am Samstagmorgen war sie häufig in der Buchhandlung Oprecht anzutreffen.

Wir gehen die Winkelwiese abwärts und biegen links in die Kirchgasse. Schräg gegenüber im Eckhaus befand sich die

7 Amtswohnung von Staatsschreiber Gottfried Keller Kirchgasse 33

1861 wurde Gottfried Keller (vgl. S. 143) zum Ersten Staatsschreiber des Kantons Zürich gewählt. Das bedeutete eine Amtswohnung in der (alten) Staatskanzlei im mittelalterlichen Wohnturm, Mutter und Schwester Regula zogen mit ihm ein. Keller blieb Beamter bis 1876. Das erste Bettagsmandat, das er entwarf, hielt die Zürcher Regierung wohl für »zu literarisch«, es wurde nicht veröffentlicht.

1864 starb die Mutter. Über den Ehrendoktor für den Sohn, den die Universität Zürich 1869 verlieh, konnte sie sich nicht mehr mitfreuen. Gottfried Keller vermachte der Universität nach seinem Tod die Tantiemen seiner Werke. Bis zum Ablauf der Schutzfrist, 1940, flossen über 300 000 Franken!

An der Kirchgasse 33 hatte übrigens auch die Schriftstellerin Ingeborg Bachmann (vgl. S. 45) während ihrer Liaison mit Max Frisch (vgl. S. 109) eine Arbeitswohnung.

Schräg vis-à-vis vom Manessebrunnen, am Hirschengraben 18, stand des Geburtshaus von Johann Heinrich Pestalozzi (vgl. S. 13). Weil der Vater früh starb, musste die Familie das Haus vor dem Lindentor aufgeben; es wurde 1955 abgerissen, am Neubau jedoch eine Gedenktafel angebracht.

Gleich nebenan steht das Haus zum Kiel (Hirschengraben 20), wo Emil Oprecht und seine Frau wohnten – in Sichtweite des deutschen Konsulats, das sich bis in die 1990er Jahre zuoberst an der Kirchgasse 48 befand. Von hier aus war es nur ein Katzensprung in die Buchhandlung.

Durch die Krautgartengasse rechts um die Ecke gelangen wir zum Kunsthaus. Der Name der Gasse, an der sich auch die Kulturstiftung Pro Helvetia befindet (Hirschengraben 22), erinnert an den Friedhof, der 1611 als Pestfriedhof vor den Toren der Stadt angelegt und 1875 eingeebnet wurde. Salomon Gessner (vgl. S. 69 f.) war hier begraben und auch Georg Büchner (vgl. S. 97).

8 Kunsthaus
Heimplatz 1

1907–1910 erbaut und 1924 erweitert, stiftete 1958 der kunstliebende Waffenfabrikant Emil Bührle einen Anbau. Derzeit werden für das aus allen Nähten und seinen Depots platzende Kunsthaus neue Baupläne geprüft.

Für moderne und zeitgenössische Kunst ist es eine der ersten Adressen. Presse und Publikum begeistern die häufig fabelhaften Wechselausstellungen. Aber auch in der ständigen Sammlung hängen exzellente Werke, die man meistens in Ruhe auf sich wirken lassen kann: mittelalterliche Tafelbilder. Das *Selbstbildnis der Anna Waser*, Zürichs erster Porträtmalerin (vgl. S. 71). Gemälde des niederländischen und italienischen Barock. Die *Seerosen* von Monet. Haudegen und edle Maiden von Hodler. Die größte Sammlung Munchs außerhalb Norwegens. Füsslis. Picassos. Eine große Sammlung Alberto Giacometti. Die Dada-Sammlung. Chagall. Die Expressionisten Kokoschka, Beckmann und Corinth. Baselitz. Beuys. Cy Twombly. Rothko. Fischli/Weiss. Für einen Besuch des Kunsthauses sollten Sie sich unbedingt Zeit nehmen – es lohnt sich!

Vom Kunsthaus aus überqueren wir den Platz und gehen schräg gegenüber in die Kantonsschulstrasse bis zur Einmündung der Florhofgasse. Im Eckhaus befand sich die

Kurt Tucholsky

Hedwig Müller, um 1934

9 Zürcher Adresse von Kurt Tucholsky Wohnung der Ärztin Hedwig Müller Florhofgasse 1

Wer, wenn nicht Kurt Tucholsky (1890–1935), hätte es wagen dürfen, jenen Liebesbrief, den Gottfried Keller einst der Serviertochter in der Bollerei schickte (vgl. S. 59 ff.), zu parodieren, ohne dass man es ihm übel nimmt?

»Zürich, Kellerstr. 1, Sonnabend, den 17. Dezember 1932 p. Chr.

Verehrtestes Fräulein Müller!

Erschrecken Sie nicht, dass ich Ihnen einen Brief schreibe und sogar einen Liebesbrief, verzeihen Sie mir die unordentliche und unanständige Form desselben, denn ich schreibe denselben in der Badewanne, aber ich bin gegenwärtig in einer solchen Verwirrung, dass ich unmöglich einen wohlgesetzten Brief machen kann, und ich muss schreiben, wie mir der Bart gewachsen ist ... Wollen Sie so gütig sein und mir in vier Worten, ehe es Weihnachten ist und ich die Geschenke gekauft habe, mich in einem Biljé wissen zu lassen, ob Sie mir gut sind ... Sie sind das aller 1. Mädchen, dem ich meine Liebe erkläre ... Ich bin Student der Philologie und besitze Gottvertrauen sowie 4 Hemdkrägen.«

Die Adressatin, die sozial engagierte Zürcher Ärztin Hedwig Müller (1893–1973), wies Kurt Tucholsky alias Peter Panter alias Theobald Tiger u. a. nicht ab wie einst die Serviertochter Gottfried Keller. Der messerscharfe Satiriker und zeitweilige Mitherausgeber der Wochenzeitschrift *Die Weltbühne*, der aber auch die bittersüße Sommergeschichte *Schloß Gripsholm* (1931) schreiben konnte, hatte 1930 seinen Wohnsitz nach Hindås in Schweden verlegt und hielt sich seit Frühsommer 1932 in Zürich auf. Er wohnte in der Pension Florhof, verkehrte in der Museumsgesellschaft und auch im Salon Valangin-Rosenbaum. Im Sommerhaus von Aline Valangin im Tessin lernte er Hedwig Müller kennen, seine »Herzensnuuna« nannte er sie. Im Oktober 1932 zog er bei ihr ein, ein Jahr später lief seine Aufenthaltsbewilligung ab. Er ging zurück nach Schweden, kam im Juni 1934 noch einmal nach Zürich. Am 21. Dezember 1935 wählte er den Freitod. Hedwig Müller starb 1973. Dass Tucholsky mit ihr in ihrer Wohnung gelebt hat, ist auf der Gedenktafel »vergessen« worden.

Wir gehen weiter, die Florhofgasse abwärts, rechts an der Ecke liegt eines der idyllischsten Hotels der Stadt Zürich, das

10 Hotel Florhof
Florhofgasse 4

Hier wurden im 17./18. Jahrhundert kostbare Stoffe produziert, Mousseline und Seidenflor und Florettseide. Im heute so beschaulichen, idyllisch musischen Ambiente herrschte damals die hektische Betriebsamkeit einer Fabrik. Später wurde das Gebiet eine begehrte Wohngegend. Das heutige Hotel Florhof war ursprünglich ein Wohnhaus, das 1763 komfortabel umgebaut und mit einem Neptunbrunnen verschönert wurde. Heute nächtigen hier oft Literaten, Autoren und Schauspieler.

Gleich daneben befindet sich die

11 Hochschule für Musik und Theater
Departement Musik
Ehemaliges Konservatorium (Konsi)
Florhofgasse 6

Der gebürtige Basler Musiker und Komponist Friedrich Hegar (1841–1927) wurde 1863 nach Zürich berufen, als Konzertmeister des neuen Orchestervereins. Er war auch Theater-Kapellmeister, Leiter des Gemischten Chores und ab 1876 Leiter des Konservatoriums, der auf seine Initiative hin gegründeten Musikschule. Den internationalen Ruf begründete Volkmar Andreae, 1914–1941 Direktor und 1906–1949 Leiter der Tonhalle. Ihn hat Thomas Mann als Adrian Leverkühn im *Doktor Faustus* verewigt.

Ein paar Schritte weiter liegt das Haus zum Rechberg (Hirschengraben 40), das schönste barocke Zürcher Privatpalais.

Wir betreten durch das schmiedeeiserne Rokoko-Gittertor den terrassierten barocken Rechberg-Garten, der zu jeder Jahreszeit lohnt und öffentlich ist. Wir steigen durch den Garten hinauf. Oben angelangt, wenden wir uns kurz nach rechts zum

12 Logis von Georg Herwegh und Ricarda Huch
Haus zum Schanzenberg
Schönberggasse 3, 5 und 7

Die ehemalige »Lümmelburg«, das Literargymnasium für Knaben, heute Teil der Pädagogischen Hochschule Zürich, war früher ein Wohnhaus.

Das Bodmerhaus zur Zeit Goethes

Johann Jakob Bodmer. Gemälde von J. C. Füssli, um 1750

Hier lebte der 1839 aus Stuttgart geflüchtete Dichter und Publizist Georg Herwegh (vgl. S. 33), zuerst an der Schönberggasse 3, dann zog er in die Nummer 5 um. 1841 erschien im Litterarischen Comptoir Zürich und Winterthur der erste Teil seiner *Gedichte eines Lebendigen*, die ihn schlagartig berühmt machten. Heinrich Heine, den er im selben Jahr in Paris kennenlernte, titulierte den militanten Kollegen später doppelsinnig als »eiserne Lerche der Revolution«. Gottfried Keller widmete ihm ein Sonett. 1842 ging er auf Lesereise nach Deutschland, wo er viel Applaus erhielt, wurde aber wegen einer ungebührlichen Kritik an König Friedrich Wilhelm IV. aus Preußen ausgewiesen und kehrte 1843 nach Zürich zurich, wo er ebenfalls ausgewiesen wurde. 1851 ließ er sich mit seiner Familie erneut in Zürich nieder, wo er zum Mittelpunkt deutscher und französischer Emigranten wie Richard Wagner, Gottfried Semper und anderer wurde. 1866 kehrte er nach einer Amnestie nach Deutschland zurück.

In der Pension Nagel, Schönberggasse 7, wohnte zeitweise Ricarda Huch (vgl. S. 64).

Wir gehen auf der Schönberggasse zurück bis zum

13 Bodmerhaus Thomas-Mann-Archiv Schönberggasse 15

Von 1739 bis zu seinem Tod wohnte hier Johann Jakob Bodmer (1698–1783), der Zürcher Literaturpapst des 18. Jahrhunderts. 1727 gründete er die Helvetische Gesellschaft und wurde 1731 Professor für vaterländische Geschichte am Carolinum. Er übersetzte Miltons *Verlorenes Paradies* und kämpfte gegen den Dogmatiker Johann Christoph Gottsched für Natur und Einbildungskraft in der deutschen Poesie. In Zusammenarbeit mit Johann Jakob Breitinger (vgl. S. 66) gab er die *Manessische Liederhandschrift* (1759, vgl. S. 71 f.), das *Nibelungenlied* und Wolfram von Eschenbachs *Parzifal* vollständig heraus.

Klopstock (vgl. S. 172 f.) besuchte ihn 1750 und schrieb seine berühmte Ode *Der Zürchersee*, Goethe (vgl. S. 24 f.) besuchte ihn 1775 und 1779. Bodmer vermachte sein Haus der Töchterschule unter der Bedingung, dass »auch Töchter einfacher Familien« in die Schule aufgenommen würden.

Heute beherbergt das Bodmerhaus das Thomas-Mann-Archiv samt der Originaleinrichtung von Manns letztem Arbeitszimmer. Ausgestellt ist eine Auswahl von Handschriften, so die erste Seite des *Buddenbrook*-Manuskripts, Notizblätter zum *Tod in Venedig* und zu *Felix Krull* sowie Erstausgaben und Briefe. Außerdem sind Fotos des Dichters und Auszeichnungen wie die Nobelpreis-Urkunde zu sehen. Das Thomas-Mann-Archiv ist öffentlich zugänglich (Präsenzbibliothek).

Nun gehen wir an der Universität entlang, überqueren die Rämistrasse und gehen die Gloriastrasse hoch.

An der Ecke Plattenstrasse befand sich früher anstelle des 17-stöckigen »Schwesternsilos« des Universitätsspitals ein Geschäftshaus, in dem Johann Heinrich Pestalozzi (vgl. S. 13) eine Zeitlang und wohl eher contre cœur mit einem Verwandten, Johann Caspar Notz, einen Seidenhandel betrieb.

Wir gehen ein Stückchen weiter und biegen rechts in die Pestalozzistrasse ein.

14 Logis von Arnold Kübler Pestalozzistrasse 16, 18

Hier wohnte der angehende Schriftsteller Arnold Kübler (vgl. S. 9) während seines Geologiestudiums, das er abbrach, um sich in den 1920er Jahren als Bildhauer und Schauspieler zu erproben. Bereits 1922 feierte er mit

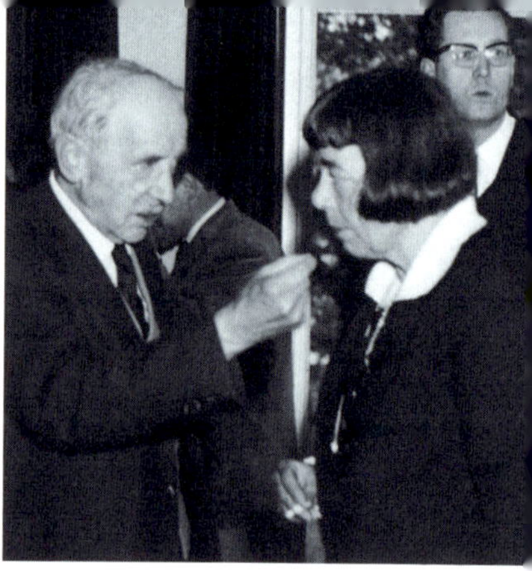

seinem in Potsdam uraufgeführten Stück *Schuster Aiolos* einen ersten literarischen Erfolg. Nach seiner Rückkehr in die Schweiz wurde er 1931 Chefredaktor der *Zürcher Illustrierten*, die er zu einer angesehenen literarisch-künstlerischen Zeitschrift ausbaute. 1941 übernahm er die Leitung der neu gegründeten Kulturzeitschrift *Du*, die er 16 Jahre lang führte. Er war ein begnadeter Kulturvermittler und Impulsgeber. In den 1960er Jahren trat er mit großem Erfolg als Einmannkabarettist auf. In seinem Alterswerk kombinierte er sein zeichnerisches und literarisches Talent, wie zum Beispiel im Werkstattbuch *Zeichne, Antonio!* (1966) oder in *Paris–Bâle à pied* (1967). Bis zu seinem Tod arbeitete er an seinen Öppi-Romanen, in denen er auf über 2100 Seiten autobiographische Begebenheiten schilderte und die unvollendet blieben.

Wir biegen nach rechts in die Zürichbergstrasse ein und kommen zur Plattenstrasse, an der eine Reihe von Unterkünften berühmter Leute gelegen haben. Das Quartier ist heute noch eine beliebte grüne Wohngegend.

15 Hotel Plattenhof
Logis von Rosa Luxemburg
Plattenstrasse 26/28

Die bereits in ihrer Warschauer Schulzeit politisch aktive Polin Rosa Luxemburg (1871–1919) floh wie viele andere polnische und russische Intellektuelle in die Schweiz und lebte zwischen 1894 und 1896 in diesem Haus als Untermieterin der Damenschneiderin Löwe. In dieser Zeit arbeitete sie an ihrer Dissertation über *Die industrielle Entwicklung Polens*. Ihr Dozent und Doktorvater Julius Wolf bezeichnete sie als »den begabtesten Schüler« in seiner Zürcher Zeit. Sie habe (trotzdem?) ein Faible für schicke Outfits gehabt. Rosa Luxemburg wechselte öfters die Adresse. Am Haus Plattenstrasse 47 wurde sogar eine Gedenktafel angebracht. Ab 1898 lebte sie in Berlin. Die bedeutende Vertreterin eines demokratischen Sozialismus wurde in den folgenden Jahren wegen ihres politischen Engagements mehrfach inhaftiert. Ihre *Briefe aus dem Gefängnis* zeugen von großer Menschlichkeit. 1918 nahm sie am Gründungsparteitag der Kommunistischen Partei Deutschland teil. Ein Jahr später wurde sie zusammen mit Karl Liebknecht in Berlin ermordet.

16 Logis von Sabina Spielrein, Therese Giehse und Angelika Arndts
Ehemalige Pension Wachs
Heute Rudolf-Steiner-Schule
Plattenstrasse 33

In der Pension von Fräulein Wachs, die für C. G. Jung und alles Schöne und Edle schwärmte, wohnte im Juli 1909 Sabina Spielrein, die russisch-jüdische Psychiaterin (1885–1942) aus Rostow am Don, die 1905 »wegen Hysterie« Patientin und Geliebte von Carl Gustav Jung wurde. Die Analyse wurde 1909 abrupt abgebrochen. 1911 promovierte Spielrein als erste Frau in Zürich *Über den psychologischen Inhalt eines Falles von Schizophrenie*. 1912 heiratete sie einen russischen jüdischen Arzt und flüchtete zu Beginn des Ersten Weltkrieges mit ihrer Familie in die Schweiz. In Genf wurde sie die Analytikerin von Jean Piaget. 1923 kehrte sie ins inzwischen sowjetisch gewordene Russland zurück. 1942 wurde sie beim deutschen Überfall auf die Sowjetunion erschossen.

1938 wohnten hier vorübergehend auch die deutschen Schauspielerinnen Therese Giehse (1898–1975) und Angelika Arndts (1907–1996). Durch die Wohnung geisterte Fräulein Bürgin, die dichtende Freundin von Fräulein Wachs. Sie pflegte ihre Werke am gemeinsamen Mittagstisch vorzutragen. Für Angelika Arndts unvergesslich die Verszeile »Der schleichende Wind«, und wie die Giehse deswegen derart lachen

Der junge Frank Wedekind

Hans Sahl mit seiner Schwester, Zürich, 1936

musste, dass ihr der Löffel in die Suppe platschte.

Die beiden Frauen schätzten den kurzen Arbeitsweg zum Schauspielhaus: Die im Rückblick pauschal vergoldete antifaschistische Epoche im »Haus am Pfauen«, wie das Schauspielhaus am Heimplatz genannt wird, bedeutete für das Ensemble nicht nur ungebremste Spielfreude, sondern auch Stress, denn es gab alle zwei Wochen eine Premiere. In ihrer ersten Saison, erzählte Angelika Arndts einmal, habe sie in dreizehn Stücken gespielt. »Politik war damals die Tagesordnung, das Ensemble arbeitete praktisch ohne Bühnenarbeiter, die waren im Militär, der Druck war groß, die Gagen tief, aber wir haben gespielt wie die Götter.« Therese Giehse war später Friedrich Dürrenmatts großartige »alte Dame« (*Der Besuch der alten Dame*, Uraufführung 1956), die irre Irrenärztin Mathilde von Zahnd schrieb er ihr auf den Leib (*Die Physiker*, Uraufführung 1962, ebenfalls in Zürich).

17 Logis von Frank Wedekind Plattenstrasse 35

Der in Lenzburg aufgewachsene, spätere berühmte Dramatiker Frank Wedekind (1864–1918) kam 1886 als 22-Jähriger nach Zürich. Das Jurastudium schmiss er und arbeitete bis 1888 als pfiffiger Werbetexter für die Suppenwürfel-Firma Maggi. Verkannte, ellenlange Weltliteratur! Ein Beispiel: »Auf die geistige Arbeit und somit auf die Entwicklung des Menschengeschlechtes im Großen ist die Ernährung von bedeutendstem Einfluss ... Da nun Schriftsteller und Künstler mehr als andere Sterbliche im Cölibat zu leben pflegen, so empfiehlt sich ihnen Maggi's treffliche Suppen-Nahrung, aus der sie sich binnen 15 Minuten mit geringer Mühe die kräftigste Suppe kochen.«

1889 siedelte Wedekind nach München über, 1891 erschien seine Tragödie *Frühlings Erwachen*. Fortan galt Wedekind als freizügiger Skandalautor. Im Herbst 1895 gastierte er als Ibsen-Rezitator in Zürich. Drei Jahre später floh er von München nach Zürich, weil er mit einem satirischen Gedicht auf Kaiser Wilhelm II. im

Simplicissimus öffentliches Ärgernis erregt hatte. Am 15. November 1917 trat er zum letzten Mal als Sänger, Vorleser, Regisseur und Darsteller in seinem in Deutschland verbotenen Stück *Schloss Winterstein* auf, im voll besetzten Pfauentheater. Kurze Zeit später starb er in München an den Folgen einer komplizierten Blinddarmoperation.

18 Ehemalige erste Wohnung von Aline Valangin und Wladimir Rosenbaum Plattenstrasse 37

Hier war die erste gemeinsame Wohnung von Aline Valangin und Wladimir Rosenbaum, bevor sie den Baumwollhof an der Stadelhofenstrasse (vgl. S. 109 ff.) bezogen. Rosenbaum zog im Sommer 1918 bei Aline Valangin ein. Sie hatten am 3. November 1917 geheiratet. Beide waren berufstätig, die Ehefrau führte den Haushalt: »An einem Morgen hatte ich ein Rhabarberkompott gekocht, es sehr heiß in eine Kristallschale gegossen und dabei ein leises Klick vernommen. Neugierig, was es sei, näherte ich mich mit der Schale in beiden Händen dem Fenster; da sprang die Schale auseinander, ergoss ihren Inhalt über mich und auf den Boden, wobei die scharfe Kante des zerbrochenen Gefäßes auf meinen linken Daumen fiel und tief einschnitt …«

19 Logis von Hans Sahl Ehemalige Pension Bickel Plattenstrasse 52

Der Berliner Kritiker und Schriftsteller Hans Sahl (vgl. S. 60 f.) floh im März 1933 über Prag in die Schweiz. In der Pension Bickel konnte er unterkommen, wählte jedoch schon bald Paris als ständigen Aufenthaltsort, da es für Emigranten ein rigoroses Arbeitsverbot gab. Sahl pendelte fortan zwischen beiden Städten, schrieb Texte für das Cornichon und die Pfeffermühle und erhielt den Auftrag, für den Arbeitersängerverband zum 1. Mai 1938 ein Festspiel zu schreiben, die Kantate *Jemand*.

20 Wohnung von Gottfried Semper Hottingerhof Plattenstrasse 78

Der Stararchitekt Professor Gottfried Semper (vgl. S. 60) aus Dresden wohnte hier 1865–1871. Insgesamt blieb er 17 Jahre in Zürich »hängen«.

21 Wohnung von Kurt Guggenheim Plattenstrasse 80

Der Schriftsteller Kurt Guggenheim (vgl. S. 36) zog 1935 an die Plattenstrasse, im gleichen Jahr erschien

auch sein erster Roman, *Entfesselung*. Als junger Mann schwärmte er für Emmy Hennings: »Im Strahl des Schweinwerfers verdichtete sich der Rauch zu einem richtigen, massiv anzusehenden Balken, der längs durch das verdunkelte Lokal hinlief und an dessen Ende, auf dem Podium, nichts zu sehen war als das schneeweiße Gesicht der kleinen Diseuse.«

Guggenheim übernahm 1925 die Kaffeeimportfirma seines Vaters, liquidierte sie jedoch 1930 und lebte fortan als freier Schriftsteller. »... Und nun hat es sich gezeigt, dass die Berufskrankheit des Schriftstellers – des Nur-Schriftstellers, ohne Nebenberuf, ohne Posten, ohne Vermögen – unfehlbar die Unterernährung ist. Jeder, der es versucht, und versucht hat, bei uns in der Schweiz, kann es mit schmerzlich-süßem Stolze an sich feststellen: Er kommt ins Hungern dabei.« (An Kurt Schenker, 24. Oktober 1934, Briefentwurf)

Wir sind nun am Baschlig-Platz, gehen nach links die Hofstrasse hoch und biegen in die Fehrenstrasse ein.

22 Ehemalige Pestalozzischule Fehrenstrasse 15

1913/14 wurde als Nachfolgerin der Beust'schen Privatschule die Pestalozzischule gebaut. Geldgeber war der Kaufmann und Mäzen Hermann Reiff. Im Auftrag des ersten Direktors Han Corray (vgl. S. 34 f.) bemalten Hans Arp und Otto von Rees Ende 1915 den Eingang mit Wandfresken, die erste abstrakte Kunst am Bau in Zürich. Corray richtete im Schulhaus zwei Künstlerateliers ein; einer der Bewohner war eine Zeitlang Friedrich Glauser. Auch in Corrays privater Wohnung traf man sich, nicht nur zu künstlerischen Darbietungen, sondern auch für Kost und Logis. Als Han Corray die Schule verließ, wurden die Malereien überpinselt. Die Dadaisten reagierten mit Entrüstung. Die Fresken sind mittlerweile wieder einigermaßen hergestellt worden und zu besichtigen!

Wir folgen der Fehrenstrasse über die Dolderstrasse hinweg und biegen rechts in die Schönbühlstrasse ein. Im Haus zum Jakobsbrunnen (Schönbühlstrasse 10), heute ein Neubau,

Kurt Guggenheim, 1918

Hans Arp und Otto van Rees in der Pestalozzischule, 1915

Marie Heim-Vögtlin

wohnte Frank Wedekind (vgl. S. 126 f.). Er verkehrte bei den Brüdern Carl und Gerhart Hauptmann (vgl. S. 106). Vis-à-vis, an der Unionstrasse, befand sich die

23 Wohnung von Albert Einstein Unionstrasse 4

Hier wohnte der Physiker und Begründer der Relativitätstheorie Albert Einstein (vgl. S. 92) aus Ulm 1896–1900. 1902–1909 war er Experte am eidgenössischen Amt für geistiges Eigentum (Patentamt) in Bern. 1903 heiratete er Mileva Marić, 1914 trennte er sich von ihr und heiratete nach der Scheidung, 1919, seine Cousine Elsa Löwenthal. »Die Ehe ist der erfolglose Versuch, einen Zufall zu etwas Dauerhaftem zu machen.«

Ab 1914 lebte Einstein in Berlin bis zu seiner Ausbürgerung, 1933, dann bis zu seinem Tod in Princeton. Mileva Marić blieb in Zürich. Mit dem Nobelpreisgeld ihres Exgatten kaufte sie ein Haus an der Huttenstrasse 62 in Zürich-Oberstrass.

Wir umrunden den alten Hottinger Dorfkern am Baschlig-Platz und biegen in die Gemeindestrasse ein.

Das ehemalige »zweite« Schulhaus an der Gemeindestrasse 60 ist heute das Restaurant Rosengarten – den Garten darf man wörtlich nehmen. Das erste stand an der Stelle des heutigen Gemeindehauses und war auch Sitz des gemeindeeigenen Wirtshauses. Doch die Kombination von Schul- und Wirtshaus wurde im »pädagogischen Zeitalter« – wie die Aufklärung wegen Rousseau und Pestalozzi auch genannt wurde – mehr und mehr kritisiert.

Jetzt gehen wir hinunter zur Hottingerstrasse und folgen ihr abwärts bis zur

24 Praxis von Marie Heim-Vögtlin Hottingerstrasse 25

Marie Heim-Vögtlin (1845–1916) war die erste Ärztin der Schweiz. Sie promovierte 1874 in Zürich und eröffnete im selben Jahr hier ihre Praxis. Ein Jahr später heiratete sie den Geo-

logen Albert Heim (vgl. S. 158). Er willigte ein, dass sie trotz Ehe weiterarbeiten durfte. 1901 gründete sie die Schweizerische Pflegerinnenschule an der Carmenstrasse, die erste unabhängige Ausbildungsstätte für Krankenschwestern in der Schweiz.

Wir überqueren die Hottingerstrasse und gelangen durch die Minervastrasse rechts in die Gemeindestrasse.

25 Treffpunkt des Psychologischen Clubs Gemeindestrasse 27

Den neugotisch schlossartigen Bau mit Treppengiebeln und Erker baute der Architekt und ETH-Professor Georg Lasius (vgl. S. 106) 1897/98 für den Arzt Hermann Schulthess als Wohnhaus und Praxis. Von 1916 an traf sich in den stilvollen Räumen der von Carl Gustav Jung (1875–1961) initiierte Psychologische Club. Der in Basel frisch promovierte Seelendoktor wurde 1900 Assistent von Professor Eugen Bleuler im Burghölzli – heute heißt die Zürcher Nervenheilanstalt Psychiatrische Universitätsklinik (PUK). 1906 publizierte C. G. Jung seine Untersuchung *Über die Psychologie der Dementia praecox* und suchte – nicht zuletzt wegen seiner Affäre mit Sabina Spielrein – den Kontakt zu Sigmund Freud in Wien. 1909 eröffnete er eine Privatpraxis in Küsnacht (Seestrasse 228). 1932 wurde ihm der erste Literaturpreis der Stadt Zürich verliehen, was Ignatio Silone ätzend kommentierte. Jung, der Mann der Wissenschaft, bestätige mit der Annahme des Preises die Vermutung, es sei »Literatur«, was er produziere. Das C. G. Jung-Archiv befindet sich in der ETH, wo er ab 1933 Privatdozent war.

26 Ehemaliges Wohnhaus der Familie Keller Logis von Ricarda Huch Gemeindestrasse 25

Von Ostern 1855 bis September 1860 wohnten an dieser Adresse die Kellers, zunächst Mutter und Schwester allein, zu denen »ihr Gottfried« als anerkannter Verfasser des *Grünen Heinrich* im Dezember 1955 nach seinem siebenjährigen Aufenthalt in Berlin zurückkehrte. 1861 zogen sie

Carl Gustav Jung, um 1912

Das Wohnhaus von Gottfried Keller in Hottingen

Mutter und Schwester von Gottfried Keller, 1860

in die Amtswohnung (vgl. S. 119 f.) des ernannten Ersten Staatsschreibers an der Kirchgasse mit ein.

Das um 1830 erbaute Biedermeierhaus wurde 1897 abgebrochen. Vorher wohnte hier aber noch ab 2. Oktober 1887 Ricarda Huch als Untermieterin: »Frau Wanner hatte ein rasches Wesen und ein lustiges Zwinkern in den Augen ... vier Söhne, zwei von etwa 15 und 14, zwei kleine von etwa vier und drei Jahren ... Mit dem Vater dieser Kinder, dem Gymnasiallehrer Wanner, hatte es eine besondere Bewandtnis, von der seine Frau mich bald in Kenntnis setzte. Sie konnte ihn durchaus nicht leiden und wünschte, von ihm geschieden zu werden, was aber doch nicht so leicht zu bewerkstelligen war; inzwischen hatte sie ihn in das obere Stockwerk ihres Hauses gesteckt, wo er allein und begreiflicherweise sehr übler Laune hauste. Für ihn zu kochen weigerte sie sich entschieden. Er ernährte sich infolgedessen hauptsächlich mit kaltem Aufschnitt, Schinken, Wurst und dergleichen, weswegen sie ihn, Spott zum Schaden fügend, den Wurstlackel nannte ...« *(Frühling in der Schweiz)*

Ricarda Huch kam 1887 aus Braunschweig nach Zürich, um Geschichte und Philosophie zu studieren – und um über ihre fatale Liebe zu ihrem Schwager Richard Huch hinwegzukommen. Ersteres gelang, Zweiteres missglückte. In ihren nostalgischen Erinnerungen hat sich Ricarda Huch über diese amouröse Verstrickung ausgeschwiegen. Im Juli 1888 schrieb sie ihrem Geliebten in Braunschweig, der Jurist, 14 Jahre älter und eben mit ihrer älteren Schwester Lily verheiratet war: »Heute Morgen malte ich mir so deutlich aus, dass Du tot wärest, dass ich ganz fieberhaft aufgeregt wurde und im Geiste schon am Zürichsee stand und mich zum Hineinspringen aufmunterte.« Und in der Silvesternacht 1890: »Ich habe keinerlei allgemeine feierliche Neujahrsgedanken, nur Dich, Du unselige Abgottschlange.«

Die promovierte Historikerin arbei-

tete als Bibliothekarin in der Stadtbibliothek (vgl. S. 63 f.). Später war sie Lehrerin an der Höheren Töchterschule am Grossmünster. Und sie dichtete und schrieb Romane, Kurzgeschichten, eine liebenswürdige Biographie Gottfried Kellers und für den Lesezirkel Hottingen das Singspiel *Dornröschen*. Sie verließ Zürich 1896. Glücklicher wurde sie leider nicht. Sie heiratete 1898 den italienischen Zahnarzt Ermanno Ceconi, 1906 ließ sie sich scheiden und konnte 1907 endlich ihren »Traummann«, den Exschwager Richard Huch, heiraten – es wurde die Hölle. Sie ließen sich 1910 scheiden.

1938 schrieb Ricarda Huch, auf Anregung von Martin Hürlimann, für den Atlantis Verlag ihre Erinnerungen an den *Frühling in der Schweiz* (vgl. S. 134).

Wir gehen weiter die Gemeindestrasse entlang in Richtung Zeltweg und kommen zum

27 Geburtshaus von Hans und Hermann Bodmer Ehemaliger Lesezirkel Hottingen Gemeindestrasse 4

Am 4. November 1882 gründeten die in diesem Haus geborenen Brüder Hans und Hermann Bodmer zusammen mit dem Turnvereinskameraden Wilfried Treichler in der nicht mehr existierenden Wirtschaft Sonneneck (Gemeindestrasse 51) den Lesezirkel Hottingen »zur nützlichen Unterhaltung und Belehrung«. Als Erstes richteten sie einen Lesemappenverleih ein. Ab 1896 lud der Lesezirkel zu »Abenden für Literatur und Kunst« in die Tonhalle ein. 1919 inszenierten sie zum 100. Geburtstag von Gottfried Keller ein grandioses Fest. Der Verein zählte damals 2000 Mitglieder! Was der Lesezirkel Hottingen in den Jahrzehnten zur Förderung und Popularisierung der Literatur leistete, ist bisher von keiner anderen Zürcher Institution mehr erbracht worden. Er wurde 1941 aufgelöst. Den 1902 gegründeten Literarischen Club gibt es noch, und auch der Große Schillerpreis wird seit 1920 verliehen.

Gottfried Keller, 1886.
Ölstudie von
Karl Stauffer-Bern

Gottfried Kellers
Arbeitszimmer
in seiner Wohnung
am Zeltweg

Café Restaurant Thaleck
am Zeltweg, um 1910

Wir biegen nach links in den Zeltweg ein.

28 Letzte Wohnung von Gottfried Keller Ehemaliges Wirtshaus Thaleck Zeltweg 27

Das Wirtshaus Thaleck gibt es nicht mehr. Im vierten Stock lebte Gottfried Keller in seinen letzten Jahren bis zu seinem Tod. Heute befinden sich im Haus mehrere polyklinische Praxen.

Als Ricarda Huch aus Hottingen wegzog, verließ sie ungern »das Gärtchen, die Gemeindestrasse und den Zeltweg, an dessen Häusern ich manches Mal am späten Abend den alten Gottfried Keller, klein und gebückt, für mich eine große, verehrte Gestalt, hinstapfen sah. Sehr schmerzlich war es mir, dass ich mich auch von meinem Kätzchen trennen musste …« *(Frühling in der Schweiz)*

Wir folgen kurz dem Zeltweg stadtauswärts. Die Nummer 48 auf der anderen Straßenseite war eine der Adressen von Albert Ehrismann (vgl. S. 57 f.).

Am Beginn des Beustwegs werfen wir einen Blick auf Zürichs ältestes Appartementhaus.

29 Wohnung von Elisabeth Schnack Beustweg 3

Hier wohnte in einer kleinen, aus allen Bücherregalen platzenden Wohnung die Übersetzerin Elisabeth Schnack (1899–1992). Sie war Gymnasiallehrerin und ging 1924 nach China, wo sie in Mukden eine Privatschule gründete, heiratete einen deutschen Kaufmann, studierte in Genf englische Literatur und arbeitete ab 1950 in Zürich als literarische Übersetzerin. Sie hat große Verdienste an der Rezeption der britischen, irischen und amerikanischen Literatur im deutschen Sprachraum.

Wir gehen auf dem Zeltweg zurück bis zur Steinwiesstrasse und machen einen kleinen Abstecher nach rechts.

Martin Hürlimann (2. von re.), Albin Zollinger (li.) und Erwin Jaeckle (re.)

Johanna Spyri

30 Ehemaliges Hotel Tiefenau Heute Claridge Hotel Steinwiesstrasse 8–10

Nach wie vor ist es ein bei Künstlern beliebtes Hotel. Das frühere, 1835 erbaute, heimelige Haus war für die Emigranten der 1930er Jahre ein begehrter Zufluchtsort. 2002 wurde es komfortabel renoviert.

Wir gehen wieder zurück und überqueren den Zeltweg.

31 Ehemaliger Sitz des Atlantis Verlags Haus zur Geduld Zeltweg 16

Der Atlantis-Verleger Martin Hürlimann (1897–1984) studierte in Zürich, Berlin und Leipzig, promovierte über *Die Aufklärung in Zürich* und bereiste als Fotograf Europa und Asien. 1929 gründete er in Berlin die Kulturzeitschrift *Atlantis*, deren erster Redaktor Walther Meier wurde (vgl. S. 155 f.) und die 1964 in Zürich mit der Zeitschrift *Du* zusammengelegt wurde. 1930 gründete Hürlimann in Berlin den Atlantis Verlag, den er 1939 hierher an den Zeltweg in Zürich verlegte. 1938 brachte er Ricarda Huchs *Frühling in der Schweiz* und 1940 Max Frischs *Blätter aus dem Brotsack* und 1943 *J'adore ce qui me brûle oder Die Schwierigen* heraus. Seit 1936 leitete Bettina Hürlimann (1909–1983), die Tochter des legendären Verlegers Gustav Kiepenheuer, die Bilderbuchabteilung. 1981 wurde Atlantis von der Stiftung Pro Juventute übernommen und wird heute als Imprint vom Orell Füssli Verlag, Zürich, weitergeführt.

Auf der anderen Seite stehen die berühmten

32 Escherhäuser Wohnungen von Richard Wagner, Johanna Spyri u. a. Zeltweg 7–11

Die Escherhäuser sind nach ihrem Bauherrn Heinrich Escher-Zollikofer, dem Vater von Alfred Escher, benannt, der sie 1836–1840 in spätklassizistischer Manier errichten ließ. Es waren die ersten Mietshäuser in Zürich, mit großzügigen, komfortablen Wohnungen. Dass in den Escherhäu-

sern am 1. Januar 1887 ein Brand ausbrach, erzählt Ricarda Huch, die an diesem Tag in Zürich ankam und im ehemaligen Hotel Bellevue abstieg:

»Beim Abendessen saß eine Gesellschaft von Herren und Damen uns gegenüber – denn man speiste an der table d'hôte –, die sich sehr lebhaft und lustig unterhielten in einer Sprache, von der ich kein einziges Wort verstand. So viel konnte ich unterscheiden, dass es keine von den bekannten westeuropäischen Sprachen war, auch eine slawische schien es mir nicht zu sein ... Sollten sie kalmückisch oder tatarisch sprechen? ... Später erfuhr ich, dass kurz vorher in den sogenannten Escherhäusern am Zeltweg ein Brand ausgebrochen war und dass die davon Betroffenen bis zur Ausbesserung der in ihren Wohnungen entstandenen Schäden ins Hotel gezogen waren. Sie sprachen ihr angestammtes Zürichdeutsch ...« *(Frühling in der Schweiz)*

Eine legendäre »Schlummermutter« in Nummer 7 war in den 1930er Jahren Salome Sarasin-Speiser (1877–1955), ein hoffnungsvolles junges Untermietertrio waren der Komponist Rolf Liebermann, der spätere Fernsehliebling Guido Baumann und der Schweizer Filmpionier Heinrich Fueter, der spätere Ehemann der großen alten Dame Annemarie Blanc.

Der Musikdramatiker Richard Wagner (vgl. S. 145 f.) hielt 1853–1857 in Nummer 11 Hof, während in Nummer 9 heute das Schweizerische Institut für Kinder- und Jugendmedien und das Johanna-Spyri-Archiv untergebracht sind – nicht von ungefähr. Denn in Nummer 9 lebte Johanna Spyri (1827–1901) nach dem Tod ihres Gatten, des Stadtschreibers, 1884, als sie die Amtswohnung im alten Stadthaus verlassen musste. Die privilegierte Witwe war gern unterwegs, fuhr in die Berge, kurte in Bad Pfäffers, reiste nach Oberitalien und an den Genfersee. Die berühmte *Heidi*-Autorin starb hier 1901 74-jährig.

Ein Nachmieter war der Komponist Paul Burkhard (1911–1977). Er schrieb Operetten, Musicals und Oratorien. Künstler gingen bei ihm ein und aus. Bertolt Brecht soll schockiert gewesen sein, als er bei Burkhard auch Hans Albers antraf. Ab 1960 lebte Burkhard in Zell im Tösstal. Berühmt wurde sein geistliches Spiel für Kinder und Jugendliche, die *Zäller Wienacht*. Er sterbe in c-Moll, soll er Freunden kurz vor seinem Tod anvertraut haben. Johanna Spyri dagegen starb in A-Dur!

Hier mündet auch die Wettingerwies in den Zeltweg.

Uraufführung von Brechts *Mutter Courage und ihre Kinder* mit Therese Giehse (li.) und Wolfgang Langhoff (re.) Schauspielhaus, 1941

33 Städtische Kochschule Wettingerwies 7

Die Starköchin Agnes Amberg (1936–1991) übernahm 1968 die legendäre Kochschule von Elisabeth Fülscher. Das Fülscher-Kochbuch, das 1923 Anna Widmer herausgegeben hat und »die Fülscher« weiterführte, war ein Dauerbrenner. Es gilt als *die* Schweizer Kochbibel mit 1700 Rezepten. Der Zürcher Ratsherrentopf hat die Nummer 755 a. 1980 eröffnete Agnes Amberg am Pfauen ein eigenes Restaurant.

Wir gehen den Zeltweg weiter, rechts am Ende kommen wir zum

34 Schauspielhaus Restaurant Terroir Rämistrasse 34

Das Schauspielhaus Zürich gilt als eines der bedeutendsten deutschsprachigen Theater. Das Haus am Pfauen wurde 1892 als Volkstheater mit Bayerischem Biergarten und einer Kegelbahn errichtet und zunächst als Varieté genutzt. 1901 wurde es vom Direktor des Opernhauses angemietet und mit Goethes *Die Mitschuldigen* als Schauspielhaus eröffnet. 1926 erwarb der Zürcher Weinhändler und Direktor des Schauspielhauses Ferdinand Rieser das Gebäude und ließ es umbauen. 1938 wurde der Theaterbetrieb durch die von der Stadt eigens gegründete Neue Schauspiel AG übernommen, der Rieser das Gebäude verpachtete. Dem damaligen Stadtpräsidenten Emil Klöti und dem Verleger Emil Oprecht gelang es so, das Theater aus seiner finanziellen Schieflage zu befreien.

Als 1952 der Pachtvertrag mit der Witwe Ferdinand Riesers ablief, verweigerten die Zürcher Bürger ihre Zustimmung zum Erwerb der Gebäude durch die Stadt Zürich zu einem Kaufpreis von 3 Mio. Franken. Glücklicherweise war die Schweizerische Bankgesellschaft bereit, als Käuferin einzuspringen und mit der Neuen Schauspiel AG einen Pachtvertrag abzuschließen.

Die Bemühungen, ein anspruchsvolles Theater in Zürich zu etablieren, waren zunächst wenig erfolgreich, bis 1933 wurde das Schauspielhaus international kaum beachtet. Ab 1933 emigrierten viele deutsche Schauspieler und Regisseure nach Zürich und wurden in das Ensemble des Schauspielhauses aufgenommen: Therese Giehse, Albert Bassermann, Ernst Ginsberg, Kurt Horwitz, Leopold Lindtberg, Wolfgang Langhoff, Grete Heger und viele andere. Durch sie erlebte das Haus seinen Höhepunkt als Emigrantentheater. Während des Zweiten Weltkriegs standen viele antifaschistische Stücke auf dem Spielplan. Es war die einzige freie Bühne im deutschsprachigen Raum, da in Deutschland und Österreich nur noch regimegenehme Stücke aufgeführt werden durften. 1941 wurde hier Bertolt Brechts *Mutter Courage* uraufgeführt und 1946 Max Frischs Stück *Nun singen sie wieder*. Es folgten die großen Premieren von Friedrich Dürrenmatt.

1966 brach im Schauspielhaus der große Literatur- oder passender Germanistenkrieg aus. Professor Emil Staiger (1908–1987), ein Großmeister der werkimmanenten Interpretation mit internationaler Reputation, hob in seiner Dankesrede für den Literaturpreis der Stadt Zürich zu einem brutalen Rundumschlag gegen die zeitgenössische Literatur an: »Man gehe die Gegenstände der neueren Romane und Bühnenstücke durch. Sie wimmeln von Psychopathen, von gemeingefährlichen Existenzen, von Scheußlichkeiten großen Stils und ausgeklügelten Perfidien. Sie spielen in lichtscheuen Räumen und beweisen in allem, was niederträchtig ist, blühende Einbildungskraft.« Gemeint fühlten sich viele. Als Angegriffener setzte sich u. a. Max Frisch vehement zur Wehr. Die Ära Staiger war endgültig vorbei. Heute darf man wenigstens wieder über ihn reden.

Im September 2000 wurde als Parallelbühne der Schiffbau eröffnet, im Kreis 5 beim Escher-Wyss-Platz.

Das ans Schauspielhaus angrenzende Restaurant hieß früher Pfauen. Es war ein Treffpunkt der Theaterleute, der Literaten (ja, auch Gottfried Keller war in seinen letzten Lebensjahren Stammgast) und der Zürcher Schickeria. Das Lokal wurde mehrmals umgebaut und umbenannt, zurzeit heißt es Terroir und bietet bodenständig raffinierte Schweizer Küche. Das Konzept stammt von Adrian Bindella aus der Gastronomiedynastie Bindella: Sein Urgroßvater Jean Bindella (1878–1918) war der erste Chianti-Importeur in der Schweiz.

Vom Heimplatz (Pfauen) führt die Rämistrasse doppelt zum Bellevue hinab: entlang der verkehrsreichen Straße und – urban romantisch – über die Hohe Promenade. Wir wählen den oberen Weg.

35 Wohnhaus von Caroline Farner Lyceum-Club Villa Ehrenberg Rämistrasse 26

Caroline Farner (1842–1913) war die zweite praktizierende Ärztin in Zürich, nach Marie Heim-Vögtlin. Als erste Ärztin behandelte sie auch Männer. Sie wohnte bis zu ihrem Tod zusammen mit ihrer Lebenspartnerin Anna Pfrunder in der Villa Ehrenberg, einem klassizistischen Palais. Die Gesellschaft machte es ihr nicht leicht. 1892 wurde Farner/Pfrunder sogar ein Prozess gemacht, wegen angeblichen Missbrauchs von Mündelgeld.

Seit 1926 trifft sich in der Villa Eh-

Marcel Janco (re.) mit seiner ersten Frau Micheline Ackermann und Hans Arp, um 1918

Hulda Zumsteg in der Kronenhalle

Ingeborg Bachmann in der Kronenhalle, 1963. Re. François Bondy. Foto von Stefan Moses

Gottfried Benn, Berlin, 1947/48

renberg der Lyceum-Club. Gegründet wurde der Club 1903 in London als Zusammenschluss von Frauen, die sich für literarische, musische, künstlerische, soziale und ökologische Fragen engagieren.

36 Gymnasium Hohe Promenade Ehemaliger »Affenkasten« Rämistrasse 22

Das Gebäude im späten Jugendstil wurde 1913 bezogen, nur von Schülerinnen, die Koedukation wurde erst 1976 eingeführt. Gegründet wurde die Höhere Töchterschule jedoch bereits 1875. Zum Lehrkörper gehörte u. a. die Theaterkritikerin und Dürrenmatt-Biographin Elisabeth Brock-Sulzer (1903–1981). Max Frisch, verärgert über die Rezension eines seiner Stücke, soll seine vernichtende Entgegnung an »Frau Brock-Sulzer, Lehrerin« adressiert haben.

Es lohnt sich, vom Hügel aus auf die andere (Rämi-)Straßenseite zu blicken. Die herrschaftlichen Häuser – im Parterre mehrere Galerien – haben Dachgärten auf Augenhöhe. In einem dieser Häuser befand sich der Sitz des Diogenes Verlags.

37 Logis von Marcel Janco Ehemaliger Sitz des Diogenes Verlags Rämistrasse 33

Hier wohnte der rumänisch-jüdische Künstler und Schriftsteller Marcel Janco (1895–1984), ein Dadaist der ersten Stunde. Er immatrikulierte sich an der ETH. 1922 ging er nach Rumänien zurück und arbeitete dort bis 1941 als Architekt und Maler. Wegen des erstarkenden Antisemitismus während des Zweiten Weltkriegs emigrierte er nach Israel.

Mit 800 Franken Startkapital gründete Daniel Keel 1952 seinen Diogenes Verlag. Er kaufte für 400 Franken die Rechte für Ronald Searles *Weil noch das Lämpchen glüht*. 1954 folgte Loriots *Auf den Hund gekommen*. Zur Legende wurde die Schuhschachtel, in der Keel unter seinem Bett die Buchhaltung platzierte, um die sich ab 1961 sein Freund Rudolf C. Bett-

schart vollamtlich kümmerte. Programmschwerpunkte wurden mit angelsächsischer Literatur und Krimis gesetzt. 1960 bezog der Verlag die Beletage an der Rämistrasse 33, 1970 zog er an die Sprecherstrasse 8 um, wo er noch heute seinen Sitz hat. Die Werke von Alfred Andersch, Carson McCullers, Patricia Highsmith, Tomi Ungerer, Patrick Süskind und vielen anderen wurden Bestseller.

Wir spazieren nun wie die Premierenbesucher des Schauspielhauses einst und noch heute »hinunter« zum Bellevue und besuchen die berühmte

38 Kronenhalle Rämistrasse 4

Meinen Sie Zürich zum Beispiel
sei eine tiefere Stadt,
wo man Wunder und Weihen
immer als Inhalt hat?

Meinen Sie, aus Habana,
weiß und hibiskusrot,
bräche ein ewiges Manna
für ihre Wüstennot?

Bahnhofstraßen und rue'en,
Boulevards, Lidos, Laan –
selbst auf den Fifth Avenue'en
fällt Sie die Leere an –

ach, vergeblich das Fahren!
Spät erst erfahren Sie sich:
bleiben und stille bewahren
das sich umgrenzende Ich.

In der Kronenhalle trafen sich Ende März 1953 der deutsche Arzt und Dichter Gottfried Benn, von dem das zitierte Gedicht stammt, und sein damals 32-jähriger Zürcher Verleger Peter Schifferli, der sich erinnert: »Er hatte den Eckplatz unter der späten Herbstlandschaft von Braque gewählt, deren dunkelbraun-goldener Farbklang sein Gesicht auffallend bleich erscheinen ließ. Als ich auf ihn zutrat, gab er mir wortlos die Hand. Er schaute mich lange an. ›So jung sind Sie‹, sagte er dann, scheinbar überrascht. Und als ich mich gesetzt hatte, fügte er lächelnd hinzu: ›Eigentlich merkwürdig, dass Sie an den Gedichten und Gedanken eines müden alten Mannes in all den Jahren so starken Anteil nehmen konnten …‹« Sie feierten Versöhnung, denn Benn war verärgert gewesen, weil der Verleger das Gedicht *Gewisse Lebensabende* nicht in die *Statischen Gedichte* aufgenommen hatte, die 1948 erschienen. Sie wurden wieder distanzierte Freunde, bis zu Benns Tod.

Neues schreiben über die legendäre Kronenhalle, diese längst internationale Zürcher Institution? Alles wurde doch schon gesagt, Richtiges und Falsches. Ursprünglich war die Kronenhalle die Dependance der Goldenen Krone am Bellevue, die 1842 im alten Pferdestall eingerichtet und 1863 in eine Café-Restaurant-Bierhalle umgebaut wurde. Gottlieb und Hulda Zumsteg (1890–1984) übernahmen den Betrieb 1922. Die Küche war und ist gutbürgerlich. Aber wegen des Essens geht man eigentlich nicht hin, höchstens wegen des Balleron-Salats, und auch nicht wegen der »Réserve de la Patronne«. Man geht hin, weil man hinging und hingeht, wie James Joyce, die Schweizer Diadochen Frisch und Dürrenmatt, die hier mit Therese Giehse und Maria Becker ihre legendären Premierenfeiern abhielten, Picasso, Chagall ... Weil Hulda Zumsteg so überzeugend Balenciaga trug. Wegen des Frieses mit den Zunftwappen, das Gottlieb Zumsteg anbringen ließ. Wegen der Kunst an den Wänden, die größtenteils Sohn Gustav (1915–2005) organisierte. Die Mousse au chocolat ist Geschmackssache.

Quaibrücke und Bürkliplatz, um 1905

6. Spaziergang
Enge

Wo Leidenschaften toben, geht's edel zur Kultur

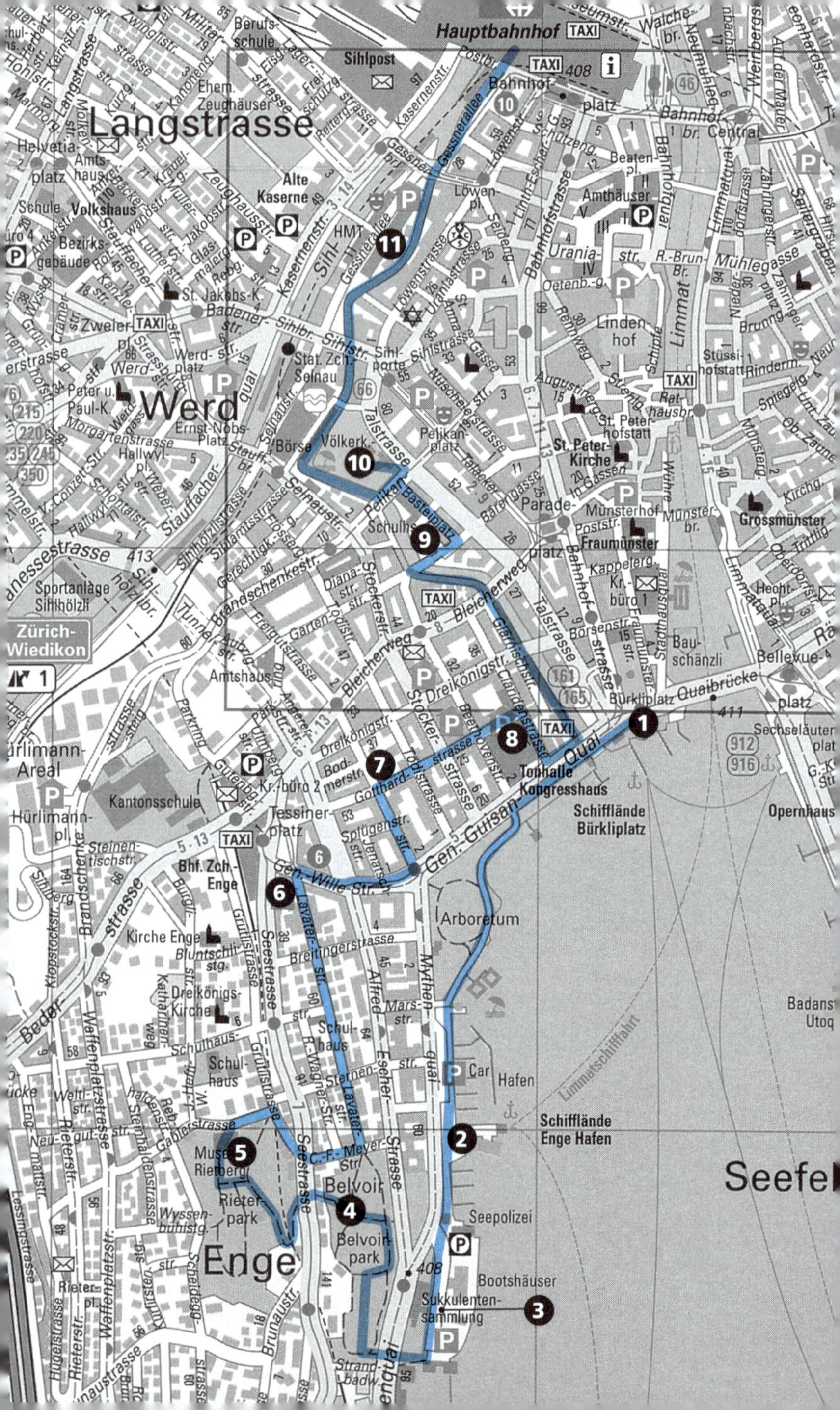

Hauptbahnhof
TAXI
Sihlpost
Bahnhofplatz
Bahnhofbr.
Central
Langstrasse
Berufsschule
Ehem. Zeughäuser
Helvetiaplatz
Amtshaus
Alte Kaserne
Volkshaus
Bezirksgebäude
St. Jakobs-K.
Löwenpl.
Beatenpl.
Amthäuser
Urania-str.
Mühlegasse
Lindenhof
HMT
11
Stat. Zch. Selnau
Sihlporte
Werd
Peter u. Paul-K.
Ernst-Nobs-Platz
Börse
Völkerk.
10
Pelikanplatz
St. Peterhofstatt
St. Peter-Kirche
Paradeplatz
Münsterhof
Fraumünster
Grossmünster
Schulhs.
9
Sportanlage Sihlhölzli
Zürich-Wiedikon
Bleicherweg
Kr.-büro 1
Bauschänzli
Bellevue-platz
Amtshaus
Bürkliplatz
Quaibrücke
1
8
Tonhalle
Kongresshaus
Schifflände Bürkliplatz
Opernhaus
Sechseläutenplatz
Hürlimann-Areal
Kantonsschule
Kr.-büro 2
7
Tessinerplatz
Gen.-Guisan-Quai
Bhf. Zch.-Enge
6
Gen.-Wille-Str.
Arboretum
Kirche Enge
Dreikönigs-Kirche
Mythenquai
Car
Hafen
Limmatschifffahrt
Schifflände Enge Hafen
2
Seefeld
Museum Rietberg
5
Belvoir
4
Rieterpark
Belvoirpark
Seepolizei
Enge
Bootshäuser
Sukkulenten-sammlung
3
Strandbadw.
Seestrasse
Lavaterstr.
Alfred-Escher-Strasse
Brandschenkestrasse
Badenerstr.
Talstrasse
Bahnhofstrasse
Limmatquai
Limmat

Der sechste Spaziergang beginnt am Bürkliplatz und führt in die Enge, ein Wohngebiet, das es durchaus mit dem Zürichberg aufnehmen kann. Er endet am Hauptbahnhof.

❶ Bürkliplatz

Auf dem heutigen Bürkliplatz sollte eigentlich das schweizerische Bundeshaus stehen. Gebaut wurde es dann allerdings in Bern, zur Enttäuschung der Zürcher. Der »nutzlose« Platz am See wurde 1908 nach dem ersten Stadtingenieur Arnold Bürkli (1833–1894) benannt, unter dessen Leitung zwischen 1861 und 1877 die Bahnhofbrücke und die Bahnhofstrasse aus dem Boden gestampft wurden. Nach einer grässlichen Cholera-Epidemie reformierte er 1867–1873 das Abfuhrwesen, die Kloaken und schuf die städtische Trinkwasserversorgung.

Wir flanieren über die gepflegte Uferpromenade, durch das Arboretum mit seinem prächtigen Baumbestand, kommen am Bürkli-Denkmal vorbei, das hier seinen Platz hat, weil Bürkli auch die 1887 vollendeten Quaianlagen konzipierte. Wir gehen weiter durch den alten wissenschaftlichen Gehölzgarten zum Hafen Enge, wo uns hoch oben der steinerne Löwe von Urs Eggenschwiler begrüßt, der 1895 aufgestellt wurde. Der Löwe, der »Züríleu«, ist das Zürcher Wappentier. Etwas weiter steht der

❷ Gottfried-Keller-Kopf

Den übergroßen, eindrucksvollen Gottfried-Keller-Kopf aus Jurakalk schuf der Bildhauer Otto C. Bänninger (1897–1973) 1963/64. Es ist das einzige Denkmal, das dem Dichter und Staatsschreiber von seiner Heimatstadt gewährt wurde. Er hätte zweifellos einen prominenteren Platz verdient, mindestens wie die von Alfred Escher oder Hans Waldmann. Dichter haben es in Zürich schwerer als Politiker, vor allem wenn sie nicht nur lobpreisen. Aber lesen kann man sie!

Wir gehen weiter zur

❸ Sukkulenten-Sammlung Mythenquai 88

Ein stachliges Geschenk: Der Warenhausbesitzer Jules Brann schenkte Zürich 1929 die Sammlung des Zürcher Kakteengärtners Jakob Gasser, die mittlerweile weltweit als eine der wichtigsten und reichhaltigsten gilt. Die öffentliche Sukkulenten-Sammlung ist übrigens ein Geheimtipp für ungestörte Lektürestunden!

Statt beim Überqueren des Mythenquais sein Leben zu riskieren, benutzen wir die Unterführung beim nahen Seebad und erreichen den Belvoirpark.

❹ Belvoir Seestrasse 125

Das Belvoir war einst die schönste Villa von Zürich, hochklassizistisch. Der steinreiche Heinrich Escher-Zollikofer ließ sie 1828 auf einem künstlichen Hügel erbauen, in einem

prächtigen Park. Sein ehrgeiziger Sohn Alfred Escher (vgl. S. 10), Eisenbahnkönig, Mitbegründer der ETH und der Kreditanstalt, gründete hier seine eigene Familie. Seine Frau und das jüngere Töchterchen starben früh. Hausherrin war fortan die erstgeborene Tochter Lydia. Zu den Freunden des Hauses zählte auch Gottfried Keller: »Ich stehe gut mit ihm, wir sind recht fidel zusammen«, schrieb die 18-jährige Lydia am 26. November 1878 ihrer Freundin Louise Breslau über den Schriftsteller, der damals 59 Jahre alt war und bürgerlicher kunstsinniger Behaglichkeit durchaus nicht mehr abhold wie in jüngeren Jahren.

Lydia Escher heiratete den Bundesratssohn Friedrich Emil Welti, einen Juristen, am 18. Dezember 1882. Zwei Wochen vor der Hochzeit war Alfred Escher, »in den Armen der Tochter«, gestorben. 1885 tauchte der Maler Karl Stauffer-Bern, der in Berlin Karriere gemacht hatte, bei dem Ehepaar auf. Er war ein Schulfreund des Ehemannes und war überaus interessiert, den berühmten Gottfried Keller porträtieren zu dürfen. Jedenfalls hatte er sich brieflich bei einem Bekannten erkundigt: »Wie stelle ich es wohl am besten an, wenn ich den Gottfried Keller malen will, soll ich hinschreiben oder mich persönlich bei ihm erst vorstellen?« Er fand einen anderen Weg: Wenig später ließ er sich im Belvoir melden, wurde gastfreundlich empfangen – und erhielt den Auftrag, die Dame des Hauses zu malen. (»Welti ist ein Prachtkerl, er hat mir 10 000 Franken gegeben für das Bild seiner Frau«, berichtete er Max Mosse in Berlin.) *Die Dame in Weiss* hängt heute im Kunsthaus Zürich, eine Leihgabe der Gottfried-Keller-Stiftung, die Lydia Welti-Escher ins Leben rief. Gottfried Keller ließ sich als Modell länger bitten. Doch das Porträt kam zustande. Stauffer-Bern gelang außerdem ein fotografischer Schnappschuss des beim Malen eingenickten Dichters, der als Radierung eine Ikone wurde. Manchmal heiligt der Zweck die Mittel eben doch. Wie es dann weiterging mit Lydia, ihrem Mann und ihrem Malerfreund, lesen Sie auf S. 11.

1901 kaufte die Stadt die Villa, 1925 wurde hier eine Hotelfachschule eingerichtet, die auch das (empfehlenswerte!) Restaurant führt. Der

Villa Belvoir

Alfred Escher mit seiner Tochter Lydia

Otto Wesendonck, 1860

Mathilde Wesendonck

traumhafte Park, einer der ältesten Landschaftsgärten in Zürich, ist öffentlich.

Wir verlassen den Belvoirpark Richtung Seestrasse, überqueren sie und stehen vor dem nächsten herrschaftlichen Park, dem Rieterpark. Das Museum Rietberg erreichen wir durch den Park aufsteigend.

5 Villa Wesendonck Domizil von Richard Wagner Heute Museum Rietberg Gablerstrasse 15

1857 checkten der Seidenmagnat Otto Wesendonck (1815–1896) und seine Frau Mathilde (1828–1902) im Hotel Baur au Lac aus (vgl. S. 36 ff.), wo sie seit 1851 gewohnt hatten, und bezogen ihre nigelnagelneue Villa »auf dem grünen Hügel«, im Rieterpark. Bereits in die damalige Villa Schönberg eingezogen waren Richard Wagner (vgl. S. 135) und seine Frau Minna (1809–1866). Die Wesendoncks hatten das benachbarte zweistöckige Fachwerkhaus, das sogenannte »Asyl«, großzügig für die Wagners herrichten lassen.

Der ständig verschuldete Komponist, der seit 1849 im Zürcher Exil lebte, wurde nun endlich so prachtvoll »vergoldet«, wie es ihm für seine Person angemessen erschien. Wagner komponierte viel, reiste ins Gebirge, ließ sich inspirieren. Am 18. September 1857 überbrachte er Mathilde Wesendonck, seiner »Muse«, das Libretto des *Tristan*. »An diesem Tag, zu dieser Stunde wurde ich neu geboren ... Ein holdes Weib, schüchtern und zagend, warf mutig sich mitten in das Meer der Schmerzen und Leiden, um mir diesen herrlichen Augenblick zu schaffen, mir zu sagen: Ich liebe Dich!«, vertraute Wagner seinem *Tagebuch* an. Damit begann eine der großen Liebesaffären in der Geschichte der Musik.

Im Winter 1857/58 komponierte Wagner die fünf *Wesendonck-Lieder* nach Gedichten von Mathilde Wesendonck, die keine große Dichterin war, aber eine vorzügliche Gastgeberin: »Angenehm und ruhig ging es in diesem Haus zu. Frau Wesendonck war die Seele des Ganzen. Wagen, Pferde zum Reiten, Zeitungen, Bücher, Bä-

Richard Wagner, um 1855

Adrien Turel

der, ausgezeichneter Tisch mit vorzüglichen Weinen, Musik, interessante Menschen, die von überall herkamen und gern blieben, machten dem Gaste die Villa zum Paradies.« Ab 1858 kriselte es kreuz und quer bei den beiden betroffenen Paaren. Wagner zog ohne seine Frau Minna nach Venedig und später nach Tribschen, 1870 heiratete er Cosima von Bülow-Liszt und eröffnete wenig später in Bayreuth sein Festspielhaus.

Wesendoncks verließen Zürich ebenfalls, sie verkauften ihr Anwesen 1871 überstürzt an die Textilunternehmerfamilie Rieter. Sie hatten, um den Sieg der Deutschen über die Franzosen zu feiern, im Frühjahr zu einer Feier in die alte Tonhalle eingeladen, was zu Krawallen führte. Eine aufgebrachte Menge versuchte, ihre Villa anzuzünden, woraufhin sie sich nicht länger in Zürich zu Hause fühlten. Sie ließen sich in Dresden nieder, dann in Berlin und schließlich am Traunsee, wo Mathilde Wesendonck 1902 starb, sechs Jahre nach ihrem Mann.

1901 erwarb die Stadt die Prachtvilla. 1949 konnte sie aufgrund einer Volksabstimmung zum Museum umgebaut und die Kunstsammlung des Baron Eduard von der Heydt (1882–1964), des Kunstmäzens und Gründers des Hotels Monte Verità in Ascona, erworben werden. 1952 wurde das Museum Rietberg eröffnet. Seit Februar 2008 betritt man es durch einen grünen gläsernen Vorbau, den sogenannten Smaragd. Sein Name wurde dem Gedicht *Im Treibhaus* von Mathilde Wesendonck entnommen, die darin ihre exotischen Pflanzen »Baldachine von Smaragd« nannte.

Beachten Sie auch das rührende Grabmal für das Wesendonck-Kind Guido Otto (1855–1858).

Wir verlassen den Park stadteinwärts, gehen rechts ein Stück die Gablerstrasse

entlang und folgen nochmals rechts der Grütlistrasse, überqueren die Seestrasse, gehen durch die C.-F.-Meyer-Strasse und biegen links in die Lavaterstrasse, wo sich in der Nummer 33 die Israelitische Kultusgemeinde befindet. Gegenüber, wo sich heute das Einkaufszentrum Engi-Märt breitmacht, verlief früher die Venedigstrasse. Mit ihr ist auch das »Weltobservatorium« verschwunden.

6 Ehemalige Wohnung von Adrien Turel Ehemaliges Weltobservatorium Venedigstrasse 2

Adrien Turel (1890–1957) war einer der kompliziertesten Schweizer Schriftsteller. Er kam in St. Petersburg zur Welt, Sohn eines Waadtländer Gymnasialprofessors und einer Preußin, lebte als Kind in Chailly-sur-Lausanne, kam zehnjährig nach Berlin und blieb dort bis 1934. 1933 wurde er von der Gestapo verhaftet, weil er mit Kommunisten befreundet war, mangels Beweisen jedoch wieder freigelassen.

1934 gelangte Turel über Paris nach Zürich. »Er sprach nur hochdeutsch mit leicht berlinerischer Saloppheit«, erinnert sich Humm. »Weltgeschichte, Urgeschichte, der Schub und der Zusammenstoß der Mächte, der menschlichen und übermenschlichen, geologischen, kosmischen, seelischen, das alles bildete in seinem Gehirn ein Meteor, das dauernd kreiste, leuchtete, erstaunlich war. Aber wie schwierig war doch manchmal das Gespräch mit ihm ... ein Dichter-Philosoph von höchster Eigenart.« (*Rabenhaus*)

Nach vielen finanziellen Engpässen und Umzügen als Schriftsteller, Übersetzer und Halbtagsangestellter beim Stadtarchiv fand er nach seiner Heirat mit Lucie Welti, 1947, eine Wohnung an der Venedigstrasse 2, wo er wie schon früher in Berlin sein »Weltobservatorium« einrichtete. Als technisch begabter Visionär sah er schon in den 1940er Jahren die Eroberung des Weltraums durch Amerikaner und Russen voraus und auch die künftige Umweltverschmutzung. Turel hinterließ ein gewaltiges Werk, darunter zwei Romane, *Reise einer Termite zu den Menschen* (1931/1942 entstanden) und *Eros Heliotikos oder Die zwölf Monate des Doktor Ludwig Stulter* (1937/42), ein autobiographisch geprägter Zürich-Roman. Der 1930 verfasste, aber erst 1942 veröffentlichte Krimi *Die Greiselwerke* gehört zu den ersten Schweizer Kriminalromanen überhaupt. Selber bezeichnete Turel seine Werke als »Fettfleck im Purpurmantel der Mutter Helvetia«. 1956 erschien seine Autobiographie *Bilanz eines erfolglosen Lebens.*

Als an der Venedigstrasse günstige Wohnungen verschwanden, protes-

Tonhalle, um 1900

tierten in Zürich 1971 erstmals breite Bevölkerungsschichten gegen ein Neubauprojekt. Turel hat dies nicht mehr miterlebt.

Durch die heute stark befahrene General-Wille-Strasse gelangen wir links zur Genferstrasse, der wir folgen.

7 Ehemaliger Salon Reiff Genferstrasse 24 (Früher Mythenstrasse)

Das »Geniehospiz« – die Tänzerin Mary Wigman hat sie so genannt, die Reiff-Villa an der früheren Mythen-, heute Genferstrasse 24, denn am »jour fixe«, mittwochs jeweils, trafen sich hier Berühmtheiten aus Kunst, Literatur und Musik, aber auch kunstinteressierte arme Schlucker. Lily Reiff-Sertorius (1866–1958) war eine der letzten Klavierschülerinnen von Franz Liszt, sie komponierte, und sie war eine großzügige, weltgewandte Gastgeberin. Ihr Gatte, der Seidenindustrielle und Kunstmäzen Hermann Heinrich Reiff (1856–1938), war 28 Jahre Präsident der Tonhalle-Gesellschaft. Zu den Gästen des »jour fixe« gehörten Richard Strauss, Arturo Toscanini, Bruno Walter, Thomas Mann, Ricarda Huch, die Zuckmayers, Arnold Kübler ... Auch Mitglieder des Schauspielhaus-Ensembles aßen sich gern einmal die Woche dort satt – mit ihren mickrigen Gagen konnten sie keine lukullischen Sprünge machen. Nach dem Tod von Hermann Reiff wurden die Mittwochempfänge eine Zeitlang eingestellt, später aber im kleineren Rahmen wieder aufgenommen.

Durch die Gotthardstrasse gehen wir bis zur Claridenstrasse, biegen rechts ein und stehen vor der

8 Tonhalle Claridenstrasse 7

Die Tonhalle wurde 1895 erbaut und im Beisein von Johannes Brahms eingeweiht. Sie zählt wegen ihrer Akustik weltweit zu den besten Konzertsälen. Im Foyer erinnern die Büsten von Karl Attenhofer, dem Komponisten und Chorleiter, und Friedrich Hegar (vgl. S. 122), dem ersten Konzertmeister der Tonhalle, an die Gründerzeit. Der große Tonhalle-Saal bietet 1455 Personen Platz, das Pro-

Konzert von Clara Haskil und Géza Anda in der Tonhalle, 1955. Dirigent: Herbert von Karajan

gramm ist vielfältig und anspruchsvoll.

Legendär sind die Konzerte der jüdischen Pianistin und berühmten Mozart-Interpretin Clara Haskil (1895–1960), die 1942 vor den deutschen Besatzern aus Frankreich in die Schweiz floh, wo sie von Freunden, u. a. dem Winterthurer Industriellen und Mäzen Werner Reinhart, unterstützt wurde.

»Ich bin sehr glücklich, dass Sie meine Einladung angenommen haben und für zwei Monate nach Winterthur kommen wollen. Das Zimmer, das Ihnen zur Verfügung steht, ist groß genug, dass Sie darin arbeiten können, und gut zu beheizen. Ein Ihnen passendes Klavier wollen Sie sich bitte nach ihrer Ankunft auswählen.« (Werner Reinhart an Clara Haskil, 4. Januar 1943)

Ob Duke Ellington (1899–1974) den Flügel auch in der Tonhalle sachte »verstimmen« ließ für sein Konzert am 2. Mai 1950? Er soll den Klavierstimmer jeweils gebeten haben, das Instrument nicht vollkommen richtig zu stimmen: »Wenn ein Klavier absolut perfekt gestimmt ist, klingt es nicht mehr. Da ist dann nichts falsch, aber es fehlt etwas – von der Wärme, dem Gefühl der Echtheit.«

Es wurde in der Tonhalle aber nicht nur musiziert, sondern auch gelesen. Ironie des Schicksals, dass ausgerechnet die beiden großen Zürcher Dichter des vorletzten Jahrhunderts, Keller und Meyer, in den vom Lesezirkel Hottingen veranstalteten »Abenden für Literatur und Kunst« (vgl. S. 132) nie auftraten. Und auch Max Frisch nicht: Er musste 1936 aus Mangel an geeignetem Material absagen! Der Literaturnobelpreisträger Carl Spitteler (1845–1924) jedoch las ein erstes, 1910 ein weiteres Mal, es kamen Gedichte des Autors, die Othmar Schoeck (1886–1957) vertont hatte, zur Aufführung. 1922 erläuterte Spitteler bei einem letzten Auftreten seine Umarbeitung des heute vergessenen Epos *Prometheus*. Es lasen auch Heinrich Federer (vgl. S. 95) und Meinrad Lienert, »mit elitärer Verspätung« Jakob Christoph Heer, der Bestsellerkönig mit seinem *König der Bernina*. Nicht eingeladen wurde Else Lasker-Schüler, dagegen sehr wohl Colette, Gertrud Le Fort und Alja Rachmanowa.

In der Tonhalle feierte der Lesezir-

Einladung zum Frühlingsfest, 1922. Grafik von Hugo Laubi

kel Hottingen bis 1940 auch seine legendär-spektakulären Feste, mit einem Rheinfest (1902), einer Bauernkirchweih (1907), dem Altrömischen Frühlingsfest (1912), dem Traum von Europa (1922) und 1923 mit einer Walpurgisnacht!

Von der Tonhalle gehen wir ein kurzes Stück den General-Guisan-Quai entlang und biegen dann links in den Schanzengraben ein. Hier endete im Juni 1933 die aufwendige Festtradition des Lesezirkels Hottingen mit einer Nacht in Venedig eben nicht in der Lagune, sondern im Schanzengraben.
Seit den 1970er Jahren ist die ehemals barocke Verteidigungsanlage eine idyllische Fußgängerpromenade, die mitten durch die City vom See bis zum Bahnhof führt und der wir bei unserem weiteren Spaziergang mit Abstechern bis dorthin folgen.

9 Ehemaliges Winterquartier von Hermann Hesse Schanzengraben 31

Von 1925 bis 1932 wohnte der Literaturnobelpreisträger Hermann Hesse (1877–1962) im Winter hier in einer Wohnung, die ihm seine Zürcher Freunde Fritz und Alice Leuthold-Sprecher überließen. Hesse kurte im nahen Baden, begab sich in Analyse bei C. G. Jung, war im Lesezirkel Hottingen wohlgelitten, und er lernte in Zürich sogar tanzen, was er im *Steppenwolf* verewigte.

»Ich habe in den sieben Jahren in Zürich wohl ebenso Wichtiges erlebt wie in Montagnola und auch viel gearbeitet. Mehr als die Hälfte von dem, was ich seit 1925 geschrieben habe, ist in den Zürcher Wintern entstanden. Und wenn ich diese Werkstätte und Zuflucht nicht gehabt hätte und nicht Euch und einige Freunde, so hätte ich diese Jahre nicht so überstehen können, dass ich ihrer jetzt in Dankbarkeit gedenken kann«, schrieb

Hesse rückblickend an die Leutholds. Das Haus wurde inzwischen abgerissen.

Wir gehen über das Bärengasse-Brüggli zum Basteiplatz. Dort stehen die in den 1980er Jahren spektakulär an den heutigen Standort verschobenen barocken Wohnhäuser Zur Weltkugel und Zum Schanzenhof, in denen bis vor kurzem das Museum Bärengasse untergebracht war. Den Basteiplatz entlang kommen wir zur Pelikanstrasse und zum Bollwerk Zur Katz. Dort befindet sich der alte botanische Garten.

10 Botanischer Garten

Von Conrad Gessner (1516–1565) stammt die Idee, in Zürich einen botanischen Garten anzulegen – sie wurde erst 300 Jahre später an dieser Stelle verwirklicht. Und hier steht auch sein Denkmal. Gessner studierte Theologie und Medizin. 1541 erschien sein Pflanzenbuch *Historia plantarum*. Er praktizierte als Arzt und war Lektor am Carolinum für Philosophie, Physik und Ethik. 1554 wurde er Oberstadtarzt, 1558 Chorherr. Furore machte er mit seiner in zwei Teilen erschienenen *Bibliotheca universalis* (1545 bzw. 1548/49), in der er – ohne Computer – in alphabetischer Anordnung an die 3000 Autoren der griechischen, lateinischen und hebräischen Geistesgeschichte und ihre Werke auflistete. Er gilt als Vater der Bibliographie. In seinem *Mithridates* (1555) verglich er 72 Sprachen! *Garten* = *jardin* = *orto* = *iert* = *garden* usw.

Vielleicht haben Sie noch Lust auf einen Abstecher ins Völkerkundemuseum? Ansonsten flanieren wir auf dem Uferweg den Schanzengraben entlang, vorbei am ersten und heute noch wichtigsten Zürcher Hallenbad bis zum

11 Kulturzentrum Reithalle Gessnerallee Judith-Gessner-Platz

Der Platz zur Gessner-Brücke hin heißt seit 2006 Judith-Gessner-Platz, nach der Gattin von Salomon Gessner (vgl. S. 69 f.). Judith Gessner (1736–

1818) hat der Gessner-Biograph Johann Jakob Hottinger beschrieben als »ein junges Frauenzimmer von seltenen Vorzügen der Schönheit und des Geistes mit einem treffenden Witz«. Geehrt wurde sie ausdrücklich auch stellvertretend für viele Frauen der Geschichte und Gegenwart, die ihrem Mann Kraft, Energie und Stabilität gaben, ohne je selbst im Rampenlicht zu stehen. Der Stadtrat, der Benennungen beschließt, wurde poetisch: Es sei ihm ein Anliegen, »dass dieses besondere, kleine Plätzchen und die danebenliegende, prägnante Gessnerallee unmittelbar miteinander verbunden sind – so wie es die Eheleute Gessner auch waren«.

Die verschiedenen Gebäude (viele davon alte Stallungen) des Kulturzentrums Reithalle beherbergen heute mehrere Theater, die eine Alternative zu den bekannten Betrieben bilden und eher ein jüngeres Publikum anziehen. Die dazugehörenden Restaurants sind vor allem auch in den wärmeren Monaten sehr gefragt – eine der Gartenbeizen liegt direkt über dem Schanzengraben unter riesigen alten Bäumen (Schatten garantiert), die andere über der Sihl.

Durch die Gessnerallee gelangen wir zum Bahnhof.

Blick von der Sihlbrücke nach Aussersiehl, um 1912

7. Spaziergang Aussersihl/Sihlfeld

Una famiglia italiana oder »Auf diese Weise lernen die Kinder doch wenigstens Deutsch«

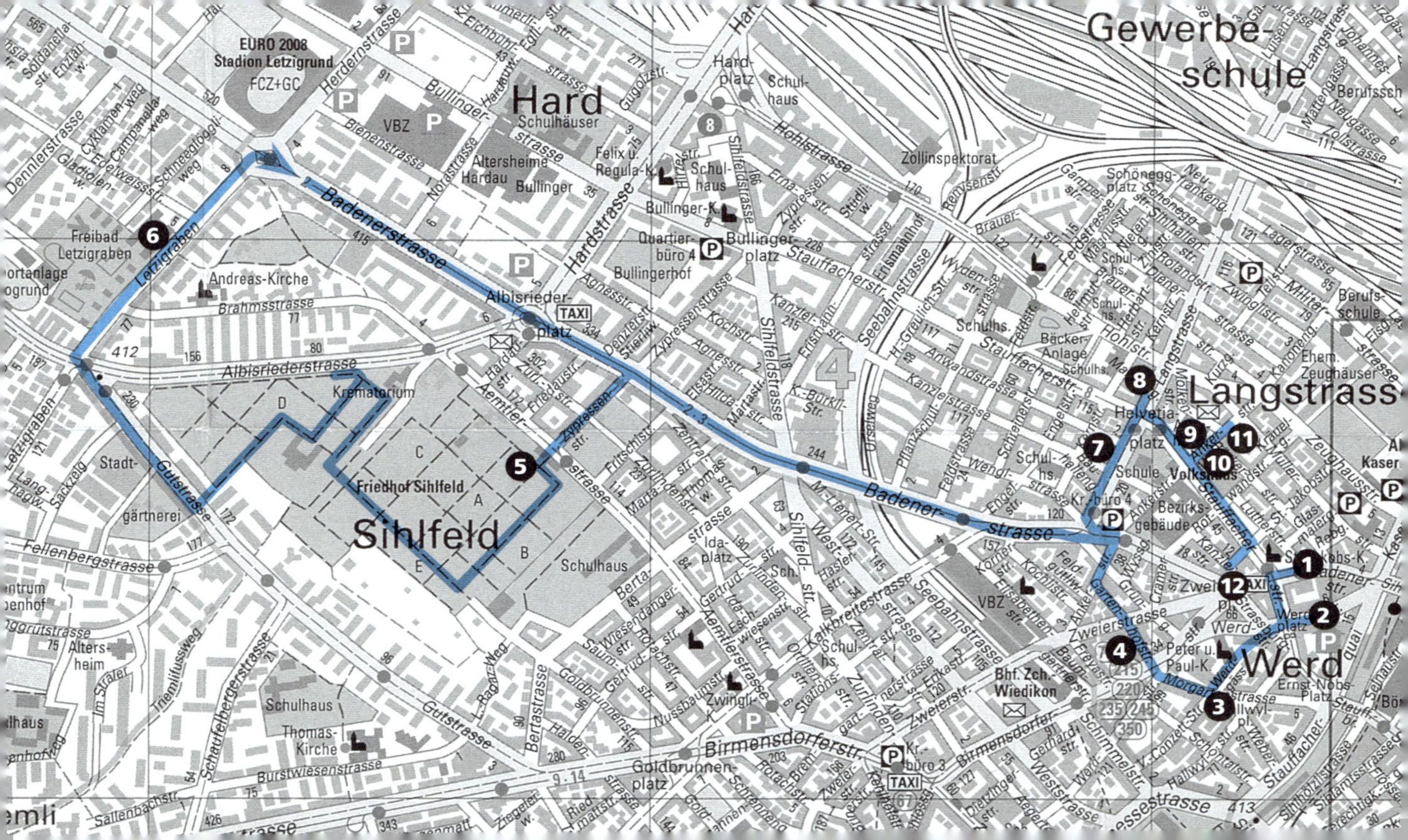

Sihlfeld
Friedhof Sihlfeld
Hard
Werd
Langstrass
Gewerbeschule
EURO 2008
Stadion Letzigrund
FCZ+GC
Badenerstrasse
Hardstrasse
Albisriederstrasse
Letzigraben
Freibad Letzigraben
Andreas-Kirche
Krematorium
Seebahnstrasse
Birmensdorferstr.
Bertastrasse
Bullingerhof
Stauffacherstr.
Bhf. Zch. Wiedikon
Altersheime Hardau
Zollinspektorat
VBZ
TAXI
1
2
3
4
5
6
7
8
9
10
11
12

Der Spaziergang beginnt am Stauffacher (Tram 2, 3, 9, 14) im Quartier Aussersihl und führt mit einem Abstecher über den Friedhof Sihlfeld wieder hierher zurück. Aussersihl war seit dem 19. Jahrhundert das Arbeiterwohnquartier von Zürich, in eilig hochgezogenen Mietskasernen wurden 20 000 Zugezogene aus dem In- und Ausland untergebracht. Das Leben fand hier, im Gegensatz zu den bürgerlicheren Wohngebieten, öffentlicher, »unschweizerischer«, also internationaler und farbiger auf der Straße statt.

1 Stauffacher

Der Tramverkehrsknotenpunkt Stauffacher wurde 1898 nach dem legendären Landammann Werner Stauffacher benannt, dem Abgesandten der Schwyzer beim Rütlischwur, 1291, und seiner Gattin Gertrud, die ihm den Rücken stärkte. Nachzulesen in Schillers berühmtem Schauspiel *Wilhelm Tell*.

Wir biegen nach links in die Stauffacherstrasse ein und gehen bis zum Werdplatz. Linker Hand befindet sich der

2 *Tages-Anzeiger* Werdstrasse 21

Seit 1893 erscheint der *Tages-Anzeiger*, die größte unabhängige Zürcher Tageszeitung. Das Anfang der 1970er Jahre gegründete *Magazin*, das der Zeitung am Samstag beiliegt, durfte sich rühmen, den Journalismus immer wieder einmal neu zu erfinden. Keine Sternstunde war das 1976 vom Verleger Otto Coninx verfügte Schreibverbot für Niklaus Meienberg (vgl. S. 99). Meienberg war ein brillanter, zeit- und gesellschaftskritischer Publizist, einer der wichtigsten und umstrittensten Autoren der 1970er und 1980er Jahre.

Im Werdgässchen kommen wir vorbei an der ältesten katholischen, neugotischen Kirche in Zürich, St. Peter und Paul.

Nach der Spaltung der katholischen Kirchgemeinde von Zürich, 1873, erhielten die Christkatholiken die Augustinerkirche im Stadtzentrum. Die Römisch-Katholiken jedoch ließen St. Peter und Paul in knapp einem Jahr mit Spenden der Gläubigen erbauen und laufend verschönern. Der volkstümlichste Zürcher Priester war der Schriftsteller Guido Kolb (1928– 2007), dessen »Niederdorf-Geschichten« heimliche Bestseller wurden.

Wir erreichen den Hallwylplatz.

3 Ehemaliger Sitz des Manesse Verlags Ehemaliges Verlags- und Druckhaus Conzett & Huber Ecke Hallwylplatz/ Verena-Conzett-Strasse 7

1944 gründete Walther Meier (1898–1982) im Zürcher Verlags- und Druckhaus Conzett & Huber die

Gottfried Kellers Feuerbestattung, Oktober 1890. Xylografie

Manesse-Bibliothek der Weltliteratur. Als erster Band erschien in der inzwischen über 672 Bände umfassenden Bibliothek Hermann Melvilles Roman *Moby Dick*. Der Manesse Verlag wurde 1983 von der Deutschen Verlags-Anstalt, Stuttgart, und 2005 von der Verlagsgruppe Random House übernommen.

Dass Conzett & Huber ein erfolgreicher Verlag wurde, der ab 1941 die renommierte Kulturzeitschrift *Du* herausgab, ist auch das Verdienst von Verena Conzett-Knecht (1861–1947). Sie lancierte die Zeitschrift *In freien Stunden*, bei der das Abonnement – damals ein Novum – mit einer Versicherung kombiniert werden konnte. Ihr Ehemann, der Druckereibesitzer Conrad Conzett (1848–1897), war ein Pionier der schweizerischen und der internationalen Arbeiterbewegung, der an der Welt verzweifelnd aus dem Leben schied. Er war 1882 von Chur nach Zürich gezogen, druckte 1881–1885 den *Grütlianer* und bis 1890 die *Arbeiterstimme*.

Wir gehen durch die Morgarten- in die Gartenhofstrasse.

❹ Redaktion *Neue Wege* Gartenhofstrasse 7

Der reformierte Bündner Theologe Leonhard Ragaz (1868–1945) war Stadtpfarrer in Chur, 1902 wurde er ans Basler Münster berufen und 1908 an die theologische Fakultät der Universität Zürich. Mit 53 Jahren emeritierte er, weil er nicht mehr Pfarrer für eine verbürgerlichte Kirche ausbilden wollte. Er zog mit seiner Frau Clara Ragaz-Nadig (1874–1957) nach Aussersihl, an die Gartenhofstrasse 7, und widmete sich hier bis zu seinem Tod der Arbeiterbildung und der von ihm mitbegründeten, heute noch existierenden Zeitschrift *Neue Wege*. Sein bedeutendstes siebenbändiges Werk *Die Bibel. Eine Deutung* schrieb er im Zweiten Weltkrieg.

Am Ende der Gartenhofstrasse folgen wir nach rechts der Ankerstrasse bis zur Tramhaltestelle Bezirksgebäude. Nun fahren wir mit Tram 2 oder 3 stadtauswärts bis zur Station Zypressenstrasse. Dieser folgen wir bis zum Haupteingang des Friedhofs Sihlfeld.

❺ Friedhof Sihlfeld Gräber von Gottfried Keller, Walter Mehring, Johanna Spyri u. a. Aemtlerstrasse 151

Der Friedhof Sihlfeld wurde 1877 als Zentralfriedhof eröffnet. Er bildet heute die größte zusammenhängende Grünfläche innerhalb der Stadt. Stadtbaumeister Arnold Geiser ließ sich vom Wiener Zentralfriedhof in-

spirieren. Die gesamte Grabanlage ist in Felder A–E eingeteilt. Konsultieren Sie den Friedhofsplan beim Eingang oder fragen Sie im Büro nach.

Viel Prominenz ruht da versammelt auf dem Sihlfeld A: die Schriftstellerin Johanna Spyri, der deutsche Sozialpolitiker August Bebel, der Zürcher Stadtbaumeister Arnold Bürkli, die Kronenhalle-Wirtin Hulda Zumsteg und ihre Familie und andere.

Das Urnengrab von Gottfried Keller befindet sich etwa hundert Meter links vom Eingang. Er ließ sich 1890 als einer der ersten Schweizer kremieren. Das Krematorium, das erste der Schweiz, wurde 1889 eingeweiht und dient heute als Kapelle. Keller befürwortete die einst verfemte Bestattungsart mit Überzeugung und war 1880 auch dem Zürcher Leichenverbrennungsverein (Feuerbestattungsverein) beigetreten.

Ein Ehrengrab vis-à-vis von Keller hat Walter Mehring erhalten. Auf der Rückseite des Grabmals wird er zitiert: »Die Literatur erhält mich, aber ernährt mich nicht. Meine Heimat ist die deutsche Sprache. Zuständig bin ich überall, staatenlos im Nirgendwo.«

Der deutsche Schriftsteller und spitzzüngige Gebrauchslyriker Walter Mehring (1896–1981), in Nazi-Berlin nicht mehr sicher, floh über Paris und Südfrankreich nach Neuengland, kam aber im amerikanischen Exil nicht zurecht. 1953 kehrte er nach Europa zurück. Er wohnte in Ascona, vor allem aber in Zürich, wo er die meiste Zeit in Hotels und aus dem Koffer lebte, im ehemaligen Urban, im Florhof und schließlich im Pflegezentrum Erlenhof an der Lagerstrasse 119. Ob es jenes große Manuskript wirklich gab, von dem er immer sprach, diesen »nicht autobiographischen Exilroman«, der im Januar 1976 mysteriös verschwand, irgendwo zwischen München und einem Zürcher Spital? Vielleicht war's nur eine Hoffnung, ein Hirngespinst. Berlin verlieh dem alten Mehring einen Professorentitel ehrenhalber, über den er sich mäßig freute, und er bekam den Fontane-Preis. Als Zeitzeuge war Mehring präsent. Aber als Autor schien er out, längst nicht mehr zeitgemäß. Von dreißig Büchern, die er schrieb, fand er nur für fünf Titel einen Verleger.

Auch Johanna Spyri (vgl. S. 135) hat

Max Frisch (re.) und Bertolt Brecht auf der Baustelle des Schwimmbads Letzigraben, 1948

hier ihre letzte Ruhe gefunden, die Schriftstellerin vom ländlichen Horgenerberg am Zürichsee, die bestimmt nicht ahnte, welche internationalen Begeisterungsstürme ihre 1880 und 1881 erschienenen Kinderbücher *Heidis Lehr- und Wanderjahre* und *Heidi kann brauchen, was es gelernt hat* (1881) bewirken würden. Das unverdorbene Bergkind eroberte die Welt und ist heute noch ein Gütesiegel für made in Switzerland.

Das gilt auch für Hulda Zumsteg, die Wirtin der Kronenhalle, deren Tod Zürich erschütterte. »Mit den Kondolenzblumen hätte man das Bellevue bedecken können wie mit einer kostbaren Tapisserie«, erinnerte sich Sohn Gustav – auch er ruht im Familiengrab –, und der Trauerkonvoi schwarzer Limousinen vom Restaurant bis zum Friedhof nahm kein Ende.

Der Gründer des Roten Kreuzes, Henri Dunant (1828–1910), aus einer reichen Genfer Bankiersfamilie stammend, starb einsam und verarmt. Sein Grab auf dem Friedhof Sihlfeld D ist jedoch eines der meistbesuchten Gräber, es ist immer mit Blumen und Kränzen geschmückt wie das Grab eines Popstars.

Als junger Banker wollte Dunant in Algerien einen Wasserfall und 50 Hektar Land erwerben. Die notwendige Konzession wollte er bei Kaiser Napoleon III. persönlich abholen und folgte ihm bis nach Norditalien. In Solferino wurde er Augenzeuge der blutigen Schlacht zwischen Frankreich und Habsburg-Österreich und bewog die Zivilbevölkerung, den Verwundeten beider Seiten Hilfe zu leisten. Er sei blauäugig, wurde ihm vorgeworfen, doch schließlich kam ein Internationales Komitee der Hilfsgesellschaften für die Verwundetenpflege zustande, das 1864 die Genfer Konvention und das Rote Kreuz ermöglichte. Auf der Flucht vor seinen Gläubigern landete er schließlich im appenzellerischen Heiden. Spät wurde er rehabilitiert. 1901 erhielt er den Friedensnobelpreis, das Preisgeld vermachte er dem Roten Kreuz.

Nun gehen wir zum Krematorium.

Der erste Präsident des Feuerbestattungsvereins, der Geologe und Gletscherforscher Albert Heim, hat einen Ehrenplatz im Vorhof des Krematoriums. Es wurde 1915 in Betrieb genommen und erinnert baulich an das Grabmal des Theoderich in Ravenna. In der sehenswerten Urnenhalle hat der Schriftsteller Adrien Turel (vgl. S. 147 f.) seine letzte Ruhe gefunden. Auf der Urnennische des versponnenen Visionärs sind zwei kryptische Zeichen angebracht, die auf die von ihm erforschte vierte Dimension anspielen und auf das Spiegelbild der Welt: D4 und ein an einer Achse gespiegeltes W.

Wir verlassen den Friedhof und gehen rechts die Gutstrasse entlang, vorbei an der Stadtgärtnerei, die sich hier seit Anfang der 1930er Jahre auf einem 36 500 m² großen Areal befindet. Das Tropen- und Palmenhaus wie auch die Schaugärten sind täglich von 9 bis 16.30 Uhr geöffnet. Am Ende der Straße biegen wir rechts in den Letzigraben ein und gehen bis zum

6 Freibad Letzigraben Edelweissstrasse 5

Im Frühjahr 1946 bewilligten die Stadtzürcher Stimmbürger knapp vier Millionen Franken für das neue Schwimmbad Letzigraben auf dem Areal des einstigen Schindangers, der Zürcher Hinrichtungsstätte: Die letzte Exekution fand dort 1810 statt. 1838 führte die Antiquarische Gesellschaft Grabungen durch und fand die Spuren eines römischen Gutshofs aus dem 1. bis 4. Jahrhundert.

Den Auftrag zum Bau des Freibads erhielt der schriftstellernde Architekt Max Frisch. Mit dem Bau konnte 1947 begonnen werden, als Arbeitskräfte und Zement wieder zur Verfügung standen. Der 10-Meter-Sprungturm, der erste in der Schweiz, gab zu Diskussionen Anlass, insbesondere wegen der Kosten. Das »Letzibad« blieb das einzige Großprojekt von Frisch als Architekt. In seinem *Tagebuch 1946–1949* hat er den Fortgang der Arbeiten festgehalten und kommentiert: »... ich bin fröhlich überrascht, wie groß es wird. Trotz der vielen, teils sieben Meter tiefen Gräben bisher nichts gefunden, nicht einmal ein menschliches Skelett, nur Knochen von Pferden. Hier haben die Russen gegen die Franzosen gekämpft; die Ziegel einer römischen Villa sind weithin verstreut über Galgenhügel, Schindanger, Schrebergärten ... Zur Zeit bin ich es, der seinen Willen einträgt in dieses Flecklein unserer Erde, Feldherr über 35.000 qm.«

Und dann folgt als zweitletzter Eintrag, 1947: »Nun haben sie doch noch einen gefunden! – Skelett eines Hingerichteten, denn der Schädel hat gefehlt, wahrscheinlich hatte er ihn zwischen den Füßen, wie es der Brauch war. Das Skelett lag nur halbwegs in dem Graben, und da wir ein ökonomisches Zeitalter sind, haben sie seinetwegen den Graben nicht einen Zentimeter verbreitert. Ein Spaten und ratsch! Zweimal ratsch! Unter den Knien haben sie ihn abgehauen – zwei Knochen verschwinden im Lehm ... Sie finden mich komisch, dass ich den Anruf, den verlangten, auch in einem solchen Fall erwartet habe, versichern etwas mürrisch, dass keine goldenen Münzen und Ketten dabei gewesen seien. Nebenan finde ich noch einige Rippen, ein Schulterblatt. Wenigstens den Schädel, den ich gern besessen hätte, wollen wir ihm lassen.«

Am 11. Juni 1948 zeigte Frisch dem Schriftstellerkollegen Bertolt Brecht seine Baustelle und notierte in seinem Tagebuch: »Eigentlich bin ich nie mit einem Erdarbeiter ins Gespräch gekommen, obschon sie fast ein Jahr lang auf dem Platz gewesen sind; eine spürbare Kluft: sie waten mit lehmigen Stiefeln in einem Graben, ich stehe oben mit Ledermappe, ich zeichne, und sie haben den Dreck.«

Wir gehen den Letzigraben weiter bis zum neuen Sportstadion am FC-Zürich-Platz. Mit Tram 2 fahren wir durch die Badenerstrasse stadteinwärts bis zur Station Bezirksgebäude, gehen zu Fuß kurz auf der Badenerstrasse zurück und biegen in die Langstrasse ein.

7 Ehemalige Wohnungen der Familie Gubler Langstrasse 31 und 35

Die Familie Heinrich und Bertha Gubler-Plüss wohnte 1894–1918 im Haus Nr. 35 im zweiten Obergeschoss. Im April 1918 wechselte sie ins Nachbarhaus in eine Vierzimmerwohnung im dritten Stock. Vater Gubler war Dekorationsmaler. Alle drei Söhne, Eduard, Ernst und Max, wurden Künstler (vgl. S. 16).

Wir gehen auf der Langstrasse weiter, überqueren die Stauffacherstrasse und kommen zur

8 Wohnung der Familie von Franca Magnani-Schiavetti Langstrasse 61

Fernando Schiavetti, Sekretär der republikanischen Partei und Chefredaktor der *Voce Repubblicana*, emigrierte im November 1926 nach Frankreich. In Rom ließ er seine junge Ehefrau Giulia und zwei kleine Kinder zurück. Die jüngere Tochter, Franca (vgl. S. 9), blieb vorerst bei den Großeltern, als die Mutter mit der älteren dem Vater folgen konnte. Die Familienzusammenführung kam im Herbst 1928 in Marseille zustande. Als beschlossen wurde, in die Schweiz umzuziehen, sagte die Mama: »Auf diese Weise lernen die Kinder wenigstens Deutsch.«

Die Familie Schiavetti wechselte wie viele Emigranten mehrfach die Wohnung. Franca mochte das neue Quartier: »Wir zogen in die Langstrasse 61, im Herzen des Arbeiterbezirks von Zürich … Fast gegenüber

Franca Schiavetti, 1939

Ignazio Silone.
Foto von Gotthard Schuh,
um 1936

liegt der Helvetiaplatz, wo in Zürich die Kundgebungen und politischen Versammlungen der Linken stattfanden und auch der Demonstrationszug für die Maifeiern zusammengestellt wurde ... Das Treiben und der Lärm, den die dort lebenden Menschen verursachten, machten aus dem Stadtviertel das am wenigsten ›schweizerische‹ von ganz Zürich. Dort als Italiener zu leben gab einem das Gefühl, etwas weniger weit weg von daheim zu sein.«

Zu den regelmäßigen Besuchern bei den Schiavettis gehörte der italienische Schriftsteller Ignazio Silone (1900–1978, vgl. S. 116). »Silones Art, einem die Hand zu reichen, war verwirrend. Man hielt etwas Schlaffes, Weiches in der Hand, das kraftlos zu sein schien und nicht zudrücken konnte. Ich wusste, dass auch Silone ein ›Milizionär der Freiheit‹ war, aber den Eindruck erweckte er nicht. Er wirkte eher wie ein Priester. Als ich durch ein Gespräch zwischen schweizerischen Sozialisten in der Kooperative erfuhr, dass er ›ein Berufsrevolutionär‹ gewesen sei, war ich sehr überrascht.« *(Eine italienische Familie)*

Wir gehen zurück zur Stauffacherstrasse, biegen nach links ein und kommen zum Helvetiaplatz.

9 Arbeiterdenkmal von Karl Geiser Helvetiaplatz

Die Arbeiterfamilie von Karl Geiser (1898–1957) steht vor dem Volkshaus, dreht ihm aber den Rücken zu. Das Denkmal wurde 1964 aufgestellt. Geiser hatte nur ein kleines Modell der Vierergruppe hinterlassen, das mechanisch vergrößert wurde. Varlin malte Geiser 1954. Das überlebensgroße Porträt hängt im Kunsthaus.

10 Volkshaus und Buchhandlung am Helvetiaplatz Stauffacherstrasse 60

Das Volkshaus wurde im Herbst 1910 eingeweiht, als Versammlungs- und Veranstaltungsort mehrheitlich linker Organisationen. Hier fanden die großen Kundgebungen der 1920er und 1930er Jahre statt. 1979 hob der Verwaltungsrat das Alkoholverbot im Volkshaus auf. In den

1980er Jahren diente der große Saal der Jugendbewegung als Arena. 1987 fand hier die Neueinstudierung des Oratoriums *Jemand* des fast erblindeten Hans Sahl (vgl. S. 60 f.) statt, der bei dieser Gelegenheit seine letzte große Liebe fand. Ab 2009, mit einem engagierten neuen Pächter, soll aus dem bisherigen Restaurant wieder eine echte »Volksküche« werden – man darf gespannt sein.

Im Volkshaus befindet sich auch die Buchhandlung am Helvetiaplatz. Die passionierte Buchhändlerin Marthe Kauer (1911–2004) führte von 1939 bis 1973 die Genossenschafts-Buchhandlung. Das Sortiment war breit, aber prononciert links ausgerichtet mit einer großen Auswahl an antiquarischen Titeln im Untergeschoss – der legendären »Katakombe«. In der »Katakombe« fanden und finden bis heute regelmäßig Lesungen und Gespräche mit Autorinnen und Autoren statt. Die Gästeliste ist lang. Bertolt Brecht kam, Walter Mehring, Ignazio Silone, Mascha Kaléko, Friedrich Dürrenmatt, Max Frisch und viele andere.

Wir gehen um die Ecke in die Ankerstrasse und folgen dieser bis zum Durchgang.

11 Fabric Frontline Restaurant Seidenspinner Ankerstrasse 118–120

Es gab in den 1920er Jahren an der Bahnhofstrasse 52 das Modehaus Seidenspinner, das älteste Versandhaus der Schweiz für Seide. Das Seidenhaus des André Stutz und seiner Schwestern Elsa und Maya ist jünger und frecher. Der Innenhof, der auch als Schönwetter-Gartenlokal dient, ist mit überlebensgroßen Gartenzwergen und viel Grün eine der kitschigsten, spleenigsten Ecken im Quartier – zum Verlieben. Stutz hat das mit raffinierten Spiegelinstallationen ausgekleidete Restaurant vor kurzem in die Hände eines mit ihm befreundeten Gastgeberpaars gelegt – als seine »Kantine« will er es jedoch behalten.

Wir gehen zurück zur Stauffacherstrasse, weiter zum Stauffacher und finden dort das von Franca Magnani erwähnte

12 Cooperativo St. Jakobstrasse 6

Das »Copi« wurde 1905 gegründet, von in der Schweiz lebenden italienischen Sozialdemokraten, der Società Cooperativa Italiana Zurigo, und war deren Restaurant und Versammlungsort. Der Treffpunkt der Sozialisten befand sich zu Magnanis Zeit an der Militärstrasse 36, von 1970–2007 am Werdplatz und seit Januar 2008 am Stauffacher. Man isst und trinkt immer noch bodenständig italienisch, und die Wände sind mit sozialkritischen Bildern von Mario Comensoli (1922–1993) tapeziert.

Mit dem Tram fahren wir zurück in die Innenstadt.

Schiffsteg Theater, um 1894

8. Spaziergang
Auf dem Zürichsee

»Und der Jünglinge Herz schlug schon empfindender« – Fräuleins waren mitgemeint

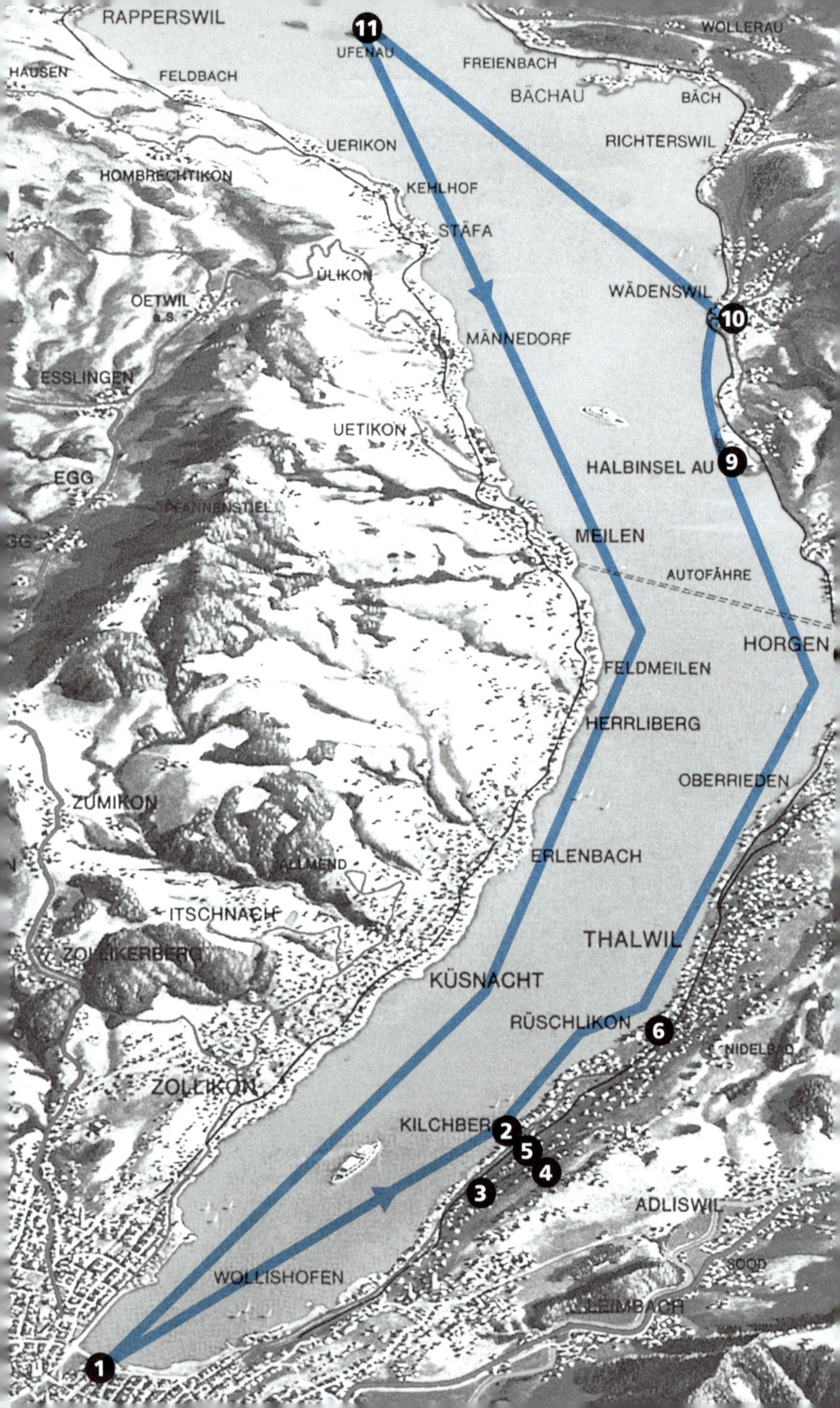
RAPPERSWIL
UFENAU
WOLLERAU
HAUSEN
FELDBACH
FREIENBACH
BÄCHAU
BÄCH
UERIKON
RICHTERSWIL
HOMBRECHTIKON
KEHLHOF
STÄFA
ÜLIKON
OETWIL a.S.
WÄDENSWIL
MÄNNEDORF
ESSLINGEN
UETIKON
HALBINSEL AU
EGG
PFANNENSTIEL
MEILEN
AUTOFÄHRE
HORGEN
FELDMEILEN
HERRLIBERG
OBERRIEDEN
ZUMIKON
ERLENBACH
ALLMEND
ITSCHNACH
THALWIL
ZOLLIKERBERG
KÜSNACHT
RÜSCHLIKON
NIDELBAD
ZOLLIKON
KILCHBERG
ADLISWIL
SOOD
WOLLISHOFEN
LEIMBACH
1
2
3
4
5
6
9
10
11

Zürichs allerschönste Seite ist der See. Er ist Zürichs Kapital, dem man sich auf vielfältigen Wegen nähern kann. Wer hat ihn am schönsten bedichtet? Eine Literaturlegende geworden ist die Kahnfahrt des jungen deutschen Dichters Klopstock in Begleitung des Zürcher Stadtarztes Johann Caspar Hirzel, 1750, von Zürich zur Halbinsel Au und seine Ode *Der Zürchersee*. Der junge, liebeskranke Goethe – er war mit Lili Schönemann verlobt, floh jedoch in Panik vor den bürgerlichen Fesseln einer Ehe – fuhr 25 Jahre später ebenfalls über den See und schrieb ein nicht minder berühmt gewordenes Gedicht:

Auf dem See

Ich saug' an meiner Nabelschnur
Nun Nahrung aus der Welt.
Und herrlich rings ist die Natur,
Die mich am Busen hält.
Die Welle wieget unsern Kahn
Im Rudertakt hinauf,
Und Berge wolkenangetan
Entgegnen unserm Lauf.

Aug mein Aug, was sinkst du nieder?
Goldne Träume, kommt ihr wieder?
Weg, du Traum, so gold du bist,
Hier auch Lieb und Leben ist.
Auf der Welle blinken
Tausend schwebende Sterne,
Liebe Nebel trinken
Rings die türmende Ferne,
Morgenwind umflügelt
Die beschattete Bucht,
Und im See bespiegelt
Sich die reifende Frucht.

Den umgekehrten Weg wählte Johann Gottfried Seume, der Aufklärer aus Sachsen. Auf seiner Italienreise im Juni 1802 erreichte er den Zürichsee über Luzern und Zug, wanderte über den Albis, setzte sich »unten in ein Boot« und ließ sich über den See hinüber nach Zürich fahren. Für den Einsiedler, Erzähler und Lyriker Meinrad Lienert war der Zürichsee in Bubentagen ein blauleuchtendes Paradies, in das er vom Hoch-Etzel unter Urtannen hinweg hinabwandern konnte. Melancholisch dagegen besang Conrad Ferdinand Meyer den Zürichsee im Gedicht *Eingelegte Ruder*.

Wir stehen am Bürkliplatz. Beim Ganymed.

1 Ganymed-Statue Bürkliplatz

Die Statue des Götterjünglings des wie Robert Walser aus Biel stammenden Bildhauers Hermann Hubacher (1885–1976) wurde 1952 enthüllt. Der Kunstwissenschaftler Heinrich Wölfflin (1864–1945) soll Hubacher schon Anfang der 1940er Jahre ermuntert haben, eine männliche »Figur von zuchtvoller Schönheit« zu schaffen, fehle es doch in Zürich an Männerbildnissen. Die Nachgeborenen mögen sich über diese Behauptung wundern: Escher, Waldmann, Zwingli – waren das nicht lauter Männer?

Wir gehen an Bord. Den Fahrplan erfragen Sie an den drei Schaltern der Zürichsee Schiffahrtsgesellschaft (ZSG) oder studieren die große elektronische Anzeigetafel vor den Schiffsstegen. Nicht vergessen, ein Fahrplanheft mit-

Thomas Mann und Erika Mann

Katia und Golo Mann im Gartenschwimmbad

Thomas Mann in Kilchberg, 1954

zunehmen (gratis), dem Sie die passenden weiteren Verbindungen entnehmen können. Ab neun Uhr starten von April bis Ende Oktober im Stundentakt sogenannte »kleine Rundfahrten«. Im Winter verkehren die Schiffe reduziert. Während der Ausfahrt genießen wir den freien Blick auf die Ufer, nach links und nach rechts. Unsere erste Station ist

2 Kilchberg Bendlikon

Eine eigenständige Gemeinde, gewiss, aber auch ein prominenter Vorort von Zürich, obwohl an der linksufrigen Küste, der »Pfnüselküste« (Pfnüsel: Schnupfen) gelegen, nicht an der »Goldküste«, wie, bewundernd und abschätzig, das rechte untere Seeufer genannt wird. Die prominentesten Wahl-Kilchberger, die hochdekorierten Schriftsteller Conrad Ferdinand Meyer und Thomas Mann, entschieden sich für Kilchberg, nach kürzeren Aufenthalten in Meilen, Küsnacht und Erlenbach.

Wir besuchen als Erstes das Wohnhaus der Familie Mann. Falls Sie kein Marathonläufer sind, nehmen Sie an der Seestrasse beim Hafen den Bus 163 bis zur Station Schwelle. Von dort bis zum Haus der Manns ist es etwas mehr als einen Kilometer Weg zu Fuß. Sie können aber auch in den Bus 161 in Richtung Zürich umsteigen und drei Stationen bis Paradiessteig fahren. Ein paar Häuser weiter steht das

3 Haus der Familie Mann Alte Landstraße 39

Thomas Mann lebte nur gerade die letzten 16 Monate bis zu seinem Tod im August 1955 in Kilchberg. Der erste Tagebucheintrag an der Alten Landstrasse vom 15. April 1954 lautet: »Es ist entschieden angenehm und erfreulich, nicht herausfordernd, aber anständig und bequem. Die Kombination meines Arbeitszimmers mit der Bibliothek ausgezeichnet. Die Bücher recht schlecht aufgestellt, zu ordnen. Manches ist noch zu ordnen, zu vervollständigen, zu richten. Aber

alle Bedingungen recht günstig, und ich habe wieder, wie in Californien, ein eigenes Badezimmer. Bewegend, vor und nach Tische wieder auf meinem Sofa aus Pacific Palisades zu sitzen. Ruhte von 4 1/2 bis 5 1/2 wieder in meinem Stuhl. Schlaf- und Arbeitszimmer unvergleichlich besser u. geräumiger als in Erlenbach. Tranken Thee in dem hübschen, auch von Büchern umstandenen Raum zwischen Katias u. meinem Schlafzimmer. Viel zu schleppen und einzuräumen.«

Hier entstanden mit der nicht zu unterschätzenden Unterstützung von Tochter Erika die letzten Texte, u. a. die große Rede zu Schillers 150. Geburtstag. Nach Thomas Manns Tod lebten hier weiterhin bis zu deren Tod Ehefrau Katia Mann-Pringsheim (1883–1980) und Erika Mann (1905–1969), die älteste der drei Töchter. 1963 schrieb diese ironisch-melancholisch: »Ich bin ein bleicher Nachlassschatten und darf hienieden nichts mehr tun, als Briefbände, Anthologien und dergleichen meines lieben Toten herauszugeben.«

1965–1993 wohnte hier auch Golo Mann (1909–1994), der mittlere der drei Söhne. Nachdem er seine Universitätskarriere als Historiker aufgegeben hatte, lebte er zurückgezogen im oberen Stock als freier Publizist, ging mit seinem Hund am See spazieren, schrieb hier und in seinem Haus in Berzona seine große Biographie über *Wallenstein* und tat sich mit dem Leben schwer.

Das Mann-Haus wird heute wieder privat genutzt und kann nicht besichtigt werden. Am Eingangspfosten sind die prominenten früheren Bewohner aufgelistet.

Wie kommt man nun von der Alten Landstrasse zum Friedhof? Wir nehmen den Bus 161 in der Gegenrichtung, der uns direkt zur Kirche und zum Friedhof bringt. Die heute reformierte »Kirche auf dem Berg« wurde 1248 erstmals urkundlich erwähnt. Der wuchtige Turm aus Naturstein hatte ursprünglich eine Schutzfunktion für die mittelalterlichen Verkehrswege.

Begräbnis von Thomas Mann auf dem Friedhof in Kilchberg, 16. August 1955

Familie Meyer im Garten in Kilchberg Louise Ziegler, um 1865 Conrad Ferdinand Meyer, 1895

4 Friedhof Kilchberg

Der Wahlzürcher und spätere Nobelpreisträger Elias Canetti ruderte als Jugendlicher »mit Fräulein Mina nach Kilchberg, um das Grab Conrad Ferdinand Meyers zu besuchen, der um diese Zeit zu meinem Dichter wurde. Ich war betroffen von der Einfachheit der Inschrift auf dem Grabstein. Da stand nichts von ›Dichter‹, da trauerte niemand, da war er niemand unvergesslich, da stand nur: ›Hier ruht Conrad Ferdinand Meyer. 1825–1898.‹ Ich begriff, dass jedes Wort den Namen nur verringert hätte, und hier wurde mir zum erstenmal bewusst, dass es auf den Namen allein ankam, dass er allein trug und neben ihm alles Übrige verblasste …« *(Die gerettete Zunge)*

Bei Conrad Ferdinand Meyer ruhen seine Frau und die gemeinsame Tochter Camilla Meyer (1879–1936), die wie ihre Großmutter väterlicherseits freiwillig aus dem Leben schied.

Eine Pilgerstätte sind auch die Gräber der Familie Mann: Thomas Mann, seine Frau Katia, die Töchter Erika, Monika und Elisabeth. Suchen Sie das Grab des Historikers Golo Mann? Es war sein ausdrücklicher letzter Wille, in einem Einzelgrab in größtmöglicher Entfernung von seinem Vater bestattet zu werden. Diesen Wunsch hat man ihm erfüllt – konsultieren Sie den Orientierungsplan! In inniger Nachbarschaft zum Großmeister ruht dagegen der Schauspieler Gerd Westphal (1920–2002), der Thomas Mann in unzähligen Tonkonserven popularisierte.

Der Friedhof ist eine friedliche Oase. Ein bisschen Verweilen tut der Seele gut. Aber wir wollen noch zum Conrad Ferdinand Meyer-Haus. Also gehen wir durch die Dorfstrasse bergab zum

5 Ortsmuseum Conrad Ferdinand Meyer-Haus Alte Landstrasse 170

Conrad Ferdinand Meyer zog 1878 nach seiner späten Verehelichung – er heiratete im Alter von 50 Jahren die zwölf Jahre jüngere Louise Ziegler – nach Kilchberg. Er kaufte das 1785 erbaute Ottsche Anwesen mit Wiese, Reben, einem Acker und dem geliebten Blick über den See. »Mit Weib und Kind an meinem eignen Herd / In ei-

ner häuslich trauten Flamme Schein / Dünkt keine Ferne mir begehrenswert, / So ist es gut! So soll es ewig sein ...« *(Ein Pilgrim)*

Bis 1872 hatte er mit seiner getreuen Schwester Betsy (1831–1912) in Zürich gelebt, dann in Küsnacht und ab 1872 in Meilen. Nach seiner Heirat gab es familiäre Probleme, des Dichters dominante Gattin verstand sich nicht mit der Schwester, die kapitulierte, zuerst als Malerin nach Italien ging und ab 1880 psychiatrische Betreuerin im Haus zum Felsenhof in Männedorf war. Der Bruder kommentierte den Schritt seiner Schwester 1883 brieflich mit irritierender brüderlicher Überlegenheit: »Weißt Du, in Polen hat jede vornehme Familie einen der Ihrigen in einem Kloster, damit er für die andern betet. Du kannst nun unser ›Mönch‹ sein.«

Für Meyer jedoch brach eine Zeit schaffensfroher Produktivität an. Sein historischer Roman *Jürg Jenatsch. Eine alte Bündnergeschichte* war bereits 1876 erschienen. Nun schrieb er Novelle um Novelle, 1878 erschien *Der Schuss von der Kanzel*. Es folgten *Der Heilige* (1880), *Plautus im Nonnenkloster* und *Gustav Adolfs Page* (beide 1882), *Die Leiden eines Knaben* (1883), *Die Hochzeit des Mönchs* (1884), *Die Richterin* (1885), *Die Versuchung des Pescara* (1887) und *Angela Borgia* (1891).

1892 musste sich Meyer in eine psychiatrische Heilanstalt einweisen lassen. Im Jahr darauf wurde er ungeheilt entlassen. Seine letzten Jahre verbrachte er in seinem Haus in Kilchberg, wo er am 28. November 1898 starb.

Im ehemaligen Dichterhaus wurde das Ortsmuseum eingerichtet. Meyers Arbeitszimmer wurde unverändert erhalten, samt den Bildern, einer 1513-bändigen Bibliothek und dem ziemlich ramponierten schwarzen Sofa, auf dem sein Herz versagte.

Wir gehen durch die kurvenreiche Dorfstrasse zur Anlegestelle am See zurück und fahren weiter seeaufwärts, vorbei an der Gemeinde

6 Rüschlikon

In Rüschlikon ging im Sommer 1950 ein Mann ins Wasser, aber nicht über Bord, und er ging auch nicht unter: der Schweizer Unternehmer und

Sozialpolitiker Gottlieb Duttweiler (vgl. S. 23), der »Dutti«. Es war anlässlich der 25-Jahre-Migros-Jubelfeier. Der Patron empfing, ein moderner Neptun, alle seine Angestellten, die auf Schiffen zum Festplatz gefahren wurden. Duttweiler besaß in Rüschlikon seine private Villa und den großen »Park im Grünen«, das gesamte Anwesen (Alsenstrasse 40) vermachte er der Öffentlichkeit. Er stiftete später auch das heute noch aktive Gottlieb Duttweiler-Institut (GDI) (Langhaldenstrasse 21).

In Rüschlikon logierte 1918 der österreichische Schriftsteller und Journalist Stefan Zweig (1881–1942) im Hotel Belvoir (Säumerstrasse 37). Er war 1917 nach Zürich gekommen, um die Aufführung seines *Jeremias* vorzubereiten. Er stieg im Gasthof Schwert ab (vgl. S. 26 ff.).

Um seine *Dostojewski*-Biographie in Ruhe vollenden zu können, zog er nach Rüschlikon. Hier nahm er auch das Stück *Legende eines Lebens* in Angriff. Über seinen Aufenthalt schrieb er: »Als den richtigen Ort wählte ich mir etwa eine halbe Stunde weit von Zürich einen kleinen Gasthof in Rüschlikon, von dessen Hügel man den ganzen See und nur klein und fern noch die Türme der Stadt überblickte.« Und weiter, in einem Brief an Emil Ludwig: »Dass Sie Zürich und Bern, diese Schlangennester der Intrigue, wo Propaganda, Revolutionsgelüste und Spionage sich schwesterlich verstricken, so sorgfältig meiden, zeigt klare Erkenntnis der Zeit. Ich selbst habe mich hierher gerettet, ganz abseits hier, fahre einmal in der Woche nach Zürich, nur Bücher zu holen, sonst lebe ich abgeschlossen und fühle mich erst frei, seit ich nicht

mehr die Leute hier sehe, die, selbst verwirrt, in allen andern Verwirrung stiften wollen.«

Ebenfalls im Belvoir nächtigten der französische Schriftsteller und Literaturnobelpreisträger Romain Rolland und der amerikanische Dichter Thornton Wilder, der hier 1938 sein Drama *Die kleine Stadt* schrieb.

Vom Schiff aus können Sie rechter Hand vor Horgen einen märchenhaften – privaten – Rokoko-Pavillon erblicken.

7 Belle-Epoque-Badepavillon Horgen

Das architektonische Kleinod wurde 1900 für die Seidendynastie Heinrich Emil Streuli-Hüni auf einer eigens aufgeschütteten kleinen Insel erbaut, 100 Jahre später unter Denkmalschutz gestellt und aufwendig restauriert. Der Architekt August Albrecht Müller, ein Schüler Gottfried

Richard Strauss auf Gut Bocken. Auf der Treppe: Alfred Schwarzenbach, 1935

Annemarie Schwarzenbach, 1931

Sempers (vgl. S. 127), entwarf den Pavillon nach dem Vorbild des Gartenpavillons Amalienburg bei Schloss Nymphenburg in München. Der restaurierte Pavillon erhielt 2006 die prestigeträchtige Europa-Nostra-Ehrenmedaille, mit der vorbildliche Kulturerbeprojekte gewürdigt werden.

Oberhalb von Horgen liegt das berühmte

8 Gut Bocken Elternhaus von Annemarie Schwarzenbach

In Horgen, im oberen Dorfteil, steht der schönste Herrensitz am linken Zürichseeufer, das um 1675 erbaute Landhaus Bocken, das heute der Credit Suisse gehört und für repräsentative Anlässe genutzt wird. Der erste Besitzer war der Seidenfabrikant und spätere Zürcher Bürgermeister Andreas Meyer-Werdmüller. Der barocke Landsitz entsprach dem damaligen Zeitgeist, denn in der Stadt waren prunkvolle Fassaden verpönt. Der Bocken wurde vorübergehend zu Bad Bocken, doch dann stellte sich heraus, dass das angebliche Wunderwasser nur gewöhnliches Quellwasser war. Kurze Zeit wurde das Anwesen zum Evangelischen Töchterinstitut, doch das benachbarte Wirtshaus barg für die Töchter zu viele Gefahren.

1911 kaufte der Seidenfabrikant Alfred Schwarzenbach das Landhaus und die Höfe – seine Familie war die letzte, die privat auf dem Gut wohnte. Zusammen mit seiner Frau Renée Schwarzenbach-Wille, der Tochter von General Wille, machte er in den 1920er Jahren aus Bocken einen Treffpunkt der europäischen Kultur. Richard Strauss, Wilhelm Furtwängler, Gerhart Hauptmann und viele andere zählten zu den illustren Gästen.

Eine der Töchter des Hauses war die unkonventionelle Schriftstellerin und Journalistin Annemarie Schwarzenbach (1908–1942), deren Werk Kultstatus erreicht hat wie auch sie selbst. Von androgyner Schönheit, reiste sie mit Erika und Klaus Mann in den wilden 1920er Jahren zwischen Berlin, Venedig und New York hin und her, schrieb Reportagen und Erzählungen, kämpfte gegen ihre Drogensucht und erholte sich zwi-

Friedrich Gottlieb Klopstock. Kupferstich, 1757

schendurch im Chalet der Familie Schwarzenbach im Engadin. 1919 fuhr sie zusammen mit der Schriftstellerin Ella Maillart (1903–1997) nach Afghanistan, verstrickte sich in weitere unglückliche Liebesaffären mit Frauen und starb, 34-jährig, an den Folgen eines Fahrradunfalls in Sils-Maria.

Die nächste Station, an der wir aussteigen, ist die

9 Halbinsel Au

Am 30. Juli 1750 unternahm der Dichter Friedrich Gottlieb Klopstock (1724–1803, vgl. S. 123), zu Besuch beim Zürcher Literaturpapst Johann Jakob Bodmer, eine Lustpartie zur Halbinsel Au. Die Anfänge des Landgutes »Untere Au« oder »Schloss Au« gehen ins 15. Jahrhundert zurück. 1651 erwarb es Hans Rudolf Werdmüller aus dem Seidenhof in Zürich; er war Oberst in venezianischen Diensten und die Hauptfigur in Conrad Ferdinand Meyers Novelle *Der Schuss von der Kanzel*. 1742 kam die Halbinsel Au in den Besitz der Familie Lavater (vgl. S. 74).

Klopstock verewigte sie in seiner berühmten Ode *Der Zürchersee*:

Schön ist, Mutter Natur, deiner Erfindung Pracht
Auf den Fluren verstreut, schöner ein froh Gesichte,
Das den großen Gedanken
Deiner Schöpfung noch *einmal* denkt.

Von des schimmernden Sees Traubengestaden her,
Oder, flohest du schon wieder zum Himmel auf,
Komm in rötendem Strahle
Auf dem Flügel der Abendluft …

Schon lag hinter uns weit Uto, an dessen Fuß
Zürich in ruhigem Tal freie Bewohner nährt;
Schon war manches Gebirge
Voll von Reben vorbeigeflohn.

Jetzt entwölkte sich fern silberner Alpen Höh,
Und der Jünglinge Herz schlug schon empfindender,
Schon verriet es beredter
Sich der schönen Begleiterin …

Göttin Freude, du selbst! dich, wir
empfanden dich!
Ja, du warest es selbst, Schwester
der Menschlichkeit,
Deiner Unschuld Gespielin,
Die sich über uns ganz ergoß! ...

Die Zürcher hatten es gut eingefädelt, als sie den Dichter des *Messias* einluden: »Pour Vous fêter jeudy prochain sur nôtre Lac«. Mit dabei waren der Stadtarzt Johann Caspar Hirzel (1725–1803) und mehrere junge Damen, mit denen man sich auf der Insel, »wo man die angenehmste Aussicht auf den Zürichsee hat«, amüsierte.

Der Dichter rezitierte, »rühmte die Schönheiten unserer Gegenden«, so berichtet Hirzel, »doch schien er weniger davon gerührt, als von der Mannigfaltigkeit der menschlichen Charaktere, die sein Scharfblick auszuspähen vorfand«. Besonders Mademoiselle Schinz hatte es dem Dichter angetan. So wurde an dem Tag viel geküsst.

Johann Jakob Bodmer hatte den jungen Klopstock ja auch mit Mädchen gelockt. »Männliche Seelen in weiblicher Bildung, / Fähig, die Weisheit, das Vorrecht des höheren Mannes, zu empfinden / Doch nicht zu heilig, auch Mütter zu werden.« Aber ausgerechnet Bodmer, diese »Henne für Talente«, wie ihn Goethe später nannte, fehlte bei diesem Ausflug. Er reagierte befremdet, als Klopstock ihm bald darauf seine neue Ode vortrug, befremdet von einem poetischen Schwung, der kaum bei der Sache bleiben wollte. Immerhin hatte ihre gemeinsame Verehrung des englischen Dichters Milton – Bodmer übersetzte sein *Verlorenes Paradies* – die beiden in einem angeregten Briefwechsel einander nähergebracht. Aber Klopstock live? Der junge Mann war dem »theuersten Freund« wohl einfach zu lebenslustig, zu wenig melancholisch und zu sehr an »Fräuleins« interessiert.

Nach einem Monat verließ Klopstock das Bodmerhaus (vgl. S. 123) und zog in die »Hohe Farb« am Eingang des Niederdorfs, zu Hartmann Rahn, seinem späteren Schwager. Sein Lebenswandel bot Bodmer weiterhin Anlass zu Bedenken: Klopstock lief Schlittschuh, zechte mit Studenten, und gelegentlich galoppierte er über den Münsterplatz. Die Schweiz weiter zu erkunden, zeigte Klopstock kaum Neigung. Geschrieben hat er in der Zeit vergleichsweise wenig. Erst gegen Ende des Aufenthalts bemühte man sich wieder um eine Annäherung. Im Februar 1751 verließ Klopstock Zürich, um einem Ruf an den dänischen Hof zu folgen. »Ich begleitete ihn an der Hand bis zum Gatter an der Landstraße und blieb stehen, bis ich ihn nicht mehr sehen konnte«, notierte Bodmer mit Wehmut. Klopstock allerdings zog eine positive Bilanz. In Zürich sei er »in die Welt gekommen« und vorher nur »auf den Schulen« gewesen. Zurückgekehrt ist er freilich nie.

Unsere nächste Station ist Wädenswil. Zur Villa Abendstern gehen wir die Seestrasse ein paar hundert Meter zurück in Richtung Zürich. Vor dem Fabrikgebäude Blattmann zweigt die Bürglistrasse ab.

10 Villa Abendstern Wädenswil Bürglistrasse 37

»Eines Morgens um acht Uhr stand ein junger Mann vor der Türe eines alleinstehenden, anscheinend schmucken Hauses. Es regnete. ›Es wundert mich beinahe, daß ich einen Schirm bei mir habe.‹ Er besaß nämlich in seinen früheren Jahren nie einen Regenschirm. In der einen nach unten grad ausgestreckten Hand hielt er einen braunen Koffer, einen von den ganz billigen. Vor den Augen des scheinbar von einer Reise herkommenden Mannes war auf einem Emailleschild zu lesen: C. Tobler, technisches Bureau. Er wartete noch einen Moment, wie um über irgendetwas gewiß sehr Belangloses nachzudenken, dann drückte er auf den Knopf der elektrischen Klingel, worauf eine Person kam, allem Anschein nach eine Magd, um ihn eintreten zu lassen. ›Ich bin der neue Angestellte‹, sagte Joseph, denn so hieß er …«

Stimmt nicht, Robert hieß er. Robert Walser (vgl. S. 118 f.) arbeitete meistens gerade so lange an einer Stelle, bis er genug Geld hatte, um wieder ein paar Wochen schreiben zu können. Ende Juli 1903 reiste er von Zürich nach Wädenswil und war fünf Monate *Der Gehülfe* des Erfinders Carl Tobler in dessen Villa Abendstern. Das Buch erschien erstmals 1936. Kurz nach Walsers Weggang machte Tobler Konkurs (Walser hatte damit nichts zu tun!).

Die Villa Abendstern, ein Knusperhäuschen, sollte in den 1990er Jahren abgerissen werden. Dies verhinderte der deutsche Literaturwissenschaftler und Walser-Forscher Bernhard Echte (vgl. S. 118), der das Haus kaufte, darin wohnt und es als Privatmuseum führt.

Wir gehen zurück zum Hafen Wädenswil und fahren, falls der Schiffsfahrplan passt, auf die Ufenau.

11 Ulrich von Huttens Toteninsel Ufenau

Schiffer! Wie nennst du dort im Wellenblau
Das Eiland? ›Herr, es ist die Ufenau!‹

Ein grüner Ort. Dank, Zwingli, für die Rast
Die du, der Gute, mir bereitet hast!

In braunen Wölklein wirbelt auf ein Rauch,
Bewohnt von Menschen scheint das Eiland auch.

Willkommen, mein gewünschtes Ithaka!
Ein irrender Odysseus bin ich ja.

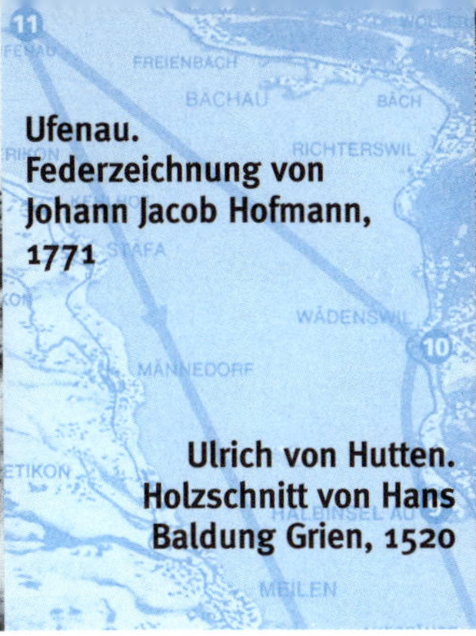

Ufenau. Federzeichnung von Johann Jacob Hofmann, 1771

Ulrich von Hutten. Holzschnitt von Hans Baldung Grien, 1520

Viel kämpften, edeler Dulder,
beide wir,
In andern Stücken gleich' ich
wenig dir

Und nicht im Eignen werd' ich
wohnen dort,
Und bleibe Gast auf Erden
immerfort ...

Dieses Gedicht *Retour nach Zürich* schrieb der todkranke fränkische Reichsritter auf verlorenem Posten und Humanist Ulrich von Hutten (1488–1523) nach seiner Ankunft auf der Ufenau 1523. Er war 1517 von Maximilian I. zum Dichter gekrönt worden und arbeitete an den *Dunkelmännerbriefen* mit, satirische Schriften gegen die verknöcherte spätmittelalterliche Wissenschaft. Hutten wurde allerdings bald den Reformatoren unbequem. Luther distanzierte sich, wollte das Evangelium nicht mit Gewalt befördert wissen. Sein ungestümer Sympathisant wurde verbannt und setzte sich in die Schweiz ab. Erasmus in Basel weigerte sich, ihm zu helfen. In Zürich nahm ihn Zwingli ein paar Tage auf, dann schickte er ihn zum Abt von Pfäffers zur Kur (Hutten hatte Syphilis). Er kehrte zurück nach Zürich, und wieder fand er dank Zwingli seine letzte Zuflucht Anfang August 1523 auf der Klosterinsel Ufenau (sie gehört dem Kloster Einsiedeln), wo der heilkundige Pfarrer Hans Klarer, »Schnegg« genannt, wirkte. Doch auch dieser konnte dem »hinkenden Schmiedgott«, wie er sich selber nannte, nicht mehr helfen. Ulrich von Hutten starb am 29. August im gleichen Jahr und wurde heimlich auf dem Friedhof der Pfarrkirche Sankt Peter und Paul verscharrt.

1959 glaubte man bei Ausgrabungen auf der Insel sein Skelett gefunden zu haben – und setzte es feierlich bei. 1968 jedoch studierte ein Anthropologe Huttens Krankheitsgeschichte und folgerte, dessen Skelett müsse anders aussehen als das bereits bestattete. Man durchwühlte erneut den ehemaligen Friedhof und fand das angeblich »richtige«. Dank archäologischer Feinarbeit wurde Ulrich von Hutten 1970 zum dritten Mal bestattet. Er möge in Frieden ruhen.

Irgendwann müssen wir wohl oder übel zurück nach Zürich, auf der Insel gibt es keine Übernachtungsmöglichkeiten mehr. Wir fahren an der »Goldküste« vorbei, an Stäfa, Meilen, Erlenbach und Küsnacht, wo Goethe, Thomas Mann, Bertolt Brecht, Meinrad Lienert, Conrad Ferdinand Meyer und andere kürzer oder länger gewohnt haben.

Besonders stimmungsvoll ist die Rückfahrt beim Einnachten, wenn es dämmert, wie einst für Anna Waser: »Anna saß im Stern des Schiffes, den Rücken gegen den See, und blickte nach der Stadt und dem westlichen Himmel hinüber. Das war das Bild, das sie so oft in Stunden des Heimwehs gern heraufbeschworen, Zürich im Abendbrand, mit dunkeln, weithin spiegelnden Füßen aus der roten Flut steigend ...« (Maria Waser, »Die Geschichte der Anna Waser«)

Museen in Zürich

vgl. auch www.stadt-zuerich.ch und www.zuerich.com

Museum Bellerive
Höschgasse 3
8008 Zürich
Telefon: +41 43 4464469
Fax: +41 43 4464503
www.museum-bellerive.ch
Öffnungszeiten:
Dienstag bis Sonntag, 10–17 Uhr
Donnerstag, 10–20 Uhr

Cabaret Voltaire
Spiegelgasse 1
8001 Zürich
Telefon: +41 43 2685720
info@cabaretvoltaire.ch
www.cabaretvoltaire.ch
Öffnungszeiten:
Dienstag bis Sonntag, 13–19 Uhr

Graphische Sammlung der ETH
Rämistrasse 101
8092 Zürich
Telefon:+41 44 6324046
Fax: +41 44 6321168
info@gs.ethz.ch
www.gs.ethz.ch
Öffnungszeiten:
Montag bis Freitag, 10–17 Uhr
Mittwoch, 10–19 Uhr

Atelier Hermann Haller
Höschgasse 6
8008 Zürich
Telefon: +41 44 3834247
Öffnungszeiten:
Juli bis Oktober:
Donnerstag bis Sonntag, 12–18 Uhr

Helmhaus Zürich
Limmatquai 31
8001 Zürich
Telefon: +41 44 2516177
Fax: +41 44 2615672
info@helmhaus.org
www.helmhaus.org
Öffnungszeiten:
Dienstag bis Sonntag, 10–18 Uhr
Donnerstag, 10–20 Uhr

Kunsthaus Zürich
Heimplatz 1
8001 Zürich
Telefon: +41 44 2538484
Fax: +41 44 2538433
info@kunsthaus.ch
www.kunsthaus.ch
Öffnungszeiten:
Samstag, Sonntag und Dienstag, 10–18 Uhr
Mittwoch bis Feritag, 10–20 Uhr

Le Corbusier Haus
Höschgasse 8
8008 Zürich
Telefon: +41 44 3836470
Öffnungszeiten:
Juni bis September:
Samstag und Sonntag, 14–17 Uhr

Thomas-Mann-Archiv der ETH
Bodmerhaus
Schönberggasse 15
8001 Zürich
Telefon: +41 44 6324045
Fax: +41 44 6321254
tma@tma.gess.ethz.ch
www.tma.ethz.ch
Öffnungszeiten des Museums:
Mittwoch und Samstag, 14–16 Uhr

Museumsgesellschaft Literaturhaus Zürich
Limmatquai 62
8001 Zürich
Telefon: +41 44 2545008
Fax: +41 44 2524409
info@literaturhaus.ch
www.literaturhaus.ch
Öffnungszeiten Lesesaal:
Montag bis Samstag, 9–21.30 Uhr
Sonntag, 10–21.30 Uhr
Öffnungszeiten Bibliothek:
Dienstag bis Samstag, 10–13 Uhr
Dienstag und Freitag, 15–19 Uhr

Ortsmuseum Kilchberg
Conrad Ferdinand Meyer-Haus
Alte Landstrasse 170
8802 Kilchberg
Telefon: +41 44 7153140
ortsmuseum.kilchberg@bluewin.ch
Gegenwärtig wegen Umbau geschlossen

Museum Rietberg Zürich
Gablerstrasse 15
8002 Zürich
Telefon: + 41 44 2063131
Fax + 41 44 2063132
Öffnungszeiten:
Dienstag bis Sonntag, 10–17 Uhr
Mittwoch und Donnerstag, 10–20 Uhr

Schweizerisches Landesmuseum
Museumstrasse 2
8021 Zürich
Telefon: +41 44 2186511
Fax: +41 44 2112949
kanzlei@slm.admin.ch
www.slmnet.ch
Öffnungszeiten:
Dienstag bis Sonntag, 10–17 Uhr

Museum Strauhof
Augustinergasse 9
8001 Zürich
Telefon: +41 44 4123139
Öffnungszeiten:
Dienstag bis Freitag, 12–18 Uhr
Samstag und Sonntag, 10–18 Uhr

Sukkulenten-Sammlung
Mythenquai 88
8002 Zürich
Telefon: +41 43 3443480
Fax: +41 43 3443488
Öffnungszeiten:
Täglich, 9–16.30 Uhr

Zentralbibliothek Zürich
Zähringerplatz 6
8001 Zürich
Telefon: +41 44 2683100
Fax: +41 44 2683290
www.zb.unizh.ch
Öffnungszeiten der
Graphischen Sammlung:
Montag bis Freitag, 14–18 Uhr
Samstag, 14–16 Uhr

Literatur- und Quellenverzeichnis

Ball, Hugo: Flametti oder Vom Dandysmus der Armen. Roman. Frankfurt a. M.: Suhrkamp 1975
Ders.: Die Flucht aus der Zeit. Hg. v. Bernhard Echte. Zürich: Limmat 1992
Benn, Gottfried: Statische Gedichte. Hg. v. Paul Raabe. Zürich-Hamburg: Arche 2006
Binder, Hartmut: Mit Kafka in den Süden. Eine historische Bilderreise in die Schweiz und zu den oberitalienischen Seen. Furth im Wald: Vitalis 2007
Bindschedler, Ida: Die Turnachkinder im Sommer. Frauenfeld: Huber 1983
Bolliger, Hans/Magnaguagno, Guido/Meyer, Raimund: DADA in Zürich. Zürich: Arche 1985
Brändli, Sebastian (Hg.): Hottingen. Von der ländlichen Streusiedlung zum urbanen Stadtquartier. Zürich: Quartierverein Hottingen 2004
Georg Büchner und seine Zeit. Katalog zur Ausstellung »Georg Büchner 1813–1837, Revolutionär, Dichter, Wissenschaftler«. Hg. v. Eckhart G. Franz. Darmstadt: Hess. Staatsarchiv 1987/Weimar: Nationale Forschungs- u. Gedenkstätten d. Klass. Dt. Literatur 1988
Canetti, Elias: Die gerettete Zunge. Geschichte einer Jugend. München/Wien: Hanser 1977
Casanova, Giacomo Girolamo: Memoiren. Herrsching: Pawlak 1983
Celan, Paul: Die Niemandsrose. Frankfurt a. M.: Fischer 1963
Dada in Zürich. Bildchronik und Erinnerungen der Gründer. Hg. v. Peter Schifferli. Zürich: Arche 1957
Dürrenmatt, Friedrich: Erzählungen. Gesammelte Werke in sieben Bänden. Bd 5. Zürich: Diogenes 1991
Ders.: Labyrinth. Stoffe I–III. Zürich: Diogenes 1998
Ebel, Martin (Hg.): Nackt gebadet, gejauchzt bis zwölf. Weltliteratur in Zürich. 50 Porträts. München: Nagel & Kimche 2007
Foppa, Daniel: Berühmte und vergessene Tote auf Zürichs Friedhöfen. Zürich: Limmat 2000
Fries, Heinrich: Im Zürcher Oberdorf. Geschichten und Denkwürdigkeiten von seinen Gassen und Häusern, vom Leben und Wirken der Bewohner. Memorabilien

eines Buchhändlers und Antiquars. Aus d. Nachlass hg. v. Franz Lamprecht. Zürich: Chronos 2001
Frisch, Max: Montauk. Eine Erzählung. Frankfurt a. M.: Suhrkamp 2004
Ders.: Tagebuch 1946–1949. Frankfurt a. M.: Suhrkamp 1950
Goethe, Johann Wolfgang von: Werke. Nachdruck der Weimarer Ausgabe. Weimar 1999
Goll, Claire: Ich verzeihe keinem. Eine literarische Chronique scandaleuse. Aus d. Franz. v. Ava Belcampo. Berlin: Rütten & Loening 1985
Guggenheim, Kurt: Alles in allem. Roman. 4 Bde. Zürich: Artemis 1952 ff.
Ders.: Tagebuch am Schanzengraben. Stuttgart: Artemis 1963
Hofer, Fritz/Hägeli, Sonja: Zürcher Personenlexikon. 800 biographische Porträts aus 2 Jahrtausenden. Zürich/München: Artemis 1986
Honegger, Gottfried: Dank dem Zufall. Eine zufällige Auswahl von zufälligen Begegnungen. Zürich: Offizin 1997
Huch, Ricarda: Frühling in der Schweiz. Jugenderinnerungen. Zürich/Freiburg i. Br.: Atlantis 1960
Hugo, Victor: Le Rhin. Lettres à un ami. Paris 1863
Humm, Rudolf Jakob: Bei uns im Rabenhaus. Literaten und Leute im Zürich der Dreissigerjahre. Frauenfeld/Stuttgart/Wien: Huber 2002
Ders.: Carolin. Zwei Geschichten aus seinem Leben. Zürich: Büchergilde Gutenberg 1944
Huonker, Gustav: Literaturszene Zürich. Menschen, Geschichten und Bilder 1914 bis 1945. Zürich: Unionsverlag 1985
Kahl, Konrad (Hg.): »In Zürich möchte ich wohl leben«. Texte aus fünf Jahrhunderten. Zürich: Pendo 1991
Kamber, Peter: Geschichte zweier Leben – Wladimir Rosenbaum & Aline Valangin. Zürich: Limmat 1990
Kammerlander, Ilse: Johanna Fichte. Ein Frauenschicksal der deutschen Klassik. Stuttgart u. a.: Kohlhammer 1969
Keller, Gottfried: Der grüne Heinrich. Werke, Bd I und II. Zürich: Artemis 1984
Ders.: Martin Salander. Werke, Bd VI. Zürich: Artemis 1984
Kisch, Egon Erwin: Hetzjagd durch die Zeit. Reportagen. Berlin/Weimar: Aufbau 1971
Klopstock, Friedrich Gottlieb: Ausgewählte Werke. Hg. v. Karl August Schleiden. München: Hanser 1962
Kosch, Arlette: Literarisches Zürich. 150 Autoren. Wohnorte, Wirken und Werke. Berlin: Verlag Jena 2002
Kröger, Ute: »Zürich, du mein blaues Wunder«. Literarische Streifzüge durch eine europäische Kulturstadt. Zürich: Limmat 2004
Kübler, Arnold: Babette, herzlichen Gruss. Vorwiegend wahre Berichte und Zeichnungen. Zürich: Verlag Ex Libris 1967
Die Kunstdenkmäler des Kantons Zürich. Bern: Gesellschaft für Schweizerische Kunstgeschichte 1999 ff.
Lewinsky, Charles: Melnitz. Roman. München/Wien: Nagel & Kimche 2006
Magnani, Franca: Eine italienische Familie. Aus d. Ital. v. Peter O. Chotjewitz. Köln: Kiepenheuer & Witsch 1990
Mann, Thomas: Werke, Briefe, Tagebücher. Hg. v. Heinrich Detering. Frankfurt a. M.: Fischer 2002 ff.
Meyer, Conrad Ferdinand: Sämtliche Werke. München/Zürich: Droemer 1957
Morlang, Werner (Hg.): Canetti in Zürich. Erinnerungen und Gespräche. München/Wien: Nagel & Kimche 2005
Roten-Meyer, Iris von: Frauen im Laufgitter. Offene Worte zur Stellung der Frau. Bern: Hallwag 1958
Sahl, Hans: Das Exil im Exil. Frankfurt a. M.: Luchterhand 1990
Sprecher, Thomas/Gutbrodt Fritz (Hg.): Die Familie Mann in Kilchberg. Zürich: Verlag NZZ 2000
»Verfluchter Kerl!« Karl Stauffer-Bern: Maler, Radierer, Plastiker. Ausstellungskatalog. Hg. v. Matthias Frehner u. Brigitta Vogler-Zimmerli. Zürich: Verlag NZZ 2007
Tank, Kurt Lothar: Gerhart Hauptmann mit Selbstzeugnissen und Bilddokumenten. Hamburg: Rowohlt 1959
Tschudi, Fridolin: Lächle lieber statt zu lachen. Ein immer währender Kalender. Stäfa: Rothenhäusler 2003
Tucholsky, Kurt: Briefe aus dem Schweigen: 1932–1935. Briefe an Nuuna. Hg. v. Mary Gerold-Tucholsky u. Gustav Huonker. Reinbek b. Hamburg: Rowohlt 1977
Tuggener, Jakob: Ballnächte 1934–1950. Ausstellungskatalog. Zürich/Berlin/New York: Scalo 2005

Varlin: Wenn ich dichten könnte. Briefe und Schriften. Hg. v. Patrizia Guggenheim u. Tobias Eichelberg. Zürich: Scheidegger und Spiess 1998

Wagner, Richard: Richard Wagner an Mathilde und Otto Wesendonk. Tagebuchblätter und Briefe. Hg. v. Julius Kapp. Leipzig: Hesse & Becker 1927

Walser, Robert: Aus dem Leben eines Commis. Texte zur Zürcher Zeit. Wädenswil: Nimbus 2003

Waser, Maria: Die Geschichte der Anna Waser. Ein Roman aus der Wende des 17. Jahrhunderts. Stuttgart/Berlin: Deutsche Verlags-Anstalt 1913

Weber, Bernhard: Abenteuer Beiz. Aus der Geschichte des Zürcher Gastgewerbes von der Zeit der Römer bis heutzutage. Schlieren: Intarsien 2002

Wickert, Lothar: Theodor Mommsen. Eine Biographie: Frankfurt a. M.: Klostermann 1969

Wottreng, Willi: Die Millionärin und der Maler. Die Tragödie Lydia Welti-Escher und Karl Stauffer-Bern. Zürich: Orell Füssli 2005

Wysling, Hans/Lott-Büttiker, Elisabeth (Hg.): Conrad Ferdinand Meyer, 1825–1898. Zürich: Verlag NZZ 1998

Zweig, Stefan: Die Welt von gestern. Erinnerungen eines Europäers. Stockholm: Bermann-Fischer 1942

Bildnachweis

Aus: Jürg Amann, Robert Walser. Eine literarische Biographie in Texten und Bildern. Zürich-Hamburg 1995 S. 118 (Robert-Walser-Archiv der Carl-Seelig-Stiftung, Zürich) – Arche-Archiv S. 12, 16 li., 20 re., 55, 71 (Kunsthaus Zürich), 72, 73 re. (J. H. Bruell), 75 re., 84, 87 li., 126, 138, 139 re. (Erhard Hürsch, Winterthur), 148 – Aus: Nicolas Baerlocher/Stefan Zweifel (Hg.), Bellevue Zürich. Zürich 2005 S. 58 re. (Theo Frey) – Aus: Walter Baumann, Gottfried Keller. Leben, Werk, Zeit. Zürich/München 1986 S. 66 (Stadtarchiv Zürich), 81 u. 83 u. 119 u. 130 u. 131 (Zentralbibliothek Zürich), 132 (Kunsthaus Zürich), 157 (Zentralbibliothek Zürich) – Aus: Ders., Zürich. La Belle Epoque. Attraktionen, Sensationen und Illusionen aus der Zeit, als Zürich eine Großstadt werden wollte. Zürich 1973 S. 39 (Baugeschichtliches Archiv, Zürich), 141, 153 – Aus: Ders./Alfred Cattani/Hugo Loetscher/Ernst Scheidegger, Zürich zurückgeblättert 1870–1914. Werden und Wandel einer Stadt. Zürich 1979 Frontispiz, S. 7, 21, 41, 48, 60, 87 re., 89, 101, 113 – Aus: Heinrich Baumgartner, »Jazz« in den zwanziger Jahren in Zürich. Zur Entstehung und Verwendung eines populärkulturellen Bezeichnung. 173. Neujahrsblatt der Allgemeinen Musikgesellschaft Zürich auf das Jahr 1989. Zürich 1989 S. 38, 53 li. – Aus: Leonardo Bezzola (Hg.), Tinguely. Zürich 1974 S. 43 (Leonardo Bezzola) – Aus: Verena Bodmer-Gessner, Die Zürcherinnen. Kleine Kulturgeschichte der Zürcher Frauen. Zürich 1966 S. 17 (Privatbesitz), 116 (Privatbesitz Kilchberg-Zürich), 129, 151 re. (Schweizerisches Landesmuseum) – Aus: Hans Bolliger/Guido Magnaguagno/Raimund Meyer (Hg.), DADA in Zürich. Zürich 1985 S. 35 li. (Fondation Arp, Clamart), 35 Mitte (Kunsthaus Zürich), 35 re. (Annemarie Schütt-Hennings, Agno), 70 (Fondation Arp, Clamart), 73 li. (Kunsthaus Zürich), 128 re. (Fondation Arp, Clamart) – Annemarie Braendlin, Rapperswil S. 100 li. – Aus: Sebastian Brändli, Hottingen. Von der ländlichen Streusiedlung zum urbanen Stadtquartier. Zürich/Egg 2000 S. 130 li. (Familienarchiv Jung, Küsnacht), 132 re. (Zentralbibliothek Zürich, graphische Sammlung), 133 (BAZ), 150 – Aus: Bernd Breitenbruch, Gottfried Keller in Selbstzeugnissen und Bilddokumenten. Reinbek b. Hamburg 1978

S. 91 li. – Aus: Georg Büchner. 1813–1837. Revolutionär, Dichter, Wissenschaftler. Ausstellungskatalog. Basel/Frankfurt a. M. 1987 S. 74 – Aus: Karl Corino, Robert Musil. Leben und Werk in Bildern und Texten. Reinbek b. Hamburg 1988 S. 96 (Dt. Literaturarchiv, Marbach a. N.) – Aus: Peter Dering (Hg.), Hans Arp. Metamorphosen 1915–1965. Museum Liner Appenzell. Zürich 2000 S. 108 (Fondazione Marguerite Arp-Hagenbach, Locarno) – Aus: Ruth Dinesen, Nelly Sach. Eine Biographie. Aus d. Dän. v. Gabriele Gerecke. Frankfurt a. M. 1992 S. 29 re. (Anna Riwkin) – Aus: Friedrich Dürrenmatt. Schriftsteller und Maler. Ausstellungskatalog. Schweizerisches Literaturarchiv Bern/Kunsthaus Zürich 1994 S. 94 – Aus: Thomas Faerber/Markus Luchsinger, Joyce in Zürich. Zürich 1988 S. 41 (James-Joyce-Stiftung, Zürich), 49 re. (Ringier Dokumentationszentrum, Zürich), 51 (Baugeschichtliches Archiv, Zürich), 93 li., 93 re. – Bettina Flitner/laif S. 119 li. – Aus: Max Frisch. Jetzt ist Sehenszeit. Briefe, Notate, Dokumente 1943–1963. Hg. v. Julian Schütt. Frankfurt a. M. 1998 S. 29 (Archiv Suhrkamp Verlag), 107 (Jack Metzger, Zürich) – Max-Frisch-Archiv, ETH Zürich S. 45 li., 106, 159 – Aus: Roswitha Fröhlich/Jürg Winkler, Johanna Spyri. Momente einer Biographie. Ein Dialog. Zürich 1986 S. 135 (Johanna-Sypri-Archiv, Zürich) – Aus: Bernhard Gajek/Franz Götting, Goethes Leben und Werk in Daten und Bildern. Frankfurt a. M. 1966 S. 24, 25, 26 re., 66 re. – Aus: Martin Gasser, Jakob Tuggener. Fotografien. Zürich/Berlin/New York 2000 S. 103 u. 104 (Jakob Tuggener-Stiftung, Uster) – Aus: Therese Giehse, »Ich hab nichts zum Sagen«. Gespräche mit Monika Sperr. München/Gütersloh/Wien 1973 85 li., Mitte u. re., 136 – Globi Verlag, Zürich S. 13 li. – Aus: Volker Hage, Max Frisch. Reinbek b. Hamburg 1997 S. 57 (Marie Agnes Schürenberg, Berlin), 109 (Volker Hage, Hamburg) – Aus: Andreas Hapkemeyer (Hg.), Ingeborg Bachmann. Bilder aus ihrem Leben. Mit Texten aus ihrem Werk. München/Zürich 1989 S. 45 re. (Heinz Bachmann) – Aus: Ricarda Huch, Autobiographische Schriften. Gesammelte Werke. Bd 11. Hg. v. Wilhelm Emrich. Köln 1974 S. 64 – Aus: R. J. Humm, Bei uns im Rabenhaus. Aus dem literarischen Zürich der Dreissigerjahre. Zürich/Stuttgart 1963 S. 59 re. – Aus: Gustav Huonker, Literaturszene Zürich. Menschen, Geschichten und Bilder 1914–1945. Zürich 1985 S. 16 re. (Camille Ruf, Stiftung für die Photographie Schweiz), 30 (E. Huber, Zürich), 49 li. (Hans Staub, Stiftung für die Photographie Schweiz), 49 Mitte (N. Hochstrasser, Zürich), 53 (Wolf Bender, Baugeschichtliches Archiv, Zürich), 56 (A. Ehrismann, Zürich), 58 (Wolf Bender, Baugeschichtliches Archiv, Zürich), 59 (Schauspielhaus Zürich), 62 li. (Hans Staub, Stiftung für die Photographie Schweiz), 75 li., 78, 111, 124 (Schweiz. Schriftstellerverband, Zürich), 128 li. (Ch. Linsmayer, Zürich), 147 (Weltwoche Archiv/Photopress), 161 (Gotthard Schuh, Stiftung für die Photographie Schweiz) – Aus: Klaus Hurlebusch, Friedrich Gottlieb Klopstock. Hamburg 2003 S. 123 – Aus: Ursula Isler, Frauen aus Zürich. Zürich 1991 S. 11 li. u. re., 144 li. u. re. – Aus: Ursula Isler-Hungerbühler (Hg.), Zürcher Album. Sehens-, Denk- und Merkwürdigkeiten aus Zürich von anno dazumal bis heute. Wabern 1970 S. 145 (Zentralbibliothek Zürich, Graphische Sammlung) – Aus: Erwin Jaeckle/Eduard Stäuble, Grosse Schweizer und Schweizerinnen. Erbe als Auftrag. Hundert Porträts. Stäfa ZH 1990 S. 62 li. (Zentralbibliothek Zürich), 98 – Aus: Peter Kamber, Geschichte zweier Leben – Wladimir Rosenbaum und Aline Valangin. Zürich 1990 S. 110 (Nachlass Aline Valangin und Wladimir Rosenbaum) – Aus: Ute Kröger, »Zürich, du mein blaues Wunder«. Literarische Streifzüge durch eine europäische Kulturstadt. Zürich 2004 S. 22, 26 li., 32, 33 li., 67 li. (Baugeschichtliches Archiv, Zürich), 80, 134, 145 li. – Aus: Rudolf von Laban, Die Welt des Tänzers. Fünf Gedankenreigen. Stuttgart 1920 S. 15 – Aus: Rudolf M. Lüscher/Werner Schweizer, Amalie und Theo Pinkus-De Sassi. Leben im Widerspruch. Zürich 1987 S. 79 li., 79 re. (Bildarchiv zur Geschichte der Arbeiterbewegung) – Aus: Franca Magnani, Eine italienische Familie. Aus d. Ital. v. Peter O. Chotjewitz. Köln 1990 S. 160 – Aus: Hans Mayer, Richard Wagner mit Selbstzeugnissen und Bilddokumenten. Reinbek b. Hamburg 1995 S. 18 li., 18 re., 146 – Aus: Wilhelm Maywald, Portret + Atelier. Zürich o. J. S. 44 – Aus: Niklaus Meienberg, Die Welt als Wille und Wahn. Elemente zur Naturgeschichte eines Clans. Zürich 1987 S. 170, 171 – Aus: Christoph Michel (Hg.), Goethe. Sein Leben in Bildern und Texten. Frankfurt a. M./Leipzig 1982 S. 172 – Aus: Volker Michels, Hermann Hesse. Leben und Werk im Bild. Frankfurt a. M. 1973 S. 151 li. (Martin Hesse,

Bern) – Monacensia. Literaturarchiv und Bibliothek S. 167 li. – Stefan Moses, München S. 139 Mitte – Österreichische Nationalbibliothek, Wien (Ödön von Horváth-Archiv) S. 109 li. – Isolde Ohlbaum, München S. 86, 105 – Aus: Klemens Renolder/Hildemar Holl/Peter Karlhuber (Hg.), Stefan Zweig. Bilder Texte Dokumente. Salzburg/Wien 1993 S. 28 li. (Privatbesitz München), 54 re. (Dt. Literaturarchiv, Marbach a. N.) – Aus: Fred Rihmer, Illustrierte Geschichte der Zürcher Altstadt. Aarau 1975 S. 10 (Zentralbibliothek Zürich, graphische Sammlung), 27, 28 re. (Zentralbibliothek Zürich, graphische Sammlung), 31, 33 re. u. 34 u. 36 u. 47 u. 63 (Zentralbibliothek Zürich, graphische Sammlung), 82, 122 (Zentralbibliothek Zürich, graphische Sammlung) – Aus: Hans Sahl. Daten und Bilder. Beiheft zur Ausgabe der *Memoiren eines Moralisten I und II*. Hamburg/Zürich 1992 S. 126/127 (Dt. Literaturarchiv, Marbach a. N.) – Schweizerisches Literaturarchiv, Bern S. 95 – Aus: Carl Seelig, Albert Einstein. Eine dokumentarische Biographie. Zürich/Stuttgart/Wien 1954 S. 91 re. – Aus: Jürgen Serke, Die verbrannten Dichter. Berichte, Texte, Bilder einer Zeit. Weinheim/Basel 1977 S. 97 – Aus: Richard von Soldenhoff (Hg.), Kurt Tucholsky 1890–1935. Ein Lebensbild. »Erlebnis und Schreiben waren ja – wie immer – zweierlei«. Berlin 1985 S. 121 li. (Dt. Literaturarchiv, Marbach a. N.), 121 re. (Jean Henri Dunant, Basel) – Aus: Thomas Sprecher/Fritz Gutbrodt (Hg.), Die Familie Mann in Kilchberg. Zürich 2000 S. 166 (Keystone/Thomas-Mann-Archiv, ETH Zürich), 167 re. (Olga Maria Feuz, Zürich), 168 (Keystone/Thomas-Mann-Archiv, ETH Zürich) – Aus: Jérôme Spycket, Clara Haskil. Eine Biographie. Übers. v. Erika u. Gerald Tunner. Bern 1977 S. 149 – Horst Tappe S. 100 re. – Regina Vitali S. 46 – Aus: Klaus Wagenbach, Franz Kafka. Bilder aus seinem Leben. Berlin 1983 S. 67 Mitte u. re. (Archiv Klaus Wagenbach, Berlin) – Aus: Willi Wottreng, Revolutionäre und Querköpfe. Zürcher Schicksale. Zürich 2005 S. 23 li. (Audiovisuelles Archiv MGB), 23 re. (C. Conrad), 102 (Bircher-Benner-Archiv, Medizinhistorisches Institut, Universität Zürich) – Aus: Hans Wysling/Elisabeth Lott-Büttiker (Hg.), Conrad Ferdinand Meyer 1825–1898. Zürich 1998 (Zentralbibliothek Zürich) S. 19 li. u. re., 169 li., Mitte u. re., 174, 175 – Aus: Hans Wysling/Yvonne Schmidlin (Hg.), Thomas Mann. Ein Leben in Bildern. Zürich 1994 (Keystone/Thomas-Mann-Archiv, ETH Zürich) S. 37 li. u. re., 115 – Leonard Zubler, Zürich S. 54 li. – Aus: Zürich 1914–1918. du atlantis, 26. Jg (September 1966) S. 20 – Aus: Zürich – Aspekte eines Kantons. I. A. des Regierungsrates des Kantons Zürich hg. v. Daniel Bodmer u. a. Zürich 1972 S. 13 re. (Pestalozzianum Zürich), 69 (Zentralbibliothek Zürich), 77 (Ernst Scheidegger), 139 li. (Doris Quarella)

Wir danken allen Rechteinhabern. In einigen Fällen ist es nicht gelungen, die heutigen Rechteinhaber zu ermitteln. Wir bitten diese, sich mit den Arche Verlagen, Zürich-Hamburg, in Verbindung zu setzen.

Danksagung

Herzlich bedanken möchte ich mich für Anregungen, Hinweise, Mitdenken, Coaching und Zuspruch, geographische Hilfe und Lesen des Manuskripts, in alphabetischer Reihenfolge, namentlich und ohne Titel und Funktionsbezeichnung bei: Sebastian Brändli, René Begert, Thomas Ehrsam, Esther Fuchs, Sascha Klauser, Werner Morlang, Verena Rothenhäusler, Leonidas Sakellarisdis, Barbara Sidler, Marie-Louise Stickelberger, Anne Marie Wells, Barbara Winter.

Biographische Notiz

Esther Scheidegger, geb. 1946 in Zürich, Journalistin und Autorin. 1986–1998 Mitglied der Literaturkommission der Stadt Zürich. 1991–2000 Mitglied der Jury für den Zürcher Journalistenpreis. Lebt in Zürich. Veröffentlichte verschiedene Anthologien, u. a. *Tessin* (Arche 1991).

Personenregister

Spaziergänge bei Arche: Auf den Spuren der Literatur und Kunst

Katharina Festner/Christiane Raabe
Spaziergänge durch das **München** berühmter Frauen. 160 S. Br. 122 Abb. 7 Karten
ISBN 978-3-7160-3604-4

Wolfgang Feyerabend
Spaziergänge durch **Fontanes Berlin**
184 S. Br. 136 Abb. 6 Karten
ISBN 978-3-7160-3605-1

Wolfgang Feyerabend
Spaziergänge durch das literarische **Potsdam**. 144 S. Br. 132 Abb. 5 Karten
ISBN 978-3-7160-2343-3

Noël Riley Fitch
Die literarischen **Cafés von Paris**
Aus d. Amerikan. v. Katharina Förs u. Gerlinde Schermer-Rauwolf
91 S. Br. 45 Abb. 5 Karten
ISBN 978-3-7160-2160-6

Anna Gruber/Bettina Schäfer
Spaziergänge über den **Père Lachaise in Paris**. 166 S. Br. 134 Abb. 4 Karten
ISBN 978-3-7160-2200-9

Mary Ellen Jordan Haight
Spaziergänge durch **Gertrude Steins Paris**. Aus d. Amerikan. v. Karin Polz
152 S. Br. 107 Abb. 5 Karten
ISBN 978-3-7160-3603-7

Alexander Kluy
Spaziergänge rund um den **Bodensee** der Literaten und Künstler
144 S. Br. 91 Abb. 7 Karten
ISBN 978-3-7160-3602-0

Thomas Kraft/Klaus Gasseleder
Spaziergänge durch das **Franken** der Literaten und Künstler
168 S. Br. 106 Abb. 10 Karten
ISBN 978-3-7160-3601-3

Paul Raabe
Spaziergänge durch **Goethes Weimar**
224 S. Br. 177 Abb. 6 Karten
ISBN 978-3-7160-2256-6

Paul Raabe
Spaziergänge durch **Lessings Wolfenbüttel**. 176 S. Br. 142 Abb. 5 Karten
ISBN 978-3-7160-2228-3

Paul Raabe
Spaziergänge durch **Nietzsches Sils-Maria**. 159 S. Br. 119 Abb. 6 Karten
ISBN 978-3-7160-2182-8

Esther Scheidegger
Spaziergänge durch das **Zürich** der Literaten und Künstler
192 S. Br. 185 Abb. 8 Karten
ISBN 978-3-7160-3600-6

Cornelius Schnauber
Spaziergänge durch das **Hollywood** der Emigranten. 168 S. Br. 120 Abb. 5 Karten
ISBN 978-3-7160-2147-7

Stefanie Sonnentag
Spaziergänge durch das literarische **Capri und Neapel**
152 S. Br. 112 Abb. 9 Karten
ISBN 978-3-7160-2316-7

Cornelia Staudacher
Spaziergänge durch das literarische **Mallorca**. 144 S. Br. 89 Abb. 8 Karten
ISBN 978-3-7160-2291-7

Elisabeth Tworek
Spaziergänge durch das **Alpenvorland** der Literaten und Künstler
256 S. Br. 184 Abb. 15 Karten
ISBN 978-3-7160-2330-3

Kläre Warnecke
Spaziergänge durch **Richard Wagners Bayreuth**. 176 S. Br. 137 Abb. 8 Karten
ISBN 978-3-7160-2283-2

Hans Wißkirchen
Spaziergänge durch das **Lübeck von Heinrich und Thomas Mann**
Unter Mitarbeit v. Klaus von Sobbe
160 S. Br. 121 Abb. 5 Karten
ISBN 978-3-7160-2210-8

Heinke Wunderlich
Spaziergänge an der **Côte d'Azur** der Literaten. 192 S. Br. 108 Abb. 9 Karten
ISBN 978-3-7160-2169-9

Spaziergänge durch das Franken der Literaten und Künstler

Franken: Hier entfaltete sich die reiche Welt des Minne- und Meistersangs. Hier tauchten die Romantiker in ihre Märchenwelt ein. Hier lebte und schrieb Jean Paul, ließen sich Durchreisende von Landschaft und Frankenwein bezaubern. Spaziergänge auf den Spuren von Literaten und Künstlern durch eine faszinierende Kulturregion Deutschlands.

Thomas Kraft/Klaus Gasseleder
Spaziergänge durch das Franken der Literaten und Künstler
168 Seiten. Broschur
106 Abb. 10 Karten
ISBN 978-3-7160-3601-3

Spaziergänge rund um den Bodensee der Literaten und Künstler

Der Bodensee – mit seinem lieblichen Klima und seinen landschaftlichen Reizen inspirierte er über die Jahrhunderte hinweg Dichterinnen und Dichter, Malerinnen und Maler, Komponisten, Philosophen und Intellektuelle. Fünf Spaziergänge rund um den Dreiländersee.

Alexander Kluy
Spaziergänge rund um den Bodensee
der Literaten und Künstler
144 Seiten. Broschur
91 Abb. 7 Karten
ISBN 978-3-7160-3602-0